现代化视野下的马克思主义中国化研究

靳楠　著

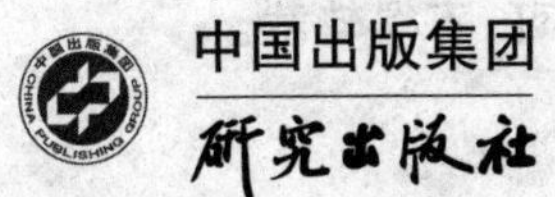

图书在版编目(CIP)数据

现代化视野下的马克思主义中国化研究/靳楠著.—北京:研究出版社,2018.8

ISBN 978-7-5199-0677-1

Ⅰ.①现… Ⅱ.①靳… Ⅲ.①马克思主义—发展—研究—中国 Ⅳ.①D61

中国版本图书馆 CIP 数据核字(2019)第 168249 号

出 品 人:赵卜慧
出版统筹:杨 斌
责任编辑:刘春雨 董 静
助理编辑:吕 慧

现代化视野下的马克思主义中国化研究

作　　者:靳 楠 著
出版发行:研究出版社
地　　址:北京市朝阳区安定门外安华里 504 号 A 座(100011)
电　　话:010—64217619 64217612(发行中心)
网　　址:www.yanjiuchubanshe.com
经　　销:新华书店
印　　制:北京亚吉飞数码科技有限公司
版　　次:2020 年 3 月第 1 版 2020 年 3 月第 1 次印刷
开　　本:787mm×1092mm 1/16
印　　张:17
字　　数:220 千字
书　　号:ISBN 978-7-5199-0677-1
定　　价:80.00 元

版权所有,翻印必究;未经许可,不得转载。

前　言

现代化是人类社会发展的共同潮流和规律。它以资本主义社会因素在欧洲的产生和初步发展为起点和早期形态，随着资本主义向全世界的扩张和社会主义的出现而形成和发展。在人类现代化这一历史性进程中，有所作为的大国都产生了独特而引领时代潮流的思想体系。在马克思和恩格斯之后，正是不同时代、不同民族的马克思主义者将马克思主义理论与研究本国的新情况、解决本国的新问题相结合，从而不断丰富和发展了马克思主义的观点和学说体系。以毛泽东为代表的中国共产党人，在马克思列宁主义指导下，对早期中国现代化运动经验和教训进行总结，开辟了一条先谋民族独立，创造现代化的前提条件，再集中力量进行现代化建设、由半殖民地半封建社会走向现代社会的发展道路。十一届三中全会以后，当代中国共产党人在总结中华人民共和国成立以来推进社会主义现代化的经验和教训的基础上，将马克思主义基本原理同中国实际相结合，找到了实现中国现代化的道路——中国特色社会主义道路。

只有研究新情况，才能解决新问题。十八大以来，世情、国情、党情发生了深刻的变化，十九大报告对我国发展新的历史方位做出了新的判断，指出中国特色社会主义已经进入新时代。当前，虽然我国社会主义初级阶段的基本国情并未改变，但新时代赋予党和人民的课题是必须在理论和实践相结合的基础上系统地回答坚持和发展什么样的中国特色社会主义、怎样坚持和发展中国特色社会主义，包括新时代坚持和发展中国特色社会主义的总目标、总任务、总体布局、战略布局和发展方向、发展方式、发展动力、战略步骤、外部条件、政治保证等基本问题。围绕这个重大时代课题，我们党坚持以马克思列宁主义、毛泽东思想、邓小平理论、“三个代表”重要思想、科学发展观为指导，坚持解放思想、实事求是、与时俱进、求真务实，坚持辩证唯物主义和历史唯物主义，紧密结合新的时代条件和实践要求，以全新的视野深化对共产党执政规律、社会主义建设规律、人类社会发展规律的认识，形成了习近平提出的新时代中国特色社会主义思想。它发展了马克思主义的现代化思想，谱写了马克思主义理论的新篇章。

马克思主义中国化的过程就是中国共产党运用马克思主义的立场、观点和方法解决中国问题的过程，也是中国共产党带领全国各族人民追求、实现现代化梦想的过程。马克思主义中国化蕴含于中国现代化的实践中，中国社会主义现代化的顺利实现，又必须以马克思主义中国化的理论成果为指导。

本书共七章。第一章为马克思主义中国化发展概述，对马克思主义中国化的科学内涵、历史必然性、重要意义、理论前提和现实基础进行了分析；第二章为中国现代化的历史探索，对中国现代化历史课题的提出、中华民族对现代化的历史追求与选择、当前中国现代化的新进程进行研究；第三章为马克思主义中国化的基本问题，主要包括马克思主义中国化的思想路线、马克思主义中国化的方法、马克思主义中国化的基本经验三个方面；第四章为马克思主义中国化的历史演进和理论成果，分别对中国近代社会发展与马克思主义中国化、改革开放新时期与马克思主义中国化的新境界进行探讨；第五章为马克思主义中国化理论的新发展，从中国梦的实现必须走中国特色社会主义道路、坚定“四个自信”、树立“五大发展”新理念、统筹推进“五位一体”总体布局、协调推进“四个全面”战略布局等方面进行研究；第六章为马克思主义中国化对中国现代化问题的探索，主要探讨了马克思主义中国化对社会发展道路理论创新、社会主义基本问题、发展问题、党的建设问题等方面内容；第七章为马克思主义中国化与大众化推进，重点对马克思主义中国化与大众化的关系、马克思主义大众化的价值认同、马克思主义大众化的新媒体推进以及马克思主义大众化的路径选择等内容进行研究。

马克思主义中国化是一个不断发展的过程，本书在撰写过程中参考了众多学者的著作，在此对他们表示衷心的感谢。限于水平有限，书中不免有难尽人意之处，恳请专家和读者提出宝贵意见。

作　者

2018 年 5 月

目　录

第一章　马克思主义中国化发展概述 …………………… 1

第一节　马克思主义中国化的科学内涵 ………………… 1
第二节　马克思主义中国化的历史必然性 ……………… 7
第三节　马克思主义中国化的重要意义 ………………… 16
第四节　马克思主义中国化的理论前提和现实基础 …… 25

第二章　中国现代化的历史探索 ……………………………… 36

第一节　中国现代化历史课题的提出 …………………… 36
第二节　中华民族对现代化的历史追求与选择 ………… 40
第三节　当前中国现代化的新进程 ……………………… 64

第三章　马克思主义中国化的基本问题 ……………………… 74

第一节　马克思主义中国化的思想路线 ………………… 74
第二节　马克思主义中国化的方法 ……………………… 79
第三节　马克思主义中国化的基本经验 ………………… 95

第四章　马克思主义中国化的历史演进和理论成果 ……… 108

第一节　中国近代社会发展与马克思主义中国化 …… 108
第二节　改革开放新时期与马克思主义中国化的新境界 ………………………………………… 125

第五章　马克思主义中国化理论的新发展 ………………… 140

第一节　中国梦的实现必须走中国特色社会主义道路…… 140

第二节　坚定“四个自信” …………………………………… 145
第三节　树立“五大发展”新理念 ……………………………… 152
第四节　统筹推进“五位一体”总体布局 ……………………… 158
第五节　协调推进“四个全面”战略布局 ……………………… 174

第六章　马克思主义中国化对中国现代化问题的探索 …… 189

第一节　马克思主义中国化对社会发展道路理论的创新 …………………………………………………… 189
第二节　马克思主义中国化科学地回答了社会主义的基本问题 ……………………………………………… 197
第三节　马克思主义中国化科学地解决了发展问题 … 201
第四节　马克思主义中国化对党的建设问题进行了探索 …………………………………………………… 213

第七章　马克思主义中国化与大众化推进 ……………… 222

第一节　马克思主义中国化与大众化的关系 ………… 222
第二节　马克思主义大众化的价值认同 ……………… 224
第三节　马克思主义大众化的新媒体推进 …………… 236
第四节　马克思主义大众化的路径选择 ……………… 246

参考文献 ……………………………………………………… 254

第一章　马克思主义中国化发展概述

2017 年 9 月 29 日，习近平总书记在主持当代世界马克思主义思潮及其影响进行第四十三次集体学习时指出，“时代在变化，社会在发展，但马克思主义基本原理依然是科学真理”。在中国特色社会主义建设中坚持马克思主义，就必须推进马克思主义中国化、时代化、大众化，建设具有强大凝聚力和引领力的社会主义意识形态。

第一节　马克思主义中国化的科学内涵

马克思主义是我们党带领人民建设中国特色社会主义的理论基础。习近平总书记在十九大报告中提出，“我们党要始终成为时代先锋、民族脊梁，始终成为马克思主义执政党，自身必须始终过硬”。马克思主义中国化是坚持马克思主义基本原理同中国具体实际相结合，形成中国化的马克思主义理论，以此指导中国革命和建设的实践。其内容具体包括马克思主义在中国的具体化、马克思主义在中国的大众化和中国经验马克思主义化等多重内涵。

一、把中国革命、建设和改革的实践经验和历史经验提升为理论

马克思主义中国化必须保证其实践性，也就是说，马克思主义中国化不是单纯的理论工作，而是在掌握马克思主义的立场、

观点和方法的基础上，结合中国实际解决现实问题。因此，马克思主义中国化的基础是中国人民的实践。在经历了第五次反“围剿”的失败之后，毛泽东同志曾告诫全党，“中国共产党人只有在他们善于应用马克思列宁主义的立场、观点和方法，善于应用列宁、斯大林关于中国革命的学说，进一步从中国的历史实际和革命实际的认真研究中，在各方面做出合乎中国需要的理论性的创造，才叫作理论和实际相结合”。[①] 他还认为，不如马克思，不是一个真正的马克思主义者；同马克思一样，也不是一个真正的马克思主义者；只有超过马克思、发展马克思主义，才是一个真正的马克思主义者。

我们党始终强调马克思主义的重要性，将其作为党的指导思想，在建设中国特色社会主义的过程中，党的领导人一直强调发展马克思主义的重要性。邓小平同志就曾经说过，“不以新的思想、观点去继承、发展马克思主义，不是真正的马克思主义者”。[②] 进入 21 世纪，江泽民同志对马克思主义的理论品质进行了高度凝练。他强调，马克思主义最重要的理论品质是与时俱进。党的十六大以来，胡锦涛同志在多种场合和多次讲活中继续强调理论创新的重要意义。他指出，我们必须坚持解放思想、实事求是、与时俱进，从理论和实践的结合中不断研究新情况、解决新问题，不断有所发现、有所创造、有所前进。习近平总书记强调，必须推进马克思主义中国化、时代化、大众化，建设具有强大凝聚力和引领力的社会主义意识形态，使全体人民在理想信念、价值理念、道德观念上紧紧团结在一起。

可以看出，党的领导人始终重视发展马克思主义，认为这是促使马克思主义永葆青春的关键，是推动中国特色社会主义的关键。中国人民需要随着时代的进步无止境地改造客观世界，这就决定了我们必须无止境地推进马克思主义中国化的发展。因此，我们必须在实践过程中不断积累经验，将我们在革命和建设中积

① 《毛泽东选集》(第 2 卷)，人民出版社 1991 年版，第 820 页。
② 《邓小平文选》(第 3 卷)，人民出版社 1993 年版，第 292 页。

累的经验进行分析总结，使其上升为科学理论，从而为我们科学地揭示人类社会发展规律、社会主义建设规律和共产党执政规律，只有这样才能实现真正符合我国发展需求的马克思主义中国化。

马克思主义中国化不仅是理论层面的创新与发展，还需要在充分了解并掌握马克思主义的立场、观点和方法的基础上，运用其结合中国实际总结中国的历史经验。毛泽东同志在《论新阶段》的报告中提出，"我们这个民族有数千年的历史，有它的特点，有它的许多珍贵之处。对于这些，我们还是小学生。今天的中国发展站到了新的历史起点上；我们是马克思主义的继承者，我们不应当割断历史。从孔夫子到孙中山，我们应当给予总结，承继这一份珍贵的遗产。这对于指导当前的伟大的运动，是有重要帮助的"。[①] 从毛泽东同志的阐述中可以看出，马克思主义中国化的一项重要内容就是充分研究历史，在此基础上继承中国历史发展中留下的宝贵经验。1941 年，毛泽东同志在《改造我们的学习》的报告中讲道，"不论是近百年的和古代的中国史，在许多党员的心目中还是漆黑一团。许多马克思列宁主义的学者也是言必称希腊，对于自己的祖宗，则对不住，忘记了"。[②] 毛泽东指出，"对待马克思主义的正确思想方法和态度就是不要割断历史。不但是懂得希腊就行了，还要懂得中国；不但要懂得外国革命史，还要懂得中国革命史；不但要懂得中国的今天，还要懂得中国的昨天和前天"。[③]

中国的历史悠久，有丰厚的历史和文化积淀。在中华民族的文明发展史中，积累了丰富的历史经验。这种历史经验是中华民族伟大智慧与创造力的结晶，同时也是维系全国各族人民团结一致、奋勇向前的精神力量的源泉。实现马克思主义中国化，要求我们要坚持马克思主义的指导，同时要全面深刻地了解中国的历

① 《毛泽东文集》(第 2 卷)，人民出版社 1991 年版，第 533 页。
② 《毛泽东选集》(第 3 卷)，人民出版社 1991 年版，第 797 页。
③ 《毛泽东选集》(第 3 卷)，人民出版社 1991 年版，第 801 页。

史状况、社会状况以及中国社会的特点及发展规律，要全面系统地分析并总结中国历史发展中积累的丰富经验，并将其提炼为理论融入马克思主义中国化的发展之中，使中国经验成为中国历史传统中的重要组成部分，用中国发展经验推进马克思主义中国化的发展。只有这样，我们才能真正达到对于马克思主义的理论和中国的实践之完整、统一、深入地理解和把握。

马克思主义中国化的重点是实现马克思主义与中国实际有机结合，要求我们将马克思主义的基本原理同中国社会主义现代化建设的实践经验结合在一起。一方面要坚持用马克思主义的基本原理来指导社会主义现代化建设；另一方面要将中国社会主义现代化建设的经验结合马克思主义进行提炼和升华。

二、推动马克思主义与中华民族优秀传统文化相结合

通过历史实践可以看出，外来文化植入本国的关键在于找到恰当的结合点和生长点，以此实现外来文化与本土文化的有效对接，实现外来文化在本土文化发展潮流中的渐进式融入，最终以本土文化的形式存在。比如，产生于印度的佛教文化在传入中国的过程中与中国本土文化相结合，逐渐形成了不同于印度佛教文化的中国佛教文化。对于中国本土文化来讲，马克思主义最初也是一种外来文化，马克思主义创始人受西方文化的教育和熏陶，其思维方式和语言特点明显地带有西方文明的痕迹，这种语言文字方面存在的障碍，使马克思主义难以被普通的中国人所完全理解，更谈不上在中国进行传播。黑格尔曾经说过，一个民族除非用自己的语言来习得那些最优秀的东西，否则这些东西就不会真正成为它的财富。因此，马克思主义中国化同样要遵循文化传播的本土化规律，即马克思主义在传播过程中，必须与中国社会生活和传统文化相结合，以一种为中国人民所理解和接受的民族形式——中国本土文化的形式存在。

毛泽东就很重视发展马克思主义，强调马克思主义中国化的

重要性,并且强调这个过程必须要结合中国优秀文化。他在《论新阶段》一文中提出,“马克思主义必须和我国的具体特点相结合并通过一定的民族形式才能实现”,“洋八股必须废止,空洞抽象的调头必须少唱,教条主义必须休息,而代之以新鲜活泼的、为中国老百姓所喜闻乐见的中国作风和中国气派”,[①]他强调,“把国际主义的内容和民族形式分离开,是一点儿也不懂国际主义的人们的做法,我们则要把两者紧密地结合起来”。[②] 从他的论述中可以看出,他强调马克思主义与中国优秀文化的有机结合,强调马克思主义想要被人民接受就需要以人民喜闻乐见的形式,实现马克思主义的民族语言化。例如,毛泽东就是这方面的典范,他为了人民群众更好地接受马克思主义理论,通过老百姓喜闻乐见的形式转化了马克思主义的民族语言。马克思主义的思想路线表述为“实事求是”;用“矛盾论”来概括马克思主义唯物辩证法的理论体系;通过“愚公移山”为人们解释人的主观能动性和群众创造历史的伟大作用;用“惩前毖后,治病救人”总结党内斗争应该采取的正确方针;用“星星之火,可以燎原”来表述物质世界的普遍联系和变化发展。

需要注意的是实现马克思主义与中国优秀文化的有机结合是一个有机地融合过程,而不是对中国文化进行简单复制而实现的,关键在于将马克思主义基本原理和中华民族的优秀传统文化融合在一起,形成马克思主义的中华民族语言进行表达。完成这一工作的前提是充分了解中国传统文化,并做到取其精华,去其糟粕。中国传统文化虽然包含积极因素,但其内部也有许多不可弥补的缺陷。对于当前的现代化社会建设来说,我们需要自由、平等、民主、科学、创新和发展等新的思想观念,中国传统文化并不能直接产生这些思想观念,因此需要我们灵活运用马克思主义的立场、观点进行整理发掘,提炼出其中的精华,并赋予其时代特征,实现传统文化的现代转型。毛泽东指出,“中国在长期的封建

① 《毛泽东选集》(第 2 卷),人民出版社 1991 年版,第 534 页。

② 《毛泽东选集》(第 3 卷),人民出版社 1991 年版,第 844 页。

统治中，创造了灿烂的古代文化。在清理古代文化的发展过程中，剔除其封建性的糟粕，吸收其民主性的精华，是发展民族新文化、提高民族自信心的必要条件”。[①]

毛泽东强调马克思主义并不是教条式的理论，而是具有极强实践性的思想武器，在其实践中就很善于运用马克思主义的观点、方法解决实际问题，善于将马克思主义与中国传统文化相结合，实现中国文化的改造和提升。在1939年4月29日关于国民精神总动员的讲话中，毛泽东指出，“对国家尽忠，对民族尽孝，我们赞成，对封建思想，我们要改变它。但是要特别忠于大多数人民，而不忠于少数人。对大多数人有益处的，叫作仁；对大多数人利益有关的事情，处理得当，叫作义。对农民土地问题、工人吃饭问题，处理得当，就是真正的行义者”。[②] 在中共七大的报告中，刘少奇对毛泽东将马克思主义与中国文化相结合进行了高度评价，他说，“毛泽东思想是运用马克思列宁主义的科学方法，概括中国历史、社会及全部革命斗争经验而创造出来，是中国民族智慧的最佳体现和理论上的高度概括”。

从以上分析可以看出，马克思主义与中国传统文化的有机结合包含两方面的含义。第一，用中国优秀文化的表达方式和中国老百姓所喜闻乐见的语言形式，深入浅出地阐明马克思主义的基本原理；第二，要在马克思主义文化的冲击和指导下，促进中国传统文化的现代转型。即用马克思主义对中国传统文化进行的强有力地冲击，使其不得不改变其惰性，走向变革，同时将中国传统文化中具有生命力的内容融入马克思主义新型现代文化之中，使其通过文化转型而获得生存。

从整体上来说，马克思主义中国化实际上就是指将马克思主义基本原理同中国实际有机结合。让马克思主义符合中国国情，解决中国的实际问题，同时又使中国丰富的实践经验上升为理论，并且同中国的历史传统、中国的优秀文化相结合，不断赋予中

① 《毛泽东选集》(第2卷)，人民出版社1991年版，第707页。

② 陈晋：《毛泽东的文化性格》，中国青年出版社1991年版，第158页。

国马克思主义以鲜明的实践特色、民族特色和时代特色。

第二节　马克思主义中国化的历史必然性

马克思主义是解释社会客观发展规律的科学理论，是无产阶级夺取民主革命伟大胜利的思想武器，因此，我们在革命、改革和建设中必须坚持马克思主义，而且必须坚持结合本国实际的马克思主义。

一、中国共产党人的觉醒是马克思主义中国化的前提条件

(一)中国共产党创立和大革命时期对马克思主义的认识

很多优秀的中国共产党人都意识到一个问题，那就是在中国运用马克思主义必须结合中国国情，要让马克思主义的基本原则符合中国社会的要求。李大钊、陈独秀、张太雷、瞿秋白等人在建党初期就对此进行过多次论述。

李大钊致力于在中国介绍和传播马克思主义，是最早论述马克思主义与中国实际相结合并进行尝试的伟大实践者。他对马克思主义中国化的尝试，主要从四个方面展开。第一，反驳“马克思主义不适合中国国情”的论调，强调马克思主义对解决中国问题的指导作用。第二，论述马克思主义与中国实际情况相结合的必要性。李大钊指出，“大凡一个主义，都有理想和实用两面……社会主义，亦复如是……我们只要把这个那个主义，拿来做工具，用以实际的运动，他会因时、因所、因事的性质情形产生一种适应环境的变化”。[1] 他说，“社会主义理想因各地各时之情形不同、务

① 《李大钊文集》(下卷)，人民出版社 1984 年版，第 34 页。

求其适合者行之,遂发生共性与特性结合的一种制度(共性是普遍者,特性是随时随地不同者),故中国将来发展时,必与英、德、俄……有异”。[①] 第三,对马克思主义理论本身进行阐释、改造,实现马克思主义在中国实际应用,也就是在马克思主义理论内容中国化方面进行实践,以此更好地让中国人民理解和接受马克思主义,为此他倡导马克思主义理论宣传的通俗化。第四,把马克思主义理论用于中国实际,用于分析中国问题,确立中国救亡图存的革命目标和路线、方针,并在实践中丰富和发展马克思主义。

陈独秀也是优秀的共产党人,优秀的马克思主义传承者。他指出马克思的学说和行为有两大精神,分别为“实际研究的精神”和“实际活动的精神”。“我们研究他的学说不能仅仅研究其学说,还必须将其学说实际应用于社会的革命”,而“不要把马克思学说当作老先生、大少爷、太太、小姐的消遣品”。[②] 因此,我们需要研究和探讨的应该是社会上的各种情形,而不是某一种特定情形,其中最关键的是当前所处社会的政治和经济情况。毛泽东从青年时期开始就注意到了这个问题,他指出,“吾人如果要在现今的世界稍为尽一点儿力,当然脱不开‘中国’这个地盘。关于这地盘内的情形,似不可不加以实地调查及研究不可”。[③] 毛泽东在之后表示,在他掌握了马克思主义关于阶级斗争的学说后,最先开展的工作就是将其结合中国的实际阶级斗争情况进行分析,而这也是最重要的问题。张太雷也曾对这个问题提出过自己的见解,他认为“要把国际无产阶级政党的纲领和方法正确地运用于各国具体特点的基础之上”。蔡和森在《中国共产党史的发展(提纲)》中提出,“马克思主义、列宁主义和世界各国共产党是一致的,但当应用到各国去,应用到实际中去才行。要在斗争中把列宁主义形成自己的理论武器,即以马克思主义、列宁主义的精神来制定

---

① 《李大钊文集》(下卷),人民出版社1984年版,第5页。

② 《陈独秀文章选编》(上卷),生活·读书·新知三联书店1984年版,第304—305页。

③ 《毛泽东早期文稿》,湖南出版社1995年版,第474页。

出适合客观情形的策略才行”。“解决中国的问题，自然要根据中国的情形，决定中国的办法”。恽代英在《我的马克思主义观》中指出，马克思主义是时代的产物，因此我们不能直接把它整个拿来应用，而是应该充分思考马克思的唯物史观怎样应用于中国今日的政治经济情形，以争取民族的独立和解放。瞿秋白也重视马克思主义与中国实际的结合，他认为“革命的理论永不能和革命的实践相离”。“我们的前辈——陈独秀同志，甚至于李汉俊先生，戴季陶先生……都是中国第一批马克思主义者。但是，只有陈独秀同志在革命的实践方面，密切地与群众的社会运动相联结，秋白等追随其后，以在日常斗争中间，力求应用马克思主义于中国的所谓国情”。瞿秋白提出，马克思列宁主义的理论问题不能离开实践，应该时刻在考虑中国国情的基础上应用马克思主义，他提出自己出版文集就是为了呈现中国的马克思主义者应用革命理论于革命实践中的成绩。从以上论述中可以看出，在建党前后，我国的马克思主义者已经开始思考和探讨马克思主义与中国实际相结合的问题，也就是初步具备了马克思主义中国化的思想倾向，并在一定程度上付诸实践。

从上述言论中可以看出，中国共产党一成立，就注重马克思主义理论与中国实际相结合，有这方面的初步自觉；但是对结合必要性的自觉程度还不高，特别是对如何去进行结合，还没有经验的积累。

(二)长征途中获得了最终觉悟

我们党领导的土地革命战争经历了第五次反“围剿”的失败，导致红军不得不开始了艰苦的万里长征，这场异常艰难的征程使红军数量大规模减少，由30万人减至3万人，白区的党组织损失100%，苏区损失了90%以上。在长征途中中央召开了遵义会议，初步从军事上清算了脱离中国实际的错误军事路线，开始确立毛泽东的正确路线及其在党内的实际领导地位，中国共产党从此转危为安，取得了红军长征的胜利。1935年红军到达陕北后，掀开了马克思主义中国化新的一页，开始了全党对马克思主义中国化的新觉醒。毛泽东随即坐下来进一步攻读马克思主义哲学书籍，研究马列主义理论，从理论上总结党成立后两次胜利、两次失败的经验教训，并从事写作《中国革命战争的战略问题》和《唯物辩证法讲授提纲》，其主旨都是为了反对理论脱离实际、照搬书本和外国经验的教条主义。随着毛泽东确定了其在中国共产党的领导地位，全党开始认识毛泽东在土地革命战争时期坚决反对教条主义，坚持结合中国实际运用马克思主义的重要性和必要性。

二、动员全民抗日迫切需要推进马克思主义中国化的历史进程

随着抗日战争的全面爆发，为了引导广大群众积极抗战，对马克思主义中国化提出了要求，这是将马克思主义中国化在大众中推上历史舞台的重要契机。

每个中华儿女都不会忘记一个日子，那就是1931年的9月18日，也就是“九一八”事变。日本帝国主义侵略中国，强占中国东三省，使中日之间的民族矛盾逐步上升为中国社会的主要矛盾，此时中华儿女满腔热血、奋起抗日。1935年“七七”事变后中华民族到了最危急的时刻，中国共产党及时提出了抗日民族统一战线的主张，开始了全民抗战。抗日战争是中国现代史上一个重大历史转折点。抗日战争出现的一系列新的重大问题，迫切需要用中国化的马克思主义来指导复杂的、艰苦的、持久的民族生死存亡斗争，指导建立抗日民族统一战线所面临的阶级矛盾的新变化，特别是抗日战争需要广泛发动中国人民尤其是广大农民与日本帝国主义做斗争。而为了切实有效地动员广大农民群众参与抗日，必须将马克思主义转化为他们熟悉的中国语言，要使广大农民群众了解中国文化，采取中国人民所喜闻乐见的中国气派、中国作风的中国式宣传动员与教育方式进行动员，让他们更好地接受并加入斗争队伍。

在当时严酷的社会现实下，必须动员全国人民积极抗战。为了实现这一目标，1936 年 9 月在中共北方局领导的部署下，在北京、上海等地，由一批马克思主义者与一群自由主义知识分子开展了一场新启蒙运动的思想文化运动，号召文化界联合起来，启蒙民众，共抗侵略。这一号召推动了当时思想界关于“文化救国”的讨论，也体现中国共产党关于文化阵线上的抗日民族统一战线的主张。在 1937 年五四运动 18 周年之际，文化界形成了一个基本共识，那就是为挽救国难需要重新开展一次新文化运动。当时形成了北平和上海两个中心，遥相呼应。北平在中共北方局领导下，以陈伯达为代表；上海则在左翼文化阵线的基础上，联合一批自由主义知识分子，如张申府、柳湜等人。新启蒙运动的新文化运动，发起的目的在于动员全民积极参与抗战，尤其是动员广大农民抗日。而在人民群众中动员，收到效果的前提是实现文化的大众化、民族化，要让马克思主义以人民群众喜闻乐见的方式进行表达，因此我们必须将中国传统文化与其有机结合，以此激发人民群众的爱国主义精神、民族自尊心和自信心，以此动员他们积极抗战。新启蒙运动不仅继承了五四运动科学、理性、民主、自由的精神，同时强调充分尊重文化的民族性，提出将文化运动与中华民族优秀传统文化紧密结合，在此基础上推动文化运动、动员全国人民。

当时有一批左翼知识分子，为了动员全民参与抗战，尤其是为了动员广大农民群众奋起抗战，他们对马克思主义的应用进行分析和研究，并在 1936 年提出开展新启蒙运用，对五四运动的启蒙意义进行了一定反思。他们认为虽然 20 世纪 30 年代马克思主义已成为“风靡一时”的思潮、占据思想文化界重要地位并在国统区形成了左翼文化运动，但是马克思主义本身研究的问题并不是针对中国实际的，而中国的左翼文化应该为抗战服务，也就是说必须运用马克思主义的唯物辩证法这种新哲学作为方法论、认识论，来分析中国面临的民族危亡问题。

五四启蒙运动对中国抗战具有重要意义，它打破了封建思想对中国人民长期以来的禁锢，从根本上动摇了封建主义在中国人民思想上的统治地位。毛泽东指出，“它带着为辛亥革命还不曾有的姿态，这就是彻底不妥协地反帝国主义和彻底不妥协反封建主义”。“五四运动所进行的文化革命则是彻底地反对封建文化的运动，中国历史上还没有过这么伟大而彻底的文化革命”。[①] 五四新文化运动对中国封建主义进行了深刻批判，提倡摒弃旧道德、旧文学，但是没有将中国传统文化进行分类，没有吸取其中的精华部分；同时在对待西方文化时采取“全盘西化”的主张，“形式主义地吸收外国的东西”，也没有把西方文化“分解为精华与糟粕两部分，然后摈弃其糟粕，吸收其精华”[②]，而是“生吞活剥地毫无批判地吸收”。因此，五四运动犯了形而上学的错误，没有正确分析和判断中国传统文化和西方科学与民主价值观之间的关系。

启蒙运动与五四运动不同，它并没有高举“世界化”旗帜，而是强调文化和价值观的民族化、中国化，它的基本目的是“追求民族的自觉与自信”。这种“中国化”的前提和显著表现是对中国基本国情、历史传统和本土文化的尊重。对于此有学者指出，在抗战时期，全国上下弥漫着“中国化”的浓厚氛围。这与五四时期不同，不再是形而上学式打着“世界化”旗号，不再有“中国人要从世界上被排除出去”的忧虑，不再有同浴于世界文明之流的歌唱。在当时中国社会中，强调的是中国化、中国魂、中国味、中国精神、中国风格和中国气派。“中国化”是抗战时期居于支配地位的社会思潮。1938 年毛泽东在《论持久战》中就深刻指出，日本帝国主义对中国人民的侵略不仅体现在物质上，其掠夺普通人民的衣食，使广大人民啼饥号寒，而且“在精神上，摧残中国人民的民族意识。在太阳旗下，每个中国人只能当顺民，做牛马，不许有一丝一毫的中国气”[③]。“中国化”口号的提出，“中国化”思想的弘扬，反映了中华民族自己的意识，是中国民族意识的张扬与恣肆。

① 《毛泽东选集》(第 3 卷)，人民出版社 1991 年版，第 700 页。
② 《毛泽东选集》(第 3 卷)，人民出版社 1991 年版，第 307 页。
③ 《毛泽东选集》(第 2 卷)，人民出版社 1991 年版，第 455 页。

文化的“中国化”是一个重要课题，为了更好地实现这个目标，就需要对中国传统文化采取正确的态度，不能采取五四时期的全盘否定态度，而是应该取其精华，去其糟粕。陈伯达在新启蒙运动中提出，“捍卫国土，要能如张巡、陆秀夫、文天祥、史可法的守节。对于民族的仇敌，要能如伯夷、叔齐般不食周粟。每个人在民族、社会、事业的面前，应该不从盲从和迷信出发，而是从理智出发，来发挥这种集体的道德，而成为自觉的战士”。[①]

新启蒙运动从1936年开始进入了高潮时期，直至1938年这次热潮才有所消退。在这个时期，整个中国社会都被“中国魂”“中国味”“中国精神”“中国风格”“中国气派”等名词包围，这是抗战时期始终居于支配地位的社会思潮。1941年，郭沫若在总结“抗战文化”与“文化抗战”的经验时，对此有过一段生动的描述，“学术‘中国化’口号的提出，更引起各文化部门的热烈响应。文艺创作者热烈地讨论文艺复兴的民族形式问题；戏剧家研究各地地方戏做实验公演；音像部门也搜集各地民歌，研究改良，做实验演奏；社会科学家研究着中国的实际、中国的历史；自然科学家在研究着国防工业……中国具体问题，并提出了‘中国科学化运动’的口号；哲学家在研究着中国的古代哲学与思想在抗战、建国中的各种问题”。[②] 在这样的社会氛围和时代背景下，马克思主义中国化被推上历史舞台，这一思想也确实把握住了抗日战争时代的脉搏和主题。毛泽东同志一直强调教条主义的不正确性，反对本本主义，批判理论脱离实际的做法，而这正与新启蒙运动的宗旨不谋而合。正因如此，为了克服理论脱离历史和现实的倾向，新启蒙运动者提出的“中国化”口号获得了毛泽东同志的认可和赞同。

① 陈伯达：《文化上的大联合与新启蒙运动的特点》，生活书店1939年版，第56—57页。

② 郭沫若：《四年来之文化抗战或抗战文化》，重庆出版社1941年版，第190页。

三、正确认识时代主题是马克思主义中国化的逻辑起点

之前已经说过，在建党初期，中国共产党人就已经对马克思主义中国化的必然性、必要性有了一定认识，但是从认识到最终提出经历了漫长而曲折的历程。在中国革命、社会主义建设及改革开放的实践中，经过前进与倒退、胜利与失败的屡次分歧和斗争，才以沉重的代价换取了从不自觉到自觉、由少数人自觉到多数人自觉的逐步觉醒，最后取得全党共识的过程；同时这一觉醒还经历了从认为马克思主义中国化可以一劳永逸、一蹴而就地解决，到认识到马克思主义中国化是随着中国具体实际不断变化而摆在中国共产党面前永无止境的永恒课题和任务的历程。马克思主义中国化必须随着时代演进、中国历史任务、历史背景的发展变化，不断实现相“结合”的历史性新飞跃，不断产生中国化的马克思主义的重大新成果，从而进一步达到既使马克思主义理论中国化，又使中国革命丰富的实际马克思主义化的双向过程。

从历史实践的角度来看，马克思主义中国化是必然的，也就是说为了中国的发展必须将马克思主义基本原理与中国具体实际有机结合在一起，这不仅是马克思主义理论本身的特质，同时也是中国革命、建设和改革实践的特点。任何民族、任何国家在接受一种根本不同于自己的异质文化时，都有一个将其民族化，即按照自己民族的特点加以具体运用，并有所取舍、有所侧重、有所发展、有所改造的任务，否则外来文化就不可能在这一国家中立足。马克思主义所具有的革命性、实践性、批判性、创新性的特点，尤其要求如此。特别是实践性是马克思主义的本质要求，是马克思主义区别于其他学说的最显著特征。理论和实践的统一、“说明世界”和“改变世界”的统一，是马克思主义的根本要求。因此，必须将马克思主义理论和各国的具体实际相结合，只有这样才能充分发挥马克思主义的力量，才能在具体实践中将其转化为无产阶级和广大人民“改造世界”的物质力量；同时这种结合也使

马克思主义理论在实践中不断得到检验、丰富和发展，从而解决人们认识中绝对真理与相对真理的统一问题。马克思主义产生在西方，但它的科学理论和科学方法论却是人类共同的思想财富，是具有普适性的真理性认识。不过这种普遍真理只能是“任何坚定不移和始终一贯的革命策略的基本条件；为了找到这种策略，需要的只是把这一理论应用于本国的经济条件和政治条件”[①]。恩格斯曾说，“我们的理论是发展的理论，而不是必须背得烂熟并机械地加以重复的教条”。[②] 马克思、恩格斯强调，马克思主义的基本原理应该结合实际运用而不断适应，应该随时随地都要以当时的历史条件为转移。从本质上来说，马克思主义理论为人们观察世界、思考问题，提供了科学的世界观和方法论，它要求人们在运用这一理论解决实际问题时必须结合各国的具体实际，要充分考虑各国独特的政治、经济和文化条件，以此解决各国的革命和建设问题。运用马克思主义理论时，要依据矛盾的普遍性和特殊性的辩证关系，根据不同环境下的实际变化，来确定革命或建设的理论、路线、政策和策略。列宁曾指出，“马克思主义者必须考虑生动的实际生活，必须考虑现实的确切事实，而不应当抱住昨天的理论不放，因为这种理论和任何理论一样，至多只能指出基本的、一般的东西，只能大体上概括实际生活中的复杂情况”。[③] 列宁还特别强调，东方各国共产党人“面临着全世界其他共产党人所没有遇到过的一个任务，就是他们必须以共产主义的一般理论和实践为依据，适应欧洲各国所没有的特殊条件，善于把这种理论和实践运用于主要群众——农民，需要解决的斗争任务不是反对资本主义而是反对中世纪残余这样的条件”[④]。

一些人没有正确认识马克思主义中国化的含义，认为无论是马克思主义中国化还是中国化的马克思主义都是悖论，持这一观

---

① 《马克思恩格斯选集》(第4卷)，人民出版社1995年版，第669页。

② 《马克思恩格斯选集》(第4卷)，人民出版社1995年版，第681页。

③ 《列宁选集》(第3卷)，人民出版社1995年版，第26—27页。

④ 《列宁选集》(第4卷)，人民出版社，1995年版，第79页。

点的人提出，马克思主义是在世界各国都可以普遍应用的普遍性真理，应该属于最一般的科学，因此，马克思主义应该同数学、物理学等自然科学一样是普遍适用的，不存在因国家、民族情况不同而需要具体化的问题。正如没有中国化的数学、物理学等，也不会有中国化的马克思主义。如果马克思主义需要中国化，那么它就不是普遍真理。这种观点认为，关于最一般规律的科学是没有也不会有什么中国化问题的。马克思主义本身的特点决定了它不应该被中国化，因为既然承认它是关于自然、社会、思维的最一般规律的科学，作为科学的世界观、方法论，作为有普遍价值的理论，就决定了它具有不受地域限制的特点。这种观点混淆了社会科学和自然科学的不同，看不到社会科学具有一定特殊性，是不值一驳的。

第三节　马克思主义中国化的重要意义

马克思主义是我们党的行动指南，实践性是它的根本属性，因此必须将其与具体实际结合在一起，才能保证自身的巨大生命力。马克思主义中国化就是马克思主义同中国实际相结合，用具有中国风格和中国气派的中国化马克思主义指导中国革命、建设和改革的过程。对于中国特色社会主义的建设来说，马克思主义中国化具有极为重要的意义和作用。

一、马克思主义中国化推动了中国革命、建设和改革事业发展

我们党在建立之初就已经对马克思主义中国化有了一定的认识，但是从提出到最终确定经历了一个复杂、曲折的过程，在此期间我们党获得过胜利，也经历过曲折和失败，最终实现了由不自觉到自觉、由少数人的觉醒到多数人的觉醒，最后成为全党的共识。在革命实践中，中国共产党人逐渐意识到马克思主义中国

化的重要性,他们深刻地意识到想要夺取中国革命和建设的胜利就必须实现马克思主义和中国具体实际的有机结合。以此为基础,我们党实现了马克思主义中国化的第一次历史性飞跃,该阶段的最显著成果就是提出毛泽东思想,并确立了其作为全党的指导思想的地位。在毛泽东思想的指引下,我们党领导人民最终夺取了新民主主义革命和社会主义革命、建设的伟大胜利。

中国革命、建设和改革事业的内在需求,决定了马克思主义的根本指南地位,决定了马克思主义中国化的必然。“理论在一个国家的实现程度,总是决定于理论满足这个国家的需要的程度”。[①] 马克思主义基本原理是适合中国社会需要的,同时我们又把它与中国具体实践相结合,使马克思主义中国化,创造出了中国化的马克思主义理论成果。正如毛泽东所指出的,“马克思列宁主义来到中国之所以发生这样大的作用,是因为中国的社会条件有了这种需要,是因为同中国人民革命的实践发生了联系,是因为被中国人民所掌握了。任何思想,如果不和客观的、实际的事物相联系,如果没有客观存在的必要,如果不为人民群众所掌握,即使是最好的东西,即使是马克思列宁主义,也是不起作用的”。[②]

马克思主义中国化是马克思主义基本原理和中国具体实际相结合的体现,是我们党结合中国实际对马克思主义的丰富、发展和创新,它切实反映了马克思主义在中国的实际发展,并且这个发展过程会随着时代的进步而不断变化。实践是一个不断发展的过程,因此实践的科学理论也必须不断发展。因此,我们党永葆青春的关键就在于保持党的先进性,这就要求我们必须不断进行理论和实践创新,要求我们要不断提高党的领导水平和执政能力。随着时代进步,国内外形势不断变化,我们党的历史经验也在不断地丰富,为了保证马克思主义中国化成果的先进性,我们必须不断结合中国实际总结马克思主义,不断进行理论和实践

① 《马克思恩格斯选集》(第 1 卷),人民出版社 1995 年版,第 11 页。

② 《毛泽东选集》(第 4 卷),人民出版社 1991 年版,第 1515 页。

创新。

在当前复杂的国内外形势下，我们党带领人民实现深化改革开放深化和现代化建设推进的目标，必须保证党的先进性和马克思主义的时代性，而马克思主义中国化就实现了这一点。江泽民指出，“理论创新，这是马克思主义唯物辩证法的根本要求。要使党和国家的发展不停顿，首先理论上不能停顿，否则，一切新的发展都谈不上”。[①] 当前，我国全面建设小康社会的伟大事业正处于一个重要发展时期，新的实践、新的情况、新的问题呼唤科学理论的指导。我们只有深入贯彻落实科学发展观，继续解放思想，坚持改革开放，推动科学发展，促进社会和谐，才能针对面临的重大问题制定和贯彻正确的方针政策；才能改进和完善党的领导方式和执政方式，进一步健全党的领导体制和工作机制；才能有效提升党员干部的思想理论素质以及领导能力和水平；才能在党的领导下，促进中国特色社会主义事业的不断发展。

二、马克思主义中国化具有重要的认知意义

(一)马克思主义中国化帮助人们更好地认知中国

认知是一个全面了解的过程，对个人、民族和国家来说都是如此，真正的认知要求我们对其过去和现在充分了解，还要以此为基础分析现在、预测未来。然而，当我们谈到中国过去的传统时，更多指的是古代中国的东西，也就是前天的过去，对于刚刚过去的昨天却不够重视，这个昨天就是百年中国人民的奋斗史，也可以说是马克思主义中国化的历史，不去认真了解这段历史，怎么能说了解中国呢？因为今天的中国就是从这个昨天走过来的。

马克思主义在 100 多年前就进入了中国，在建党初期中国共产党人就意识到马克思主义与中国实际结合的重要性，在中国革

---

① 江泽民:《论党的建设》，中央文献出版社 2001 年版，第 537 页。

命和建设中一直以马克思主义为指导，结合中国具体实际促进中国的改革和发展。新中国是以马克思主义为指导思想建立起来的社会主义性质的国家，中国特色社会主义首先是社会主义而不是其他主义，中国特色社会主义理论体系是马克思主义中国化的理论成果，所以说，无视马克思主义中国化，就不会真正认识和理解整个中国，就不会真正理解中国的国家性质、大政方针和国情变化，就不会真正理解中国共产党的执政理念和政策依据，就不会真正理解国家与社会的内在统一关系，就不会真正理解人民当家做主的真正内涵。例如，虽然社会公众都知道依法治国是我国政治文明建设的要求，但是很多人并不了解我国坚持党的领导和人民当家做主的原因，并且党的领导和人民当家做主在依法治国之前，这其中的深刻原因并不是人尽皆知的。其实，法治在历史上、在不同的国家都可能存在，只是法所维护的对象是不同的，其中最为重要的是它所维护的制度性质也是不同的。封建社会的法维护的是封建宗法制度(中国古代是封建礼法)，资本主义国家法治维护的是资本主义的权利和秩序。中华人民共和国是人民当家做主的社会主义国家，人民民主专政是其国体，任何法律、制度的制定和实施都要以此为前提，比如人民代表大会制度就是其政体，它具有制定法律的神圣使命。中国共产党是中国无产阶级的先锋队，同时是中华民族的先锋队，共产党的先锋队性质内在规定着坚持党的领导地位的合法性基础，并且，只有坚持党的领导才能真正实现人民当家做主。所以说，坚持党的领导、人民当家做主和依法治国是内在统一的，三者共同形成具有中国特色的政治文明架构。

马克思主义中国化并不是单纯在指导思想上发挥作用，其成果在社会各个领域都具有重要作用。毛泽东思想和中国特色社会主义理论体系是马克思主义中国化的飞跃性理论成果，除此以外，马克思主义中国化带给中国社会的还有经济生活、政治生活、文化生活等各个领域的重大变化，对全国各族人民的生活产生重大影响，可以说，中华大地无不打上马克思主义中国化的烙印。

因此，无论是从内部读懂中国，还是向外界解读中国，都不能离开马克思主义中国化这条主线，离开它就不是已读懂中国，就不是在正确解读中国，甚至是在歪曲、曲解中国。

（二）马克思主义是武装先进分子的思想武器

人不可能是完全独立的人，而是处于一定社会关系中的人，而社会存在决定社会意识，个体价值立场会受到其社会关系的影响，其中最根本的因素是经济地位，包括拥有或支配生产资料在内的权利因素。在人类处于商品经济很不发达的历史时期，包括私有制在内的多种所有制、私有财产权、多元价值观都是现实存在，人处在什么状况一般就会有什么样的思想倾向，这就是立场问题。

目前，中国仍处于社会主义初级阶段，多种所有制和多元价值体系并存，推行市场经济制度。在这样的背景下，人们在社会中的立场各不相同，在立法、执法、行政和具体规范的设计、制定、操作中，站在不同的立场上就会有不同的指向，政策、法规就会偏向于维护不同群体的利益。比如说，作为私有企业主或所有制企业的老板，他们在参政议政的过程中，很难不去维护自身的利益；农民兄弟自然想的是他们的利益；既得利益者也不愿放弃已经形成的利益格局。

如果人们都将个人私利放在第一位，那么国家和社会的整体利益就无法得到保障，社会生产力得不到进一步解放和发展，中国特色社会主义建设将停滞不前。因此，私营企业主和从业人员不能只顾自己发财，党员干部不能为了一己私欲以权谋利，人们应该放下一己之利，去思考全体人民的利益乃至全人类的利益。而想要做到这一点就要接受马克思主义，用先进的世界观和科学的方法论来武装自己的头脑，深刻认识社会发展的基本规律和人类解放的未来前景，树立信仰，追求理想，为推进社会的不断进步而奋斗。这就是为什么当年有许多出生资本家、地主、上层社会的有志之士，能够背叛其家庭，投身社会主义事业，为天下劳苦大众打江山、谋利益的原因，比如革命导师恩格斯和中国共产党的许多革命领袖，都曾出身富贵，他们勇于抛弃个人的荣华富贵和家庭财产，济贫济困，舍弃小我以实现大我。当今国际共产主义运动看似是低潮期，在资本扩张的全球化强势潮流和普遍私有化浪潮中，西方资产阶级新自由主义价值观四处传播，个人主义、唯利是图成为许多人衡量价值的标准。在此不利环境中，马克思主义的理论学习对于提升人们的认识水平和确立当代中国的核心价值观就显得更为重要，可以说，在当前的市场经济环境中，这是让先进分子实现个人认识上的自我超越，让党和国家坚持走中国特色社会主义道路的认知前提。

三、马克思主义中国化催化中华民族伟大复兴中国梦的诞生

（一）中国梦是马克思主义中国化的延续和升华

中国梦是我国各民族人民追求的共同理想，它并不是凭空出现的，而是与马克思主义中国化理论一脉相承的必然产物，中国梦反映了当前我国的发展目标，具有独特内涵和时代意蕴。

首先，中国梦凝聚着中国共产党几代领导人的宏伟构想。

在中国共产党的领导和全国各族人民的共同努力下，推翻了压在中国人民头上的三座大山，毛泽东在宣布新中国成立之时，庄严宣布“中国人民从此站起来了”！之后党的第一代领导集体勾画了实现社会主义现代化的宏伟蓝图，力图早日甩掉贫穷落后的帽子。改革开放初期，以邓小平为核心的第二代中央领导集体就构想和提出了从1980年到2050年中国发展的“三步走”目标。在这一基础上，以江泽民为核心的第三代中央领导集体在1997年党的十五大提出了“两个一百年”的构想。以胡锦涛为总书记的党中央领导集体在创立和完善科学发展观的过程中，更加明确提出了“两个一百年”的目标，即到建党100周年时，全面建成小

康社会，到建国100周年时，基本实现现代化，并在党的十八大报告中明确提出实现民族复兴的号召。习近平总书记明确提出并全面吹响实现中华民族伟大复兴中国梦的号角。

其次，中国梦的提出是顺应民意的表现。

中华民族复兴是中华儿女的共同愿望，但是这个愿望的实现需要一定现实基础做支撑。新中国成立后，改革开放为我国经济带来了飞跃式发展，而在具有一定物质基础后，人们看到了民族复兴的希望。随着中国综合国力的增强和国际影响的增大，过去任何时候都没有像今天这样能够唤起海内外中华儿女的一致而且强烈的欲望——早日实现中华民族的伟大复兴。在这一重要历史时刻，领导和执政的中国共产党领导人顺应民意，不失时机地提出实现中华民族伟大复兴中国梦的响亮号召，就像画龙点睛，为中国这条百年沉睡的“中国龙”增添了腾飞的力量，中国梦是中华儿女努力奋斗的目标，全世界华人在中国梦的号召下凝聚在一起，向美好未来奋进和发展。

再次，中国梦是推动社会进步的理想信念。

理想信念是支撑一个民族、一个国家不断前进的灵魂，是全体人民推动社会进步的思想动力，没有理想信念的民族不可能拥有光明的未来，尤其是在资本推动的经济全球化和市场经济条件下，价值观、人生观、世界观出现了多元化，西方拜金主义、个人主义影响之下出现了物欲追求、自私自利、贪图享乐的消极腐败现象，黄、赌、毒开始浮现，严重败坏了社会风气，也给社会主义精神文明建设蒙上了阴影。在这种情况下，人们的物质条件虽然不断改善，但精神文明的期盼成效迟迟未出现，甚至可以说人们的精神层面是压抑的，因为中国人在古代有着悠久的修身治国的德化传统，在革命战争年代有着无私奉献的高尚情操追求，人民群众的社会良知和道德忧患意识是不甘于泯灭的，尤其是在改革开放处于攻坚克难之际，整个国家需要有统合性的理想呼唤来防止人心涣散，整个社会需要积极向上的理想信念来激发社会进步的正能量。此时此刻，实现中华民族伟大复兴的中国梦，就是这种具有统合性、能够激发社会进步正能量的理想信念。可以看出，中国梦是顺应民意的，它切实反映了中国当前发展阶段人们的共同理想，它适应了国家形势发展的需要，同时也满足了社会现实的实际要求。

最后，中国梦推进了社会主义核心价值体系的培育和践行。

中国梦以社会主义核心价值体系为理论支撑，以社会主义核心价值观为价值取向，它具有深刻的价值内涵。社会主义核心价值体系和核心价值观是社会主义先进文化的重要体现，在现实依然存在纷繁复杂的社会思潮的局面中，必须以社会主义核心价值体系引领社会思潮。但是，要取得这种引领的成效并非易事，因为各种思潮的成败在于获取的人心数量，而借助或占有大众话语优先权是最隐蔽、最有效的方式。我们可以看到，一些西方资本主义国家打着民主、自由等旗号，将其资产阶级价值观隐藏其中对外兜售，这种方式具有很强的煽动性和传播效果。甚至有一些邪教组织也打着行善、友爱、兄弟、姐妹等旗号来传播教义、蛊惑民众。社会主义核心价值体系虽然属于先进文化，但在国际共产主义运动陷入低潮时期，无论国内外都处在各种敌对思潮的围攻氛围中，特别是在资本推动经济全球化已经将大众文化庸俗化、快餐化、物欲化之后，社会主义核心价值体系的话语体系已经与大众文化不知不觉产生了距离，语言优势越来越小，由此可见，话语引导具有潜移默化的作用。因此，我们必须紧握话语权，用话语引导的方式引导社会思潮，进行有效的话语引导必须实现话语对接，因为采用朴实的大众化的语言表达可以获得更好地引导效果。我们欣喜地看到，以习近平为总书记的新一届党中央领导集体已经注意到这一问题，并且在自己的语言上率先垂范，他们朴实的语言风格一下子拉近了与民众的距离，也树立了亲民、务实的优良作风。其中，中国梦的概念就是中华民族共同理想的大众化表述，它能将古老的民族传统与现实的理想信念联结起来，能将中国共产党人的梦与每个家庭的梦、单位的梦、个人的梦联系在一起，能使中国梦、世界梦、各国梦相互对话。中国梦实现了话语对接,它的语言表达是大众化、世界化的,因此中国梦在国内外都可以与人们产生共鸣。

(二)马克思主义及其中国化理论成果是中国梦的基本原理和行动指南

中国梦的提出和构建需要一定理论支持,马克思主义和马克思主义中国化成果就是其理论支持,是其基本原理和行动指南,是其可以获得人们支持的理论支柱。中国梦不是空中楼阁,是可以实现之梦,是理性之梦,是理想信念,凝结人类智慧,包含丰富的理论内涵,中国梦不仅仅内涵一定的理想信念,而且内涵实现理想的现实路径。党的十八大以来,习近平总书记一直强调中国人应该树立理想信念,并对其进行了阐述。习近平总书记一直强调“空谈误国,实干兴邦”,在运用马克思主义基本原理对中国国情和时代特征进行深刻分析的基础上,在对世界社会主义500年的发展趋势与规律、中国共产党执政规律、中华民族的复兴规律认识和把握的基础上,新时期的中国梦赋予当代中国工人、农民、青少年、军队等各行各业劳动者以共同理想和奋斗目标,赋予社会主义以新的发展动力,赋予世界大国以新型关系,赋予中国共产党以更加从严治党的执政要求。因此,中国梦的基本原理就是马克思主义及其中国化理论。

马克思主义中国化理论成果是马克思主义和中国具体实际的有机结合,它具有马克思主义的科学性、实践性和先进性等特质,也切实符合中国社会的实际发展需求,而中国梦则是中国人民的共同梦想,因此马克思主义中国化理论成果是中国梦的基本原理。中国革命的历史已经证明,在中华民族危亡之时,只有社会主义才能救中国。“走自己的路,建设有中国特色社会主义”,这是马克思主义普遍原理与中国社会主义现代化建设和实现中华民族伟大复兴的具体实际相结合得出的基本结论。中国改革开放的现实成就已经表明,在和平发展年代,只有中国特色社会主义才能发展中国,才能完成社会主义现代化事业,才能使国家富强、民族昌盛、人民幸福、世界和平，从而才能实现中华民族伟大复兴的中国梦。因此，正确解读中国梦的重要前提是正确理解马克思主义和马克思主义中国化的理论成果，要认真学习马克思列宁主义、毛泽东思想、邓小平理论、“三个代表”重要思想、科学发展观、习近平新时代中国特色社会主义思想，以此指导中国特色社会主义建设的伟大事业。

第四节　马克思主义中国化的理论前提和现实基础

中国共产党领导中国人民艰苦奋斗了近100年，在此过程中获得了革命胜利，在中国特色社会主义改革和建设中也获得了举世瞩目的成就。一个重要原因就是我们党始终坚持马克思主义，并强调对其创新和发展。而马克思主义中国化成果需要一定理论前提和现实基础，本节对此进行研究。

一、马克思主义中国化的理论前提

马克思主义的基本原理和立场、观点和方法是马克思主义中国化的基本前提和理论基础。

（一）马克思主义基本原理概述

马克思主义基本原理是马克思主义中国化的基本构成要素。在研究马克思主义中国化时必须弄清马克思主义的基本原理，要掌握其含义和内容，在此基础上研究马克思主义基本原理是马克思主义中国化的理论前提的原因。

马克思主义是一个复杂的思想体系，它具有十分丰富的理论内涵，其本身由哲学、政治经济学和科学社会主义三个部分组成，这三个部分都有一以贯之的立场、观点和方法，同时每个部分也都有自己的理论基础、应用发展和具体结论等若干层次。在这种情况下,需要弄清马克思主义的"基本原理"是指哪个层次,是单讲哲学、政治经济学、科学社会主义各自的基础层次,还是三个组成部分中一以贯之的基本立场、观点和方法;是着眼于那些基本立场、观点和方法,还是着眼于那些经过分析论证得出的具体学说。在这些不同侧重点之间,需要有一个统筹全局的理论定义。我们认为,马克思主义基本原理是指在马克思主义哲学、政治经济学、科学社会主义三个组成部分中一以贯之的基本立场、观点和方法。这是我们划清马克思主义与非马克思主义、反马克思主义的标准之一。现在世界上有很多理论都使用了"马克思主义"的称谓,如弗洛伊德的马克思主义、存在主义的马克思主义、结构主义的马克思主义、现象学的马克思主义、后马克思主义,等等,名目繁多。以上这些思想理论的确与马克思主义之间存在一定联系,其中也包含一些可供马克思主义借鉴的合理思想,但必须明确的是它们的基本立场、观点、方法和马克思主义的基本立场、观点、方法有根本区别。因此,这些所谓的"马克思主义"并不是真正的马克思主义。我们经常说的要坚持马克思主义的基本原理,也就是要坚持马克思主义的基本立场、观点和方法。

对于一切理论体系来说,通常都包含两部分内容,即"不可改变的部分"和"可改变的部分",马克思主义也是如此。对于马克思主义来说,由基本立场、主要观点和方法等构成的理论内核属于不可改变的部分,这些是使马克思主义成为马克思主义并贯彻于其各个方面的理论和实践之中的内容,改变了就不是马克思主义了。而由材料基础、论证过程、具体观点和相关推论等构成的理论外围内容则是可以改变的,唯其不断发展变化,才能显示出马克思主义理论的生命力。

这就需要明确马克思主义的基本立场、主要观点和方法。针对这个问题,从不同的角度和层次可以得到不同的答案和表述。而我们认为,马克思主义的立场、观点、方法是马克思主义科学思想体系的精髓所在,创始于马克思和恩格斯的学说中,又贯穿于列宁主义、毛泽东思想和中国特色社会主义理论体系之中。掌握和坚持马克思主义，最根本的是坚持和运用其立场、观点、方法研究解决实际问题。划清马克思主义同反马克思主义的界限，基本前提是澄清在马克思主义的立场、观点、方法上的模糊认识。

马克思主义始终具有鲜明的政治立场。马克思主义始终坚持以人为本，站在广大人民群众的立场思考问题，诚心诚意为人民谋利益。为了什么人的问题，是一个根本的问题、原则的问题。我们党坚持以人为本，人民当家做主，为最广大人民群众谋福利。《共产党宣言》庄严宣布，“过去的一切运动都是少数人的或者为少数人谋利益的运动。无产阶级的运动是绝大多数人的、为绝大多数人谋利益的独立运动”。习近平总书记在十九大报告中明确指出，“要坚持以人民为中心，必须坚持人民主体地位，坚持立党为公、执政为民，践行全心全意为人民服务的根本宗旨，把党的群众路线贯彻到治国理政全部活动之中，把人民对美好生活的向往作为奋斗目标，依靠人民创造历史伟业”。马克思主义的目的是为人民群众谋求根本利益，把全人类解放和人的全面发展作为最高价值追求。正因为这样，马克思主义才能成为我们革命、改革和建设的强大思想武器。

马克思主义理论是揭示客观规律的科学知识。马克思主义理论是科学理论，是关于自然、人类社会和思维规律的科学认识，这也决定了马克思主义最重要的三个组成部分，即马克思主义哲学、政治经济学和科学社会主义。马克思主义包含一系列相互联系的基本观点，比如，关于辩证唯物主义和历史唯物主义的基本观点；关于社会形态和社会基本矛盾运动规律的基本观点；关于社会主义必然代替资本主义的基本观点；关于劳动价值论和剩余价值论的基本观点；关于社会主义革命和无产阶级专政的基本观点；关于无产阶级政党的基本观点；关于世界观、人生观、价值观的基本观点；关于社会主义本质和社会主义建设的基本观点等。这些基本观点贯穿于马克思主义科学思想体系之中。

马克思主义方法是指导人们正确认识和改造世界的根本思想方法和工作方法。马克思主义的强大生命力在于其实践性，马克思主义方法是人们认识世界、改造世界的强大武器和重要手段。世界观中包含方法论，方法论中渗透着世界观，马克思主义的世界观和方法论是有机统一的。恩格斯指出，“马克思的整个世界观不是教义，而是方法。它提供的不是现成的教条，而是进一步研究的出发点和供这种研究使用的方法”。[①] 毛泽东强调，“要把马克思主义当作工具看待，没有什么神秘，因为它合用，别的工具不合用”。[②] 在马克思和恩格斯创立的辩证唯物主义和历史唯物主义的基础上，毛泽东同志用中国语言加以概括，形成了党的“实事求是”的思想路线。虽然随着时代发展，我们面临的形势不断变化，马克思主义依旧可以帮助我们解决各种实际问题，是我们推进社会发展的重要思想武器。

我们党始终强调坚持马克思主义，这就要求我们坚持马克思主义方法，具体来说，也就是坚持唯物辩证法、实事求是、群众路线的思想方法和工作方法。坚持唯物辩证法，要求我们按照世界的本来面貌认识世界，客观地而不是主观地、发展地而不是静止地、全面地而不是片面地、系统地而不是零散地、普遍联系地而不是孤立地观察事物、分析问题、解决问题，在矛盾对立统一过程中把握事物发展规律。坚持实事求是，要求我们一切从实际出发，理论联系实际，不断研究新情况、解决新问题，时刻保持思想认识的先进性和时代性，在实践中坚持解放思想、与时俱进、求真务实。坚持群众路线，要求我们做到一切依靠群众，从群众中来、到群众中去，充分调动各方面群众的积极性、主动性、创造性。

（二）马克思主义中国化理论前提的确定

马克思主义是为了无产阶级争取解放的思想武器，它致力于为广大无产阶级谋福利，支持他们在革命中取得胜利。新民主主义理论是马克思主义基本原理和立场观点方法与中国革命实际相结合的成果，它的理论基础和指导思想主要是马克思主义国家

---

① 《马克思恩格斯选集》（第 4 卷），人民出版社 1995 年版，第 742 页。

② 《毛泽东文集》（第 8 卷），人民出版社 1999 年版，第 263－264 页。

与革命学说、“两个策略”思想以及“民族和殖民地问题理论”。

列宁指出，“一切革命的根本问题是国家政权问题”。[①] 这是因为一个国家必然存在阶级矛盾，这是国家的本质，历史上一切剥削阶级正是依靠掌握国家政权这个工具，来达到维护自己统治地位的目的的。所以，被剥削、被压迫阶级要改变自己的政治和经济地位，就必须首先夺取政权，革命阶级只有掌握了国家政权，才有可能实现革命的最终目的。列宁强调，“无论从革命这一概念的严格科学意义来讲，或是从实际政治意义来讲，国家政权从一个阶级手里转到另一个阶级手里，都是革命首要的、基本的标志”。[②] 因此，无产阶级必须用暴力打碎资产阶级国家机器，“不用暴力破坏资产阶级的国家机器并用新的国家机器代替它，无产阶级革命是不可能进行的”[③]。这是无产阶级革命的基本原则。

毛泽东是一个坚定的马克思主义者，在中国革命中他始终坚持以马克思主义为指导思想。他运用马克思主义暴力革命的原则，结合中国革命的具体实际，分析并总结中国革命积累的独创性经验，提出了农村包围城市的理论。他明确指出，“革命的中心任务和最高形式是武装夺取政权，是战争解决问题[④]，在中国，离开了武装斗争，就没有无产阶级的地位，就没有人民的地位，就没有共产党的地位，就没有革命的胜利，这个拿血换来的经验，全党同志都不要忘记”[⑤]。中国与西方资本主义国家有本质区别，具有自身独有的特征，因此，毛泽东把武装斗争作为中国革命的主要形式。他指出，“中国的特点是：不是一个独立的民主的国家，而是一个半殖民地的半封建的国家……无议会可以利用，无组织工人举行罢工的合法权利”，“反动统治势力总是凭借强大的武力对人民实行独义和战争”[⑥]，“主要的和差不多开始就面对着的任务”

① 《列宁全集》(第 29 卷)，人民出版社 1985 年版，第 131 页。
② 《列宁全集》(第 29 卷)，人民出版社 1985 年版，第 137 页。
③ 《列宁全集》(第 35 卷)，人民出版社 1985 年版，第 238 页。
④ 《毛泽东选集》(第 2 卷)，人民出版社 1991 年版，第 541 页。
⑤ 《毛泽东选集》(第 2 卷)，人民出版社 1991 年版，第 610 页。
⑥ 《毛泽东选集》(第 2 卷)，人民出版社 1991 年版，第 542 页。

是“组织武装斗争”[①]。同时，当时的中国处于非常特殊的时期，被若干帝国主义宰割，当时的中国社会是半殖民地、半封建社会，政治经济发展不平衡，军阀的分裂和战争的存在为在农村实行“工农武装割据”提供了空隙，农民是中国革命的主力军。因此，就必须而且有可能首先在反动统治薄弱的农村建立革命根据地，积蓄、壮大革命力量，以农村包围城市，最后夺取全国政权，建立人民民主专政的国家。由此可以看出，毛泽东提出的农村包围城市道路对当时的中国革命胜利具有极为重要的决定性作用。

“两个策略”思想主要是针对孟什维克的右倾机会主义策略，阐明了布尔什维克在1905年俄国革命中的理论和策略。列宁强调，无产阶级应该而且能够掌握民主革命的领导权；农民是无产阶级的可靠同盟者，无产阶级想要取得民主革命的胜利，就必须实现工农联盟；在无产阶级夺取民主革命胜利后，必须建立无产阶级和农民的革命民主专政；民主革命和社会主义革命是既有联系又有区别的两个革命阶段，无产阶级在取得民主革命胜利后，应不失时机地向社会主义革命转变。毛泽东结合中国实际创造性地运用了这一基本理论，根据中国革命所处的世界历史时代和中国社会性质，提出了新民主主义革命理论。他指出，中国革命是世界革命的一部分。中国半殖民地半封建社会的性质决定了中国革命的历史进程必须分两步走：第一步是民主主义革命，第二步是社会主义革命，这是性质不同的两个革命过程。而所谓民主主义，现在已不是旧民主主义，而是新民主主义，即工人阶级领导的人民大众的反对帝国主义和反对封建主义的革命。中国革命分“两步走”的实质是“第一步，改变这个殖民地、半殖民地、半封建的社会形态，使之变成一个独立的民主主义的社会。第二步，使革命向前发展，建立一个社会主义的社会”。[②]由第一步新民主主义革命转变为第二步社会主义革命的关键是坚持无产阶级领导权。在新民主主义理论的指引下，建立了工人阶级领导的

① 《毛泽东选集》(第2卷)，人民出版社1991年版，第544页。

② 《毛泽东选集》(第2卷)，人民出版社1991年版，第666页。

以工农联盟为基础的包括资产阶级在内的广泛的统一战线，开创了具有中国特色的革命道路，取得了新民主主义革命的伟大胜利，建立了中华人民共和国，进而新民主主义革命转变为社会主义革命，使中国正式进入社会主义发展阶段。

毛泽东在充分结合中国国情和社会具体实际的基础上，运用“两个策略”思想和列宁过渡时期理论提出了新民主主义社会经济结构。这种社会经济结构以社会主义国营经济为主导，合作社经济、私人资本主义经济、个体经济和国家资本主义经济为辅助，五种经济成分并存。毛泽东在党的七大上的口头政治报告中引述了《两个策略》的观点，他指出，“列宁在《两个策略》中讲，‘资产阶级民主革命，与其说对资产阶级有利，不如说对无产阶级更有利’。我们不要怕发展资本主义。俄国在十月革命胜利以后，还有一个时期让资本主义作为部分经济而存在，而且还是很大的一部分，差不多占整个社会经济的百分之五十”。[①] 毛泽东是从反对党内民粹主义思想的高度来认识这个问题的。他认为，在新民主主义国家制度下建立并发展社会主义社会，必须允许一定资本主义的存在和发展，这是结合当时中国的具体实际产生的思想论断。他指出，“没有私人资本主义经济和合作社经济的发展……要想在殖民地半殖民地半封建的废墟上建立起社会主义社会来，那只是完全的空想”。[②] 新中国成立以来，党结合当时的实际情况适时地制定了过渡时期总路线，为了促进中国社会发展，规定在一个相当长的时期内，逐步对生产资料私有制进行社会主义改造。

列宁在“民族和殖民地问题理论”中明确指出，被压迫民族的无产阶级革命很多时候反对的并不是本国的资产阶级，而是同时反对来自本国的封建主义压迫和国际资产阶级压迫。因此，无产阶级要联合本国的资产阶级反对共同的敌人。“殖民地革命在初期并不是共产主义革命，然而，如果它从一开始就由共产主义先

---

① 《毛泽东文集》(第3卷)，人民出版社1996年版，第323页。

② 《毛泽东选集》(第3卷)，人民出版社1991年版，第1060页。

锋队来领导，革命群众就将逐渐获得革命经验，走上达到最终目的的正确道路”。[①] 在这里，列宁明确指出了被压迫民族和殖民地、半殖民地革命的基本道路以及共产党在民族民主革命中应采取的基本方针策略，这些对于中国革命具有直接的指导意义。党的二大在列宁“民族和殖民地问题理论”指引下制定了民主革命纲领。毛泽东的新民主主义理论实际上是“民族和殖民地问题理论”与中国具体实际的有机结合，在全面、正确分析中国革命，掌握其性质、对象、任务、动力和前途的基础上，明确了资产阶级的两面性，成功地创立了同资产阶级建立统一战线的理论和策略，提出了符合中国革命的总路线和纲领，完善了党的二大制定的民主革命纲领，丰富并发展了“民族和殖民地问题理论”。

二、中国革命独创性经验是马克思主义中国化的现实基础

马克思主义中国化的关键在于马克思主义与中国具体实际的有机结合，中国革命积累的独创性经验是提出和发展马克思主义中国化的现实基础。毛泽东运用马克思主义基本原理的立场、观点、方法，科学分析、系统总结中国革命积累的独创性经验，将两者有机结合形成了新民主主义理论。正如毛泽东所说的，“在抗日战争前夜和抗日战争时期，我写了一些论文，例如《中国革命战争的战略问题》《论持久战》《新民主主义论》《〈共产党人〉发刊词》，替中央起草过一些关于政策、策略的文件，都是革命经验的总结。那些论文和文件，只有在那个时候才能产生，在以前是不可能的。因为没有经过大风大浪，没有两次胜利和两次失败的比较，还没有充分的经验，还不能充分认识中国革命的规律”。[②] 中国革命两次胜利和两次失败是正反两方面历史经验的鲜明对比，使我们党更深刻、全面地认识并掌握了中国革命的客观规律，并

① 《共产国际第二次代表大会文件》，人民大学出版社 1988 年版，第 718—719 页。

② 《毛泽东文集》(第 4 卷)，人民出版社 1995 年版，第 284 页。

全面、系统地总结了中国革命积累的丰富历史经验，从而为新民主主义理论的形成提供了现实基础。

面对日本帝国主义的侵略，我们党带领人民奋勇抗日，这是中国整个新民主主义革命的一个特殊阶段，在这个阶段，民族矛盾与阶级矛盾相互交织，其中最主要的矛盾是中日民族矛盾。在错综复杂的形势下，我们党面临全新的挑战和问题，但同时也提供了许多解决这些课题的历史条件。中国共产党要肩负起领导抗战和新民主主义革命取得胜利的历史使命，就必须正确认识和处理民族矛盾和阶级矛盾的关系。抗日战争爆发以后，中国共产党在致力于积极倡导和推动建立以国共合作为基础的全国各阶级、各界广泛参加的抗日民族统一战线的同时，把工作重心放在敌后，建立了抗日民主政权，动员人民抗日，策应正面战场，打击日本侵略者。此时，国民党一方面协同共产党共同抗日，另一方面在进入相持阶段以后掀起反共高潮。蒋介石为了抹黑共产党，命令其专属文人肆意歪曲孙中山的三民主义，否定以联俄、联共、扶助农工三大政策为基础的新三民主义。妄图用所谓“一个党、一个领袖、一个主义”的叫嚣削弱和取消共产党、共产主义，一时造成了人们思想上的混乱。共产党人纷纷著文揭露、批判叶青等人的“三民主义”，由此掀起三民主义论战。所有这些，都要求我们党把马克思主义关于社会革命的基本原理同中国的社会历史条件和中国革命的特点结合起来，对整个中国民主革命的历史经验进行系统的总结，从根本上有针对性地回答和解决这些重大课题。毛泽东继发表《中国共产党与中国革命》阐明中国革命的性质、任务、对象、动力及前途等重大问题后，于 1940 年 1 月又发表《新民主主义论》，对中国民主革命的丰富经验进行了系统的科学总结。在文章中科学揭示了中国革命发展的客观规律，系统阐述了新民主主义革命的路线、纲领和政策，并深刻、准确地分析了共产主义与三民主义之间的相同点和差异，从政治上和理论上对国民党鼓吹的谬论进行了有力的批驳，澄清了革命队伍中一些人的模糊观念，维护了抗日民族统一战线，坚持了团结抗战，指明了实现民族独立人民解放的正确道路，从而使新民主主义理论形成完整的体系。

毛泽东全面系统地总结了中国革命的独创性经验，并将其写入《〈共产党人〉发刊词》中，他通过总结这些革命经验总结出“三大法宝”的重要思想和科学论断，也科学、准确地揭示了中国资产阶级民主革命过程中的两个基本特点：“(一)无产阶级同资产阶级建立或被迫分裂革命的民族统一战线，(二)主要的革命形式是武装斗争”。[①] 把握中国革命基本特点是中国共产党制定正确政治路线的主要内容和客观依据，也是党的自身建设面临的特殊的规律性问题。18年来党的斗争经验充分证明：“党的失败和胜利，党的后退和前进，党的缩小和扩大，党的发展和巩固”都是同“党的政治路线密切地联系着”，也是同“党对于统一战线问题、武装斗争问题之正确处理或不正确处理密切地联系着的”。因此，毛泽东总结出我们党在中国革命中面临的三个基本问题，即统一战线问题、武装斗争问题和党的建设问题，同时他站在中国共产党领导中国革命的高度提出，“正确地理解了这三个问题及其相互关系，就等于正确地领导了全部中国革命”[②]的科学论断。毛泽东不仅总结出这三个基本问题，还对其关系进行了深刻形象地揭示。他指出，“统一战线和武装斗争，是战胜敌人的两个基本武器，而党的组织，则是掌握统一战线和武装斗争这两个武器以实行对敌冲锋陷阵的英勇战士”[③]。因此，毛泽东指出统一战线、武装斗争和党的建设，是我们党在中国革命中夺取胜利的三个法宝。

马克思主义是中国共产党的指导思想和行动指南，马克思主义中国化是结合中国具体实际对马克思主义的发展和创新。在新时代中国特色社会主义建设中，我们必须继续推进马克思主义中国化。因此，我们必须掌握马克思主义中国化的理论基础和具

① 《毛泽东选集》(第2卷)，人民出版社1991年版，第604页。

② 《毛泽东选集》(第2卷)，人民出版社1991年版，第605－606页。

③ 《毛泽东选集》(第2卷)，人民出版社1991年版，第613页。

体实践，只有从马克思主义中国化的科学内涵、马克思主义中国化的历史必然性、马克思主义中国化的重要意义以及马克思主义中国化的理论前提和现实基础几个方面进行分析，才能为更好地研究马克思主义中国化提供基础。

第二章　中国现代化的历史探索

近代以来，中国在外力的推动下逐步开启了现代化的进程，并在中国共产党的领导下走上了社会主义道路，走社会主义道路实现中国的现代化成为中国共产党的历史使命。对现代化的探索，有发展也有曲折。1978年以来，以邓小平同志为代表的中国共产党人开创了中国特色社会主义道路，历经几代人的不断探索，开创了中国现代化进程的新阶段。

第一节　中国现代化历史课题的提出

鸦片战争的爆发是中国近代史的开端，其也开启了中国现代化的历史。鸦片战争之前，中华民族创造了辉煌盛世，使人类的农业文明达到了高峰；鸦片战争以后，农耕文明遭到了西方文明的入侵和挑战，中华民族被迫开始了中国现代化的历程，从这一时期开始，中国现代化的历史课题被提出。

一、两种文明冲突下的产物——鸦片战争

东方文明和西方文明是人类历史文化宝库中的两颗璀璨明珠。从1840年鸦片战争开始，中国文化遭到了西方文化的无情冲击，从文化学的角度来说，这是一个文化碰撞、文化比较、文化选择的过程，这一过程还在持续。

鸦片战争开启了中国近代史，也开启了中国现代化的历史。一般认为，鸦片战争是中英之间的第一次正面冲突，产生这次冲

突的导火索就是鸦片贸易。从实质上来说，是农业文明与工业文明的正面冲突。目前来看，人类历史上经历了三次伟大的革命性转变:第一次革命性转变是在100万年前，原始生命进化成人类；第二次革命性转变是人类从原始状态进入文明社会；第三次革命性转变则是近几个世纪正在经历中的事，即从农业文明或游牧文明逐渐过渡到工业文明。农业文明向工业文明的转型，就是我们通常所说的现代化。从世界范围内来看，广义的现代化进程（以全球化与人的现代化为起点）始于14—16世纪的文艺复兴与大航海时代（约1500年前后），狭义的现代化进程（以工业化为起点）始于18世纪的工业革命。

17世纪中叶，东西方国家都处在巨大变化中。在清朝统治的267年间（1644—1911年），其中有115年（1681—1796年）中国处于“康乾盛世”。至乾隆末年，中国经济总量排世界第一，对外贸易出超，以致使英国迟迟不能扭转对华贸易的逆差。1640年，英国开始资产阶级革命；1775年，美国发动独立战争；1789年，法国爆发大革命。尤其是英国，工业文明萌发，资产阶级革命兴起，思想启蒙运动冲破中世纪封建神学的桎梏。英国发展速度飞快，迅速脱离传统的发展路线而跃上世界文明进程的制高点。18世纪60年代起，工业革命使英国经济出现了腾飞。出现了新兴的工业城市，人口大量向城市转移，商业繁荣，欧洲国家的生产进入更高层次的发展。与此同时，西方国家向全世界扩张的步伐也骤然加快。他们纷纷走出国门，建造大船、大舰，组织商队和贸易公司，进行航海探险，致力于海外贸易，到世界各地寻找商业机会，掠夺金钱，进行原始积累。接踵而来的是欧洲各国以地球为战场而进行的商业战争。期间，英国国王曾经先后四次遣使来华，但四次通使的目的均未达到，埋下了中英鸦片战争的隐患。中国的富庶，早已成为冒险家“寻宝”的动力，他们迫不及待地开始了“中国之旅”。到了18世纪，英国工业革命成功，随着海外贸易的发展，其迅速成为殖民国家。此时，英国并没有放弃，也不会放弃中国这块未开垦的处女地。英国多次想要与中国结成商业联盟，然而，此时清政府施行“闭关锁国”的政策，以为“天朝物产丰盈，无所不有，原不籍外夷货物，以通有无”，拒绝了英国使团向中国提出的请求贸易要求。英国从商业、文化、传教、外交等多方面进行了百余次打入中国的尝试终归失败。怀柔政策失败，就强攻。1840年，在鸦片战争隆隆的炮火声中，西方列强的坚船利炮打开了中国的国门。从此，中国历史翻开了新的一页。

二、现代化历史课题的提出

现代化以西欧的工业革命为始点，然后通过殖民化扩张到美洲、澳洲、亚洲和非洲广大地区。正因为如此，历史上又把现代化称之为欧化、西化或工业化。现代化其特有的扩张性质，使不同国家现代化历程的起步时间及启动方式各不相同。美国社会学家M. 列维将其分为“内源发展者”和“后来者”两大类型，即“早发内生型现代化”与“后发外生型现代化”。英、美、法等国家是“早发内生型现代化”典型代表。这些国家早在16—17世纪就开始起步，现代化的最初启动原因都源自本国内部，是其自身历史的延续。而德国、俄国、日本以及当今世界广大的发展中国家，属于“后发外生型现代化”，它们的现代化大多是到19世纪才开始起步，最初的诱因和刺激因素主要源自外部世界的生存挑战和现代化的示范效应。[①] 显然，中国的现代化历史课题的提出属于后发国家的主要类型。

作为一个“后发外生型现代化”国家，中国在19世纪才开始由农业文明向工业文明转型过渡。事实上，早在200多年前，以英国为代表的“早发国家”已经通过踏上现代化而成为新的示范并开始了对东方的觊觎和幻想。而1840年鸦片战争的炮火是以其霸权威胁显出其本性的，先软后硬，其本质是资本的扩张和掠夺。由此，从某种程度上我们可以说中国现代化是一个简单的

---

① 孙立平：《后发外生型现代化模式剖析》，中国社会科学，1991年第2期。

"刺激—反应"过程。

事实上,对于中国来说,现代化既是古老的历史在新世纪的骤然断裂,又是这一历史在以往的传统中静悄悄的延续。在鸦片战争爆发200年前,西方就通过传教士和外交使臣开始了对中国进行宗教和科技的渗透和影响。19世纪上半叶,清政府内部的一系列社会动向也为以后的变革提供了条件和心理准备。即使在1840年之后,人口过剩、土地兼并,农民起义,地方武装割据,攘外与安内之争,文化上的激烈反传统等历史性的社会文化现象,并不是消失不见,只不过是历次皇权更迭或权力转移过程中必然的征候而已。因此,有学者说,在大部分时间里,中国面对的主要问题还不是外部世界的挑战,而是源自内部的传统危机。[①] 但到了19世纪和20世纪,当西方的示范展示出另外一种截然不同的发展道路的时候,中国才对自己历史的内部挑战产生了一种不同的回应方式。这样,内部危机与外来冲击和示范效应叠加在一起共同制约了中国现代化的反应类型与历史走向。在"刺激—反应"中,抵御外敌及内部改革,中国现代化的历史课题逐步提上日程。

习惯上,人们对中国现代化历史课题的提出有一个明确的时间点或重大事件,但事实并不是如人们后来研究和理性思考时有那么明确的时间、地点和人物。对此不同的学者有不同的观点。对于"中国现代化的初始",许纪霖、陈凯达在其主编的《中国现代化史(1800—1949)》(第1卷)中认为,中国现代化启动的历史象征是模糊的,"为了论述方便,我们暂且将其上限追溯到19世纪初,从1800年这个没有明确时限和特定事件的时间开始"[②]。而罗荣渠认为,"中国现代化的思想启动发端于嘉庆、道光年间的'经世致用'思潮,经历了'洞悉夷情''师夷长技''变通自强''维新变强''中体西用'等许多演变,都是在传统儒学思想框架中进

① 许纪霖,陈凯达:《中国现代化史(1800—1949)(第1卷)》,学林出版社2006年版,第3页。

② 许纪霖,陈凯达:《中国现代化史(1800—1949)(第1卷)》,学林出版社2006年版,第3页。

行的”。通常，我们把1840年的鸦片战争看作是中国现代化的开端，这是我们现行的教材、官方文献及多数研究者共同认同和使用的时间点和重大事件。

第二节　中华民族对现代化的历史追求与选择

鸦片战争之后，中国的现代化经历了从“自强”“求富”到“师夷长技以制夷”，经历辛亥革命，建立资产阶级共和国以及孙中山关于现代化的方案，军阀割据、南京政府时期的现代化，总体上看，都是在西方冲击下试图走资本主义道路以寻求中国的现代化，但这条道路是行不通的。只有既与世界现代化同行，又有自己独具特色的道路才能引领中国腾飞。

一、对现代化的历史追求

（一）中国早期现代化的尝试

第一阶段始于鸦片战争后。这一阶段主要包括洋务运动、戊戌变法运动和清政府“新政”。

洋务运动开始了中国早期现代化的初步尝试。

工业革命后的先进国家对后发国家展开掠夺，从而引发了鸦片战争，但同时也带来了新文明的因素。英国的“坚船利炮”打开了中国的大门，强迫中国接受西方的贸易制度与国际法观念，并签订了很多不平等条约来强制中国市场的自由开放并且在沿海城市开办工厂，西方近代科学随之流入中国，对中国产生了强烈的影响，一定程度上为中国的发展提供了引领和示范。

19世纪50年代，广东、上海出现了中国人自己开办的工厂，开始涌现出现代机器工业。第二次鸦片战争，西方列强从中国夺取了更多的经济、政治利益和特权，大大加深了中国的半殖民地化程度。这一阶段，太平天国运动几乎使清王朝遭到了覆灭性的打击，清政府勾结侵略者镇压太平天国运动，以曾国藩、李鸿章为代表的封建官僚率先受到西方资本主义的影响，他们先后以“自强”“求富”为口号，从西方引进先进的机器设备，陆续创办了一批军事和民用工业。这些官办的工业又带动了民间商人出资办厂，由此，展开了中国现代化的步伐。

经历了洋务运动，一方面中国的工业化得到了发展，社会结构也发生了初步的变化，形成了近代工商业者、产业工人、现代知识分子和其他现代专业工作者等新阶层。他们具有现代思想和知识技能，代表了新的生产方式和社会形态，这一阶层的力量成为清末社会发生变革的新的社会基础，另一方面，西方社会思潮随着帝国主义入侵的加剧而快速涌入。但是洋务运动的变革不彻底，没有从根本上改变当时的社会现状。19 世纪末 20 世纪初的时候，新一轮殖民扩张兴起，对中国正在进行的现代化产生了重大的影响，在 1894—1905 年的 10 多年间，中国连续遭到甲午中日战争、八国联军侵华、日俄对中国争夺战等打击，签订了诸多丧权辱国的条款，割让了大片领土，而中国无力反击，几乎沦为所有西方工业与日本共管的半殖民地。

戊戌变法推动了中国早期现代化的步伐。

1895 年 4 月，日本逼迫中国在日本马关签订《马关条约》的消息传到北京，康有为发动在北京应试的 1300 多名举人联名上书光绪皇帝，痛陈民族危亡的严峻形势，提出“拒和”“迁都”“变法”的主张，史称“公车上书”。这次上书，轰动了全国，揭开了维新变法的序幕，成为推动中华民族大觉醒的契机。当时形势严峻如严复所讲，“法终当变，不变于中国，将变于外人”。正是在这种异乎寻常的严峻形势下，内外压力迫使清政府在最后的统治时期（1896—1911 年）加快了改革的步伐。

甲午战争之后，康有为所领导的变法运动作为中国近代史上救国、救民族的第二个方案由此揭开序幕。戊戌维新运动把从地主阶级中分化出来的讲求新学的改革派以及从洋务运动中分化出来的具有朦胧资产阶级意识的改革派作为主体。希望通过和平的、非暴力的方式，全面变革陈旧落后的社会制度，建立君主立宪政体，自下而上、循序渐进地推进变革。戊戌维新运动迅速扩展到各界和全国各地。为了推动民主运动走向深入，促使清政府维新变法，维新派开展了一系列的活动，如创办学会、开办新式学校、创办新式报刊。在康有为、梁启超等为代表的维新派的推动下，一场以建立君主立宪政体为目标的民主运动于 1898 年达到高潮并导致戊戌新政。光绪皇颁布《定国是诏》，宣布正式实施变法，并先后发布一系列变法诏令。

戊戌变法是中国近代以来现代化进程的一个重要转折点。由于清政府权力斗争出现白热化，戊戌变法运动遭遇层层阻力，最终这场行政改革刚刚开始就被以慈禧太后为首的保守派发动“政变”碎为齑粉。但是这场流产的“政治现代化”尝试的意义十分重大。民主化是现代化不可缺少的一项内容，也是工业化发展的必然结果。但民主化必须经过长期的积累，这是一个漫长的过程，绝非是一两次的民主运动就能够完成的。戊戌维新运动正是这一历史过程的始发点，是中国历史上第一次具有现代意义的民主运动。它开始突破了物质与精神分割的“中体西用”的思维定式，全面提出了西方科学技术和民主政治制度的现代化纲领和措施，大大改变了中国传统的价值观念和理论结构。[①]

清末立宪运动铸就了早期现代化的模糊轮廓。

首先，清末“新政”时期出现了中国历史上第一次工业化的高潮。

20 世纪初，清政府调整了工业化的政策，改过去工业官僚垄断为积极扶持民间工业的发展，并赋予法律制度的保障。从 1903 年起，清廷成立商部(后改组成农工商部)，陆续颁布了《奖励公司章程》《商会简明章程》等一系列法律法规，承认民间商人自由经营现代工商、铁路和金融业的权利，确立现代企业的合法地位，正

① 谭来兴:《中国现代化道路探索的历史考察》，人民出版社 2008 年版，第 112 页。

式建立了现代企业制度,加上回收权力、抵制洋货运动等其他历史因素,20 世纪初,中国出现了一次工业化的浪潮。民办企业数量明显增加,出现了私人集资办企业取代官办企业的明显转变。中国从沿海口岸到内地农村,都强烈地受到现代经济的影响。

其次,清末"新政"使民主化重新焕发生机并迅速得到发展。与戊戌维新运动比,清末民主运动在模式、运动方式、组织水平和结局等方面有了明显的提高,而使民主运动不断走向成熟。从规模上看,民主阵线扩大了,参加民主运动的阶级、阶层增多。在不同时期、不同程度上,现代知识分子、现代工商业者、产业工人、农民、市民、军人甚至一些具有开明思想的官僚和军阀都加入民主阵线或被卷入民主运动,其社会动员的广泛性大大超过戊戌维新时期。民主思想已经深入人心,并转化成具有广泛影响力的社会运动。从运动方式来看,呈现出多样化的趋势,形成了民主运动的两大阵营:一派是革命派;另一派是立宪派。无论是革命派还是立宪派都对早期现代化的全面展开有一定的"贡献"。这主要表现为:一是民主思想宣传和民主意识的唤醒。革命派利用报刊大力宣传民主思想,唤醒了民众的民主意识,还发动武装起义,组织民众投身到民主运动中去。可以说,革命派对清廷造成了直接的威胁和巨大的压力,迫使清政府加快变革的步伐。立宪派则积极推动宪政改革,清政府于 1905 年宣布废除科举制,并派五大臣出洋考察(这比日本派遣政府代表团出洋考察变法晚了 35 年)。1906 年 9 月,清政府终于决定大幅度改革行政组织,进行西式立宪准备,并重建中央对地方的控制。二是现代政团、政党组织的出现。戊戌维新运动的组织者是各地的学会,而清末民主运动中则出现了现代政团、现代政党组织。革命派以中国同盟会为领导核心,这就是中国第一个现代政党。立宪派也先后建立了一些社团、学会,比如预备立宪公会、政闻社等,后来又建立了宪友会、宪政实进会等现代政党。尽管后来民主运动失败了,但也取得了一些实质性的成就,为政治体制的变革奠定了现代政治组织的基础。

最后，清末“新政”下，工业化、民主化运动推动了清末经济、教育、军事领域的变革，使传统社会开始解体。在教育方面，“新政”中，教育制度改革最突出的贡献是废除了科举制度，确立新学制、现代教育制度。1903 年颁布了《奏定学堂章程》，订立了全国统一的新学制。1905 年清廷宣布废除科举，上千年的人才选拔制度、社会阶层流动模式发生了质变。1905 年夏，载泽等五大臣出洋考察各国宪法，表示要预备立宪。1906 年 9 月，厘定中央官制。1907 年设资政院于北京，作为中央的民意机关，设咨议局于各省，作为地方的民意机关。1908 年颁布宪法大纲并规定九年预备立宪时期。在军事制度方面，改革军事行政机关和军制以及编练新军。自 1903 年开始，清朝开始在全国普练新军，建立了新军制。1911 年，设立了陆海军部军咨府等新式军事统率机构、兴办一批新式军事学堂、向国外派遣一批军事留学生，还编练了 14 个镇的新军。在政治制度方面，虽然清末“新政”中政治制度的改革刚刚起步，但仍具有不可忽视的意义。“新政”初期，清政府主观动机是希望通过振兴以工商业为核心的工业化，以增强自身的统治基础，把变革限制在非政治领域，至多调整一下现有的行政组织，合并或增加一些行政机构，不愿意进行社会变革。然而，腐朽的政治体制已经成为中国社会变革的重大障碍，工业化、民主化运动的发展要求冲破专制政治的牢笼，政治改革不可回避。1906 年 9 月，清廷被迫宣布实行仿行宪政，按照立法、司法、行政三权分立的现代政治原则改革现行的政治体制。至高无上的皇权在逐渐觉醒的民权意识冲击下，被迫接受法律条文的规限；资政院、咨议局得到设立并开展活动，在封建专制政体上凿开了一个民主政治的缺口，标志着中国传统君主专制制度正在向君主立宪制转变。[①]

尽管实施“新政”后，中国社会开始形成中央政府领导下的全国性的早期现代化的潮流，把中国的工业化、民族化和民主化运

① 谭来兴：《中国现代化道路探索的历史考察》，人民出版社 2008 年版，第 117 页。

动提升到一个新高度，但是，中国社会封建专制统治依然如故，传统社会的结构没有明显变化，真正的资产阶级议会制度不可能确立，发展的资产阶级还没有真正掌握政权，整个社会还处在封建制度的框架内。

第二阶段始于辛亥革命。这个阶段包括辛亥革命及后来的北洋军阀时期、南京政府时期。

首先是辛亥革命时期。1911 年辛亥革命爆发后，清王朝覆灭，中国早期现代化进入一个新的发展阶段。以孙中山为首的中华民国临时政府、北洋政府以及南京国民党政府为推进中国现代化也进行了努力，但因为资产阶级的软弱性，导致并没有达成现代社会的目标。辛亥革命对中国的突出贡献是毋庸置疑的，它推翻了 2000 多年的封建君主专制制度，确立了共和制度。这是一项大的国家结构模式转换。尽管后来有人对辛亥革命的评价亦如此，但辛亥革命后中国的现代化进程也是有波澜的。

要考察辛亥革命后中国现代化的状态，必然离不开对孙中山关于中国现代化的设想。孙中山既是中国民主革命的先行者，又是中国现代化的伟大先驱。他对中国早期现代化的卓越贡献，不仅表现在他带领中国人民推翻了封建专制统治，为中国早期现代化的正式启动创造了必要的条件，而且在于他突破前人单一现代化框架，为中国指明了一条包括政治改革、经济改革、社会教育、思想文化和价值观现代化的思路。

孙中山对中国现代化的设想，总体参照的还是西方。孙中山上书李鸿章，首次提出中国走向现代化，可以借鉴西方、超越西方、后来居上的战略构想，即“间偿统筹全局，窃以中国之人民材力，而能步武西泰，参行新法，其时不过 20 年，必能驾欧洲而上之”[①]。但是，上书失败，这就导致孙中山对清朝统治者失去信心，转而从事反清革命斗争。在长期的革命实践中，孙中山针对当时中国社会面临的民族危机、政治危机和社会危机的实际情况，结

---

① 《孙中山全集》(第 1 卷)，中华书局 1981 年版，第 236 页。

合西方的社会政治理论，逐步为中国的政治、经济以及文化教育等方面的现代化做了理论设定和实践的付出。当然，孙中山对中国现代化的阐述散见于三权分立、五权宪法、建国大纲、建国方略等重要论著中，并没有专门的著述。

政治方面，孙中山现代化理论和实践之首是政治的现代化。面对国内封建专制暴政“妨碍我们在智力方面和物质方面的发展”，造成可怕的贫穷和落后，人民处于无权状况，而国际帝国主义阻止中国走上现代化之路，孙中山主张，通过“国民革命”的途径和手段推翻作为“恶劣政治之根本”的封建专制制度，而“讲到政治革命的结果，是建立民主立宪政体”。[①] 他深信，“一个新的、开明而进步的政府”的建立，必将为中国未来经济发展打下基础，并在短期内使自己摆脱困境，跻身于世界发达国家的行列。具体为，主张建立一个中央集权的政府，形成一个“集中人民力量来为人民”的合法权威；在国家制度上，设计了立法权、司法权、行政权、考试权、纠察权构成的“五权分立”政治构想，国家机构由行政院、立法院、司法院、考试院、检察院“五院”组成，实现选举权、罢免权、创制权、复决权和治权，包括行政权、立法权、司法权、考试权和监督权的分离；以政党政治为政治现代化的重要目标，提出全民政治的观念。

经济方面，经济现代化是孙中山现代化思想框架中的杠杆，主要包括以交通运输业为突破口，重点发展“关键及根本工业”，相应发展“本部工业”，为中国设计了一条由重工业到轻工业的发展道路；实行开放主义，通过对外开放加速本国经济现代化的步伐，同时，重视农业的基础地位，促进农业的发展，等等。

思想文化方面，通过思想文化现代化促使人的现代化。孙中山围绕“心理建设”“革新为本”的目标，构建了改造民族心理的理论。首先是对中国传统文化的批判。认为中国传统文化专制主义的恶性膨胀禁锢了人民的思想，摧残了人才，养成了国民盲目

① 《孙中山全集》(第1卷)，中华书局1981年版，第236页。

崇拜的恶习和苟且偷生的心理。进而强调要吸收外来养分，用欧洲学术思想启发同胞才智，主张培养具有现代民权意识、现代国民性格的政治主体，努力创造出现代化社会和现代化的中国人所需要的价值取向。还强调，用新式的教育来更换现存教育结构，改变很多人尤其是很多妇女目不识丁的状况，培养更多的掌握科学技术的人才。

孙中山所构想的中国现代化道路是一条以资本主义为发展方向的现代化道路。这种构想的形成，是其“外察世界潮流”和“内审中国国情”的一种“创制”，与孙中山的人生经历有着极为密切的关系。

其次是北洋军阀统治时期。北洋军阀的统治始于1912年袁世凯“窃取”中华民国临时大总统，止于1928年“东北易帜”。北洋军阀统治时期是一个动荡与流血的时代。这一时期的现代化进程出现鲜有的特点。

第一，政治现代化出现停滞和倒退。辛亥革命后，资产阶级民主共和国成立，南京临时政府成立后3个月，一系列有利于民主政治和资本主义发展的法令，以法律的形式明确规定了资产阶级民主共和国的国家制度、政府组织机构和一般的民主权利。但当袁世凯“窃取”了临时大总统职位后，资产阶级民主共和国就迅速开始蜕变。资产阶级民主派为改变这种状况做出了努力。先是试图用《临时约法》限制袁世凯的权力，继而联合各党派，组建国民党，希望通过政党、政治将中国引向西方民主之路。按理讲，民国就这样走上轨道了。但事情并不如我们所想，应该看到辛亥革命的成功，不是一个新的朝代开始，而是一个新的时代开始。袁世凯上台后，利用他手中的军事权力，刺杀宋教仁，迫害国民党成员，解散国会，修改《临时约法》，废弃临时内阁，辛亥革命所建立的民主制度一步步被肢解。但是，辛亥革命所高扬的民主共和观念已经深入人心。袁世凯复辟帝制，就是走到尽头。1916年，袁世凯在人民的唾骂声中被钉在历史的耻辱柱上。袁世凯可耻的死去，不仅标志复辟帝制的企图失败，而且触发了中国早期政治现代化的倒退，形成了军阀割据。北洋军阀一分为三，各地势力纷纷拥兵自重，控制地方军、政、财权，借此与中央对立。中国社会陷入了空前的军阀混战状态。这种状态从1916年持续到1928年。军阀混战状态彻底打破了中国传统的权力结构。中央政府无力控制地方割据，社会混乱，政治不稳定；军阀割据打乱了经济现代化的进程，造成社会生产力的破坏；军阀割据完全破坏了民主，彻底断绝了中国以非军事的方式重建民主宪政国家的可能性。

第二，经济现代化在割据中快速成长。北洋军阀统治时期，是中国早期经济现代进程中的唯一一个“黄金时期”。现代产业、金融业打破长期“有增长而无发展”的被动局面，呈现出增长势头。这一时期，一大批现代产业涌现出来。工业和手工业的迅猛发展，农产品的进一步商业化，使城乡商品交换和出口贸易量激增，商品流通领域得到扩大，流通量大幅度提高，地域间经济联系加强，国内市场不断扩大。商业繁荣同时推动城市化及金融业的发展。

第三，现代化推动力的兴起与聚合。在近代工业、金融业和城市发展过程中，形成了现代化推动力的兴起、聚合，主要是民族资产阶级、工人阶级、新兴知识分子力量壮大起来，成为一种不可忽视的社会力量。各种社会团体兴起。

第四，思想解放运动的兴起和蓬勃发展。显然，北洋军阀时期政局混乱，其思想也混乱。一方面，中国传统思想文化和价值体系，从洋务运动、戊戌变法到辛亥革命，以皇权为中心的政治、经济和思想文化已经遭到巨大地冲击以致解体。然而，冲击之下的社会价值体系很难在短时间里建构起来，整个社会价值观自然陷入一种真空、混乱和矛盾之中。另一方面，辛亥革命后并没有如人们预想的民族独立、民主和进步，相反社会思潮混乱带给知识分子苦闷和徘徊。在这种情况下，从19世纪初尤其是废除科举后开始形成，到1915年后已经相当有力量的新兴知识分子，勇敢地承担了重构价值体系的历史重任。1915年，陈独秀在上海创办《青年杂志》(后改名《新青年》),以《新青年》为阵地,高举"民主"和"科学"的大旗,用民主和科学来"救治中国政治上、道德上、学术上、思想上的一切黑暗",推动了中国社会思想解放的潮流。

1928年12月,张学良通告全国,"服从国民政府,改旗易帜"。接着,国民党政府采取军事讨伐与经济收买、政治诱惑等手段,基本上打败了当时所有的地方军阀派系。1931年以后,国内基本不存在能单独以军事实力向南京国民政府挑战的派系和人物。自此,始于辛亥革命后的军阀割据局面基本结束,初步实现了形式上的"统一"。

党治国家的政治模式与政治现代化。"以党治国"的党治国家的模式是执政后国民党形式上按照孙中山晚年所构想的政治纲领,即"军政—训政—宪政"的理论程序设计出来的。1928年10月,国民党中央执行委员会通过《训政的纲领》,宣布进入"以党治国"的训政时期,在对孙中山的党治模式设计进行重大修改之后,逐渐形成了国民党一党专政的政治体制。

国家资本主义的经济现代化道路。在1928—1937年间,中国的经济发展有一定幅度的推进。这个时期,在经济上采取"发展国家资本、节制私人资本"的指导原则。出台《统一财政,确定预算,整理税收,并实行经济政策、财政政策,以植财政基础和利民生建议案》《训政时期经济建设实施纲要方针案》《关于建设方针案》,以及后来的《特种工业奖励办法》《工业技术奖励条例》《工业奖励法》等扶植工业发展的法规,对旧有的厂矿、电力企业进行了清理整顿,鼓励发明创造,奖励民营企业。上述这些政策,在特殊的历史条件下,客观上也促进了经济现代化水平的提高。

从中国现代化的工业化、民主化和民族化三项主体内容而言,民国时期的资本主义现代化,在民主化和民族化方面成效不大。只是在以工业化为主的经济资本主义化方面取得了一些成效,并且在日本侵华之后,国民生产水平有所降低,离实现工业化还有很大的差距。

(二)早期现代化思潮及其反思

从1840年鸦片战争到1949年中华人民共和国成立,中国探索现代化可分为多个时期。有学者把这个历史时期从现代化视野看,称为中国早期现代化。对这100余年的近代历史进程中每一个局部事件、运动的微观审视,早期现代化的无数方案对推动中国现代化都有不同程度的作用和意义。但从整体上看,这些努力并没有从根本上改变中国实现现代化的条件和状态。

世界现代化的历史证明,任何国家、民族实现现代化都需要一定的社会历史条件。没有这个条件,无论多么美妙的现代化蓝图都是海市蜃楼。当然,由于时代的变化,以及由于国际环境的差异,各国家、民族进行现代化建设所需要的条件不是千篇一律的,也不是一成不变的。就西欧现代化来看,在15—16世纪前后,西欧社会经历了农奴制解体、文艺复兴、宗教改革、地理大发现等重大历史事件。在这个过程中,民族、国家的出现具有重大的意义,它为现代化提供了制度保障,经济发展与社会转型都是以此为依托而发展的,为一种新的文明开辟了道路。这些经验也为我们考察早期中国现代化提供了经验及参考标准。但是,在近代中国半殖民地半封建的社会中实现现代化的条件是不成熟的。具体表现为:一是庞大的人口过剩压力与自然资源的相对短缺造成人地关系失衡。在中国现代化启动之时,人口重负、农村劳动力过剩、自然资源有限,原有的生产关系难以消化这种境况,局部性民变、匪患和骚动、天灾人祸,最后蔓延为农民暴动和起义。二是在民族生存危机的重压下启动现代化而具抗拒和追赶特点。鸦片战争之前,仅从18世纪到19世纪上半叶150年的时间看,社会秩序稳定,商业、手工业日趋繁荣。中国人的民族主义意识是文化意义上的,他们认同的是一个外延可以推及天下的华夏文化共同体及其以此为体制合法性的世袭君主,所以,对世界的态度是自大、抗拒而不理不睬的。鸦片战争前,英国使臣几次来华遭拒就是最好的说明。鸦片战争之后,中国的国门被迫打开而向世界开放以后，人们逐渐认识到中国不过是多元世界中的一个有限的政治实体，这才萌发了现代意义的民族主义。随着亡国灭种威胁的加深，民族主义也成为最有效的政治动员力。鸦片战争之后，“洋务运动”造枪造炮是器具的追赶，“维新运动”是制度的追赶，“五四运动”是文化上的追赶，这种追赶延续至今。三是政治衰败、国家四分五裂的乱世局面，没有现代化需要的安定、理性和有序的环境。19 世纪中叶，现代化启动时的清王朝，传统的秩序以王权为中枢的政治、社会、文化、道德“大一统”秩序已经处于江河日下的政治衰败之中，已无力扮演领导现代化的角色。辛亥革命推翻王权之后，传统秩序分崩离析，使中国处于前所未有的混乱。因此，早期现代化领导力量多变，参与力量复杂，经济能力不足，整个社会环境既有内乱，也有外侵，战争、暴动和不安，这是早期现代化的真实写照。尽管在这个时期，中国历史上也出现了现代政党，辛亥革命改变了中国社会的封建性质，建立了资产阶级共和国。然而，新建立的资产阶级共和国不稳定，有过复辟，出现了军阀混战。可以说，既没有一个现代化建设需要的社会环境，也没有一个足以担当领导中国现代化的强大政治力量和统一的稳定局面。

总体上看，现代化的进程在世界不同地区、不同文化背景下，并没有一成不变的模式。尽管如此，伴随近代百年早期中国现代化，各种思潮迭起，为中国的现代化也留下了宝贵的历史经验和思想遗产。

1840—1911 年，是现代化思想的萌芽阶段。这段时期已开始器物和制度层面的现代化，即罗荣渠认为的“御夷图强”到“中体西用”中的现代意识萌芽。中国现代化运动最早启动，应该是两次鸦片战争与太平天国革命之后，由清朝政府中洋务派发起的模仿西方先进兵工技术的自强运动，也叫洋务运动。西方列强的到来，逐渐使中国人认识到这是“3000 年未有之大变局”而产生了应变的思想。19 世纪 60 年代开始的自强运动，是在传统的思想框架内认识世界大变局和中国大变局的实践活动。支持自强运动是源于国家的根本传统体制是不能动的。

当西方冲击中国思想文化的时候，中国的统治者及其知识分子首先是排斥，进而演变为御夷图强，再到变法图强。但其本质还是变“表”而不变“质”。维新运动与自强运动一样遭到了失败，但在这个过程中，办工厂、兴实业、派遣留学生、翻译西方著作，为西方思想传入打开了入口，也引起了中国思想界的变化。一个突破性的变化是西方进化论输入中国，给予中国知识界认识世界、观察历史以新的思想武器。激进的革命派提出了“种族革命理论”（孙中山、章炳麟等），维新派思想家梁启超提出从保国、保种的思想转向根本改造国民素质的“新民”理论，“新”化思想中已经包含着现代意识、自由意识、竞争意识等。“要救国，只有维新，要维新，只有学外国”。这是自强运动以来近代中国仁人志士达成的基本共识，也是近代中国现代化意识萌芽的初现。

1912 年至 20 世纪 20 年代现代意识逐渐明确，经历了“中体西用论”“中西调和论”和“中西互补论”几个阶段。辛亥革命后，“中体西用论”逐渐衰落，“中西调和论”占据上风。五四运动前后，平民知识分子登上了历史舞台，开始向封建旧文化宣战。陈独秀更是旗帜鲜明地主张接受近代西洋文明，全盘否定中国的传统文化，彻底否定了“中体西用论”。这就是 20 世纪初中国思想界对现代化的理解，其内涵就是科学化和民主化。后来胡适明确指出“西化”优于“东方化”，并将成为东方各国的发展趋向。

1902 年，梁启超就提出了“新民说”，已经隐约道出了现代人的特征。五四运动前后，陈独秀“新青年”的特征更加明确，那就是自主的而非奴隶的；进步的而非保守的；进取的而非隐退的；世界的而非锁国的；实利的而非虚文的；科学的而非想象的。“五四”时期“西化论”的主流思想是输入西方民主与科学精神，通过激进的文化革命来彻底改造中国旧文化，以争取中国的文艺复兴。梁启超后来又提出最新观点，“拿西洋的文明来扩充我的文明，又拿我的文明去补助西洋的文明，叫它化合起来成一种新文明”。这就是“中西互补论”。

20世纪20—30年代现代化概念的提出和现代化思想初步形成。从20世纪30年代初，在新的论战中提出了“现代化”的概念来代替“西化”，同时把中国的出路问题从文化领域延伸到经济领域，实际上就是引出了中国出路即发展道路问题。

很长时间以来，人们都认为现代化是一个外来词，罗荣渠在《现代化新论》中指出，中国提出“现代化”的概念和观点，要早于西方20年。20世纪20—40年代，现代化思想逐渐深化，探索现代化道路，出现了发展道路之争。当西方列强炮轰国门时，中国还处在农业社会，如同世界上所有现代化进程国家一样，都面临工业化的问题。对一个拥有悠久历史并创造了辉煌的农业文明的国度，其现代转型是不容易的。但是，转型是必须做的。实际上，当时中国现代化的发展方向到底如何，也是意见和认识不一致的。其主要分为农业立国和工业立国两大阵营。农业立国与工业立国的实质是对文明形态认识的差异，是传统与现代之争。

二、对现代化的选择与探索

（一）新民主主义革命胜利与中国现代化的整治前提和制度基础

要实现中国的现代化必须先实现中国的民族独立。马克思和恩格斯强调民族独立问题对于现代化具有非常重要的意义。这是马克思、恩格斯对资本主义生产方式实现现代化局限性的本质认识。在《共产党宣言》中，马克思指出，“随着资本主义生产方式在全球的扩张，资产阶级使未开化和半开化的国家从属于文明的国家，使农民的民族从属于资产阶级的民族，使东方从属于西方”[1]。所谓“从属”，就是指资本主义生产方式在这些国家的扩张，实质就是掠夺财富并为方便其掠夺通过殖民而建立起其在全世界的统治。殖民地可能有发展，但其发展也是受约束的，是付

---

① 《马克思恩格斯文集》（第2卷），人民出版社2009年版，第36页。

出代价、有限的发展。这些论述揭示了没有实现民族独立的国家而成为殖民地的国家发展现象背后的实质。

鸦片战争以后，中国逐渐沦为半殖民地半封建社会。外国资本主义的入侵让中国的国门被迫打开，中国开始了洋务运动、戊戌变法、清末新政的“刺激—反应”模式，中国的现代化有了起步。但这些“起步”，并非真正意义上的“进入”。

辛亥革命后，开始进入社会变革加速发展时期，同时也是民族觉醒的时期。1911—1949 年近 40 年间，中国旧秩序的崩溃和旧结构的分化，比从鸦片战争到辛亥革命期间要快得多。国际资本加大对中国政治、经济等方面的渗透，群众性的社会动员和革命运动风起云涌，加之第一次世界大战，帝国主义暂时放松了对中国的经济侵略，以及中国资产阶级的自身努力，中国资本主义经济有了快速发展的主、客观条件，出现一度较快增长的发展势头。当时社会上各种因素的相互作用，推动了中国社会向现代社会的缓慢转变。比如，清末立宪运动时期颁布了一些具有现代化意义的各种经济法规，在社会中所起的作用并没有因为辛亥革命而中断。北洋军阀时期，这些法规还得到了初步完善，直到国民政府时期才得以最终完成并促使资产阶级的利益得到保护和发展。又如，辛亥革命后，共和政体的建立以及经济和法制建设上的进展，中国资产阶级已经基本上成为中国资本主义现代化的主体，中国资本主义社会机制也得到积极改善。资产阶级开始作为独立的政治力量登上历史舞台，并在以后相当长的一段时间发挥重要作用，成为资产主义现代化的新兴代表力量。

然而，这一切并没有带给当时的中国一个好的社会发展方向。中国社会在辛亥革命后，在一系列现代化发展趋势中，严重的政治危机和社会混乱局面依然存在，这就是其领导资本主义现代化不成功的重要原因之一。1911—1930 年 20 年间，各省之内和各军阀之间的大混战和其他小规模战争共达 140 余次，甚至在北伐战争之后，战乱仍然继续不断。可以说，这些战乱导致社会不稳定，政治环境恶劣，加之西方列强的经济掠夺，经济现代化只能在夹缝中艰难生存。当政的北洋军阀政府对外投靠帝国主义，出卖民族利益，对内实行独裁专政倒退复古，而第一次世界大战结束后，帝国主义把视线又转向了中国，侵略势力又卷土重来，仅有的那么一点儿发展又陷入困局。因此说，没有一个独立的、有力的政治集团，必然错失那么一点儿难得的发展机遇。总之，辛亥革命后，中国现代化尽管有所缓慢推进，但没有坚强的领导者。软弱的民族资产阶级并没有担负起引领中国进行现代化建设的历史重任，革命果实反而被封建军阀所窃取。经历了袁世凯和张勋的两次“帝制复辟”之后，中国政坛变得更加混乱。可见，没有强有力的政权支撑的现代化，其希望只能以失望为结果。国民政府成立后，更将独裁作为统治手段，但即使这样，也不能有效抵抗外族的入侵。日本帝国主义对中国的侵略，使本来并不先进的中国遭受摧残。三年解放战争使原本落后的中国经济变得更为落后。

在20世纪最初的20多年里，中国大地上各个阶级、多少仁人志士为现代化的努力在历史的洪流面前被淹没。中国的现代化在哪里？追赶世界潮流，建立现代化国家的重任究竟会由谁来担当？

我党在1921年做出了选择。这一年的7月23日，在嘉兴南湖的小船上，中国共产党成立了。这个代表着无产阶级的政党，从其诞生之日起，就注定了要担负起领导工农大众完成民族独立与解放，进而建立现代化国家的历史重任。从1921年成立到1927年，中国共产党都在不断丰富和发展着自己的革命理论，对中国社会各阶级和中国现代化的现状进行了深入的分析。以毛泽东为代表的中国共产党人，把马克思主义与中国革命实践相结合，提出了用社会主义救中国的主张，领导了新民主主义革命，适应中国近代社会发展历史进程的要求，带领中国人民推翻了帝国主义、封建主义和官僚资本主义在中国的统治，建立了新中国，也就是通过新民主主义革命的胜利实现了民族独立，为实现现代化创造了政治前提——国家独立、民族解放。

中华人民共和国成立，一个独立的民族国家屹立于世界，建立了现代的民族国家和社会主义的基本经济政治制度，奠定了社会主义现代化根本的政治前提和制度基础，它的价值不仅在于一个现代的、以马克思主义为指导的工人阶级政党因执政而耀眼，更在于一个民族因独立而崛起将开始新的历程。如此宏大久远的价值，定会吸引我们的眼光，必将引起我们的深思。

第一，中国共产党的成立，使中国的现代化有了一个先进、团结而有能力的现代无产阶级政党来承担。先进性源于政党的阶级性和组织性。领导能力来源于中国共产党在新民主主义革命中经受的考验和积累的经验。

第二，新中国的成立，使中国的现代化有了民族国家独立立足的支撑点和进程的新起点。有学者在研究西欧现代化时，对西欧现代化的起步做了这样的描述，“西欧国家都先后解决了民族国家的构建问题，使其发展的起始阶段获得了一个关键的立足点。这个立足点是如此重要，以至没有它，或者是在某个特定的历史阶段缺少了它，所有现代化的目标都无从谈起。这并非意味着世界上的每一个民族都必须建立自己的国家，但在现代化起始阶段，这个民族如果没有一个独立的国家机器，那么，它肯定无法挤进现代化国家的行列。在这个意义上，一个民族是否能够建立自己的民族国家，建立一个什么样的民族国家，是一个国家发展的关键性要素之一”。[①] 当然，西欧现代民族国家的建立也经历了一个孕育阶段，也是从西欧中世纪的温床中孵化出来的。那些民族国家的母体无外乎是原来在西欧各个区域存在的大大小小的君主国，后来发展为“民族君主国”。那时的君主国，在本质上是官商勾结的国王“家天下”，所以还不是一个真正意义上的民族国家。以此对照，近代中国也经历了这样一个过程。鸦片战争后，“刺激—反应”“追赶”型现代化也并不是在真正意义上的民族国家背景下展开的。经历了近百年的折腾，还是进步不大，也没有

① 陈晓律：《世界现代化历程》（西欧卷），江苏人民出版社 2010 年版，第 3 页。

进入大国、强国之列。西欧在经历了“民族君主国”向“民族股份公司”的转换之后，渐渐有了现代民族国家的基本要素，才进入了西欧民族国家的初始阶段。而同期荷兰的命运就截然不同。荷兰在16世纪末至17世纪上半叶的大半个世纪里执世界贸易牛耳，其后却走向衰败。尽管有战争的原因，但深层次的原因还在于荷兰摆脱西班牙独立后就成立了共和国，但这个共和国却是一盘散沙。这里让人想起辛亥革命后的中国，成立了资产阶级共和国，对内却掌握和控制不了中国，不能实现国家统一，政令难以贯彻，更谈不上具有现代国家统一对外的能力。荷兰没有创立真正的民族国家，不能为经济的发展提供持续的保障和动力。想想辛亥革命后的中国，情形有太多的相似之处，结果也基本相同。而中国共产党领导的新民主主义革命，其目标指向就是建立一个把中国现代化作为首要任务的现代民族国家。

第三，中国共产党选择走社会主义道路而开辟了中国现代化的新道路。我们知道，一个民族建立什么样的民族国家，是一个国家发展的关键性要素。新中国是符合中国人民意愿，反映时代进步的人民共和国。因为“一旦建立了某种性质的国家，其发展战略往往也会从这种民族、国家的性质中派生出来。也就是说，一个民族、国家的性质与其发展战略往往具有某种难以分割的同源性”。[①] 以西欧为例。西欧各国，民族君主国是现代化的开启者，他们都面临发展本国经济而必须消灭原有的封建割据，建立一个完整的统一国家。当他们完成这个任务时，这个民族就会呈现出繁荣的景象。英国的都铎王朝时期和法国路易十四时期创造了这样一个景象。社会主义被中国人作为现代化发展道路的选择对象，开始于1912年，形成于俄国十月革命之后，确认于中国共产党成立之时。此后在中国共产党领导下的革命根据地逐步尝试，并对整个旧中国的现代化进程产生了积极的影响，使社会主义现代化道路的认同面逐渐扩大，成为多数人的选择。从

① 陈晓律：《世界现代化历程》（西欧卷），江苏人民出版社2010年版，第3页。

此，中国共产党领导全国人民开启了社会主义现代化的新里程。

(二)社会主义现代化建设探索经历了严重曲折

中华人民共和国的成立，是20世纪的中国乃至人类历史上的一个重大事件。自此，中国结束了长期的社会动荡，逐步建立起一个现代化建设所需要的稳定的政治社会环境并开始了全面建设社会主义现代化的新时期。以毛泽东为代表的第一代领导集体克服重重困难，第一次将现代化的进程置于现实社会主义前提下，从而使现代化有了新的制度保证。中国也正式步入了社会主义现代化建设的新阶段。

社会主义现代化建设的探索分为三个时期。

第一个时期，从中华人民共和国成立之初到1956年，这是经济形态转变和国民经济恢复重建时期。从中华人民共和国成立到1956年宣布进入社会主义的七年时间，我国社会主义现代化经历了从资本主义到新民主主义，再到“苏式”社会主义的两次重大转变；进行了三大改造，完成经济形态两次转变、社会主义工业化启动，社会主义现代化建设取得初步成就。这些成就激发了中国人民的劳动热情，使包括毛泽东同志在内的所有中国人，对在短时间内实现共产主义信心十足，相信超英赶美、迅速实现共产主义指日可待。这也是后来出现人民公社化运动等阻碍的思想根源之一。

第二个时期，1957—1966年，这是全面进行社会主义经济建设和第一次探索中国社会主义现代化发展时期。学习“苏式”社会主义——高度集中的政治、经济体制，在中华人民共和国成立初期取得了巨大的成就。在建设初期，政治热情高涨的条件下是可能的，但今天看来，是不具有可持续性的。在“一五”计划末期，各种弊端就逐渐显现出来。以毛泽东同志为代表的第一代领导集体意识到苏联经济模式的弊端，试图开始突破苏联教条主义的束缚，解放思想，独立地探索中国现代化进程。但是，历史的进程并没有按照领导人的主观逻辑进行。在第二个五年计划时，中央就提出了发展速度可以放慢一些，但在 1957 年反右斗争之后，膨胀的“左”倾思想又占了上风。1958 年 5 月，党的八大二次会议上提出了“鼓足干劲、力争上游、多快好省地建设社会主义”的总路线，这是不断批判右倾保守思想、思想冒进的产物。

第三个时期，1967—1978 年，这是政治、经济曲折发展的时期，同时也是拨乱反正的时期。现代化事业在总路线、人民公社化运动下遭受了挫折，人们也逐渐地反思探索社会主义现代化建设正确的道路。

毋庸置疑，强大的社会主义现代化国家的建设，是以毛泽东为代表的中国共产党人追求的目标。事实也如此，因为有了以毛泽东为代表的中国共产党的领导和选择而使中国的现代化有了社会主义性质。但在这个阶段，中国的现代化进程有苏联的经济援助和技术支持，党和人民的努力取得了巨大成就，但也遭遇了前所未有的挫折。

20 世纪五六十年代，毛泽东关于社会主义现代化建设的理论与实践，主要是为创造现代化建设所必需的条件而做出的努力。1953 年以后，按照过渡时期总路线的要求，社会主义改造和社会主义工业化同时并举。为此，毛泽东在理论和实践两个方面都进行了积极的努力和探索。在当时，中国经济文化十分落后，建设社会主义现代化是非常特殊而又复杂的，从马克思主列宁主义的书中是找不到现成答案的。所以，才有了新中国成立之初对“苏联模式”的仿效。

第二次世界大战以后，“苏联模式”毫无例外地移植到东欧社会主义国家。逐渐“苏联模式”被国际化，成为一种与西方资本主义现代化模式相对立的形式。中华人民共和国成立之初，建设现代化我们没有任何经验。对“苏联模式”的“抄袭”也是有具体历史原因的：一是从当时的现实必然性看，高度集中的计划经济模式，使苏联在短短的 10 多年时间实现了国家的工业化，从二三流国家一跃成为世界上第一个社会主义强国，所以成了我们效仿和学习的榜样。当时美苏两大阵营对峙，美国推行反共反华，中国在国际上“一边倒”“走俄国人的路”，并与苏联携手，是必然选择。既然中国与苏为友，那么，当时斯大林关于社会主义和资本主义“两种世界市场”的权威论断，必然成为中国选择现代化模式的重要依据。二是在特定的社会经济背景下，新中国诞生，面对外敌压力和内部困难，新生政权要巩固，必须快速摆脱经济困境和建立强大国防，只有一条路，像苏联那样，走优先发展重工业的战略是必然选择。三是仿效“苏联模式”有政党、社会发展历史文化渊源。中国人，包括中国共产党是通过第一个社会主义国家——苏联认识社会主义的。中国共产党是在苏联共产党帮助下建立起来的，并且在苏联控制的共产国际的长期领导之下。

学习、“抄袭”“苏联模式”在今天看来需要汲取一些经验和教训。首先，要肯定“苏联模式”对新生的社会主义中国现代化建设的意义是重大而不可以简单否定的。因为这种现成的模式为中国提供了“国家组织形式、面向城市的发展战略、现代的军事技术和各种各样特定领域的政策和方法”①。其次，我们可以看到，经过第一个五年计划时期大规模的经济建设，我国工、农业都有较大幅度增长，初步改变了我国经济以农为主的局面”，初步形成了社会主义工业化的基础，初步建立了一个比较完整的国民经济体系。国防工业从无到有建立起来，国家的科学技术水平也得到了大幅度提高。

（三）走自己的社会主义现代化道路

人类文明的现代化进程是不可逆的。人类文明进程到如今所展示的是多样发展性，而非千篇一律。现代化模式也如此，没有一成不变的模式，也没有尽善尽美的模式，“苏联模式”在中国发挥重要作用的同时，也暴露出越来越多的弊端。比如，在国民经济发展比例上，最突出的是优先发展重工业，而造成过于甚至片面发展重工业，导致国民经济发展比例失调，这与中国国情不

---

① 费正清：《剑桥中华人民共和国史》（上册），中国社会科学出版社1988年版，第65页。

适宜。又如，在资源问题上，人口众多但素质低下，地域广大但资源有限。还如，在经济运行体制上，中国是农业大国，工业基础微弱，在从农业社会转向工业社会过程中遇到的制约因素更加复杂；所有制结构单一，市场机制的作用微弱；高度集中的计划经济体制赋予生产活动的活力小且僵化；分配上的平均主义、"吃大锅饭"对调动积极性和创造性影响大。对此，以毛泽东为代表的党中央也逐渐意识到了。斯大林去世后，苏联在体制和发展中的弊端逐渐暴露出来，苏联经验并非十全十美。经过朝鲜战争、日内瓦会议、万隆会议之后，1956 年，我国进入了第二个五年计划的开局之年。之后，我国开始了以钢铁生产为抓手的工业化发展道路。

中国的国情是人口众多的农业大国，农业是解决中国人吃饭最重要的产业，农业上不去，吃饭问题就解决不了，更谈不上工业化。中国的工业化底子极其薄弱，有个我们熟悉的词，叫"一穷二白"，没有中国的工业化，就没有中国的强大。我们既不能走西欧式的资本积累，通过"羊吃人"的方式把农民从土地上赶出来成为雇佣劳动者，也不能简单照抄"苏联模式"，将通过工农产品"剪刀差"掠夺农民的方式完成资本积累。通过对新中国成立初期"苏联模式"现代化的反思和一系列的调查研究，以毛泽东同志为代表的中国共产党人提出了，在社会主义建设中，以"农、轻、重"为序、工业与农业并举的发展战略，开始了社会主义现代化的历史性探索。

1956 年后，毛泽东在大量艰辛探索的基础上，形成了指导中国社会主义现代化建设的若干理论。这些理论在一定的历史条件下产生，也服务于一定的历史时期。客观地讲，为中国社会主义现代化建设在理论也做了很好的探索，丰富了社会主义现代化建设的思想资源，从实践方面也促进了中国社会主义现代化的进程。

第一，提出中国社会主义现代化建设的指导思想。开始把探索新的工业化道路的任务提上日程，提出了中国的社会主义工业化必须根据自己的国情走自己的路。

第二，提出社会主义社会的主要矛盾及党和国家的主要任务。1956年9月党的八大召开，宣告了社会主义革命的基本完成和社会主义制度的基本确立，宣告了社会主义全面建设新时期的开始，制定了一条正确的政治路线，指出了社会主义主要矛盾，即“国内主要的矛盾，已经是人民对于建立先进的工业国的要求同落后的农业国的现实之间的矛盾，已经是人民对于经济文化落后迅速发展的需要同当前经济文化不能满足人民需要的状况之间的矛盾”。由此，明确党和国家的主要任务“就是要集中力量来解决这个矛盾，把我国尽快地从落后的农业国变为先进的工业国”，也就是要“保护和发展生产力”。

第三，提出社会主义社会的基本矛盾和正确处理人民内部矛盾的理论。1956年下半年，国内经济出现了生产资料和生活资料供应紧张，社会矛盾也出现了紧张。有的地方甚至发生了工人罢工、学生罢课及农民要退出公社的情况。对此现象，毛泽东对社会主义改造基本完成以后出现的这些问题和情况，用矛盾分析给予解答。毛泽东认为，在社会主义社会中，基本矛盾仍然是生产关系和生产力之间的矛盾，上层建筑和经济基础之间的矛盾，不过这些矛盾同旧社会具有根本不同的性质，它不是对抗性的矛盾，可以经过社会主义制度本身的逐步完善不断地得到解决。对于正确处理人民内部矛盾，毛泽东指出，如果处理得不适当也可能发生对抗，凡属于思想性质的问题，凡属于人民内部的争论问题，只能用民主的方法去解决，只能用讨论的方法、批评的方法、说服教育的方法去解决，而不能用强制的、压服的方法去解决。

毛泽东提出社会主义社会的基本矛盾理论，在马克思主义发展史上具有创新性意义，不仅为中国在社会主义现代化建设中面临的各种新问题、新矛盾给予了指导，而且对于我们今天改革开放以后面临的社会问题的解释和解决也有重要启示。

自1953年7月，朝鲜停战以来，毛泽东和党中央就为国内大规模工业化建设争取一个和平的国际环境做了许多努力。比如，建立国际和平统一战线，改善与西方国家的关系。1954年4月26日至7月21日（中间休会1个月）召开的日内瓦会议，是新中国第一次以世界五大国之一身份和平等地位出席的国际会议。本着“建立国际和平统一战线”的方针，中国代表团在参加日内瓦会议期间，与英、法、美等西方国家政界人士接触，在谋求与西方国家建立和平共处五项原则的基础上关系取得了进展。

从上述内容看出，党的八大前后几年间，毛泽东为创造中国社会主义现代化建设的国内和国际条件在理论和实践上的努力，对中国现代化进程产生了深远影响。从现代化视野来考察，在实现社会主义工业化道路重大突破的过程中，以毛泽东为代表的党中央对现代化的目标、步骤、道路、动力诸多方面都进行了思考和探索，取得了一系列重大成果。

关于现代化的战略目标的认识上，以毛泽东为代表的党中央在不断深化对社会主义建设和现代化内涵的认识上，逐步确立了“四个现代化”的目标。1964年12月，根据毛泽东的建议，周恩来在全国人大三届一次会议《政府工作报告》中，正式提出“全面实现农业、工业、国防和科学技术的现代化”的宏伟目标。

尽管以毛泽东为代表的第一代领导集体在探索社会主义现代化建设上有过失误，甚至付出了重大代价，致使社会主义现代化建设中断。究其原因是多方面的，也是需要我们研究和汲取教训的。但是，在探索社会主义现代化建设上，以毛泽东为代表的第一代领导集体对社会主义现代化的贡献是不可否定的。新民主主义革命中，毛泽东思想的形成，系统回答了在中国这样一个半殖民地半封建的东方大国，怎样进行革命才能使中国走上社会主义道路的问题。在新民主主义革命胜利的基础上，以毛泽东为代表的第一代领导集体把中国成功地引上了社会主义道路。新中国的诞生和社会主义制度的建立以及社会主义建设初期的探索对中国现代化的价值，正如党的十八大报告的评价，“党在社会主义建设中取得的独创性理论成果和巨大成就，为新的历史时期开创中国特色社会主义提供了宝贵经验、理论准备、物质基础”。为实现中国的现代化、实现民族复兴开辟了新的途径，特别是对当代中国共产党人找到中国特色社会主义道路实现中国的现代化的意义是重大而深远的。

第三节　当前中国现代化的新进程

历史经验告诉我们，现代化并不是简单地对现代化目标、路径及价值的认同。每个国家在各自的发展道路上对现代化的目标、路径都有不同的价值取向和模式选择。中华人民共和国成立以后以一个独立的民族国家屹立于世界，建立了现代化的国家和社会主义基本的经济政治制度，奠定了根本的政治前提和制度基础。中国共产党在千辛万苦中通过社会主义改造和建设探索出了中国特色社会主义现代化道路。

一、中国特色社会主义现代化道路的开创

党的十一届三中全会以后，以邓小平同志提出的解放思想、实事求是，在社会主义道路实现现代化的新进程中，形成了邓小平理论，明确了“和平与发展”的时代主题，对进行现代化的新探索给予了理论指导。

面对改革开放前，因理论、政策失误造成国家社会经济落后，人们的生活水平很低的现实，中国共产党重新思考“什么是社会主义，怎样建设社会主义”，坚持马克思主义把发展生产力作为解决这个问题的先决条件，果断地把党的工作重心从“以阶级斗争为纲”转到以“经济建设为中心”的社会主义现代化建设上来。党的中心任务的历史性转折，使得在这之前围绕“以阶级斗争为纲”形成的错误理论路线不能适应党完成现代化的要求和任务，这样围绕推进社会主义现代化，重新确立了我们党的理论和政策，邓

小平同志在改革开放初期，通过对传统社会主义观进行拨乱反正，开创中国特色社会主义道路，确立了推进社会主义现代化建设的明确思路。

反思传统社会主义观，“中国式现代化”应运而生。党的十一届三中全会不仅迅速结束了现代化建设的短期徘徊，而且提出了一切从实际出发、实事求是的思想路线，从根本思想上解除了“两个凡是”的束缚，朝着正确的方向寻求中国特色的社会主义现代化道路奠定了思想基础。在党的十二大上，邓小平明确提出“把马克思主义的普遍真理同我国的具体实际结合起来，走自己的路，建设有中国特色的社会主义”，在对国际形势和国内发展状况进行综合判断基础上，提出了“和平与发展”的时代主题和社会主义初级阶段理论后，开始了党在社会主义现代化建设上独具特色的思考和实践，走出了一条既遵循现代化的一般规律又强调中国特色的中国式现代化”之路。

实现“中国式的现代化”必须以坚持社会主义道路为基础。邓小平说，“过去搞民主革命，要适合中国情况，走毛泽东同志开辟的农村包围城市的道路。现在搞建设，也要适合中国情况，走出一条中国式的现代化道路。中国式的现代化，必须从中国的特点出发”。①

实现现代化的关键是进行经济建设。实现现代化，必须要通过经济建设，才能奠定现代化的物质基础。搞经济建设，就是要发展生产力。对经济建设在现代化建设中的地位和作用，邓小平明确指出，加紧经济建设，就是加紧四个现代化建设，四个现代化，集中起来就是经济建设。

实现政治现代化，需要推进政治体制改革、民主制度化、法制化。党的十一届三中全会以后，我们党通过总结经验教训，充分认识到社会主义初级阶段民主政治建设的重要性，在坚持党的领导下，对社会主义民主政治建设，民主制度化、法制化进行了理论

① 《邓小平文选》(第2卷)，人民出版社1993年版，第163—164页。

和实践的探索。

第一，加强民主政治建设，必须进行政治体制改革。新中国成立初期，我国仿照苏联建立了高度集权的政治体制，尽管曾经发生过历史作用，但其缺陷是显然的。党的十三大正式确定，建设有中国特色社会主义民主政治，要建立高度民主、法律完备、富有效率、充满活力的社会主义政治体制，党的十四大还提出了，以完善人民代表大会制度，共产党领导的多党合作和政治协商制度为主要内容的社会主义民主政治建设。

第二，加强民主政治建设，必须推进民主制度化、法制化，一般认为，民主及其制度化、法制化是现代化在政治上的特征，这就要求在现代化的进程中，一方面，将社会主义民主的内容以及社会主义民主政治建设中所取得正确认识、理论、方针和政策逐步形成一套完备的具体形式和具体制度，并做出相应的法律规定；另一方面，社会主义民主需要依靠完备的法制来保障强调民主和法制相辅相成、互相制约。

第三，加强民主政治建设，必须坚持党的领导，改善党的领导。

首先强调要坚持党的领导。民主政治是政党政治的基础，政党政治是民主政治的集中表现。在现代政治中，由政党通过一定的方式进入国家政权参与国家管理是常态。这是现代国家管理的一种主要形式，可见，党的领导不仅是中国政治发展的需要，也是世界政治发展的主要形式。在我国民主政治建设进程中，试图离开党的领导既不符合规律和现实，也不符合中国的实际，其次要在坚持党的领导下改善党的领导，只有改善才能坚持。改善党的领导，最重要的是要改善党的领导制度，也就是“党的各级组织的权利、任务和工作方式都要改善”。

在现代化的步骤问题上，以毛泽东为代表的党的第一代领导集体先后在三届人大和四届人大上两次正式提出，要在20世纪内分“两步走”实现“四个现代化”的构想，奠定了中国现代化的初步设想。党的十一届三中全会以后，以邓小平为代表的党的第二代领导集体继承了第一代领导集体的现代化思想，多次强调在20世纪末实现“四个现代化”。随着对中国国情的进一步认识和世界现代化进程规律的考察，在新的历史条件下赋予中国现代化以更加丰富的内容，把现代化目标从“四个现代化”扩展到经济、政治、文化各领域、各方面的现代化，将原来的“两步走”战略，发展为“三步走”战略，将“社会主义”具体到“有中国特色的社会主义”。在党的十三大上系统地概括了自党的十一届三中全会以来关于实现“四个现代化”的战略构想，明确指出，“我国经济建设的战略部署大体上分三步走。第一步，实现国民生产总值比1980年翻一番，解决人民的温饱问题。这个任务已经基本实现。第二步，到本世纪末，使国民生产总值增长一倍，人民生活达到小康。第三步，到下个世纪中叶，人均国民生产总值达到中等发达国家水平，人民生活比较富裕，基本实现现代化”。①

邓小平理论所要回答的基本问题是“什么是社会主义、怎样建设社会主义”，但对社会主义初级阶段的中国实现现代化这个根本问题来讲，邓小平理论回答了中国特色社会主义是实现“中国式现代化”的路径选择，把共同富裕作为社会主义现代化基础和首要的目标，为社会主义初级阶段实现现代化的性质、目标和方法不仅提供了理论指导，而且展开中国实现现代化是全面的现代化的新认识。

2012年12月，习近平在广东考察工作时，面对国家社会经济的巨大变化，深有感触地说道，“改革开放是我们党历史上的一次伟大觉醒，正是这个伟大觉醒孕育了新时期从理论到实践的伟大创造。中国发展的实践证明，当年邓小平指导我们党做出改革开放的决策是英明的、正确的，邓小平不愧为中国改革开放的总设计师，不愧为中国特色社会主义道路的开创者。今后，我们要坚持走这条正确道路，这是强国之路、富民之路。我们不仅要坚定不移地走下去，而且要有新举措、达到新水平”。②

① 《十三大以来重要文献选编》，人民出版社1991年版，第16页。

② 习近平：《在广东考察工作时的讲话》，《人民日报》，2012年12月7日。

二、中国特色社会主义现代化道路的拓展

以邓小平为代表的中国共产党人开创了中国特色社会主义道路，使中国的现代化建设发生了历史性的转折。之后，几代中国共产党人立足社会主义初级阶段的特点，坚持和发展中国特色社会主义，不断拓展中国特色社会主义实现现代化的新境界。

（一）“三个代表”重要思想与社会主义现代化的“三维”展开

20 世纪 80 年代末 90 年代初，国际、国内政治经济形式发生了巨大变化，我国社会主义事业的发展面临空前巨大的困难和压力，如何执政才能获得人民群众支持，才能使执政党始终立于不败之地的问题摆在了我们党面前。以江泽民为核心的党的第三代中央领导集体经过艰辛探索最终回答了这个问题。这个成果就是“三个代表”重要思想。由于“三个代表”重要思想是从新的历史条件下中国共产党怎样执政才能获得人民群众的满意和支持这个角度切入，并确立了一整套新的治国理政的思路，人们通常把“建设一个什么样的党、怎样建设党”当作“三个代表”重要思想所要回答的基本问题，但对社会主义初级阶段的中国实现社会主义现代化这个根本问题来讲，“三个代表”重要思想依据现代化建设的新实践，从经济、政治和文化“三维”对中国特色社会主义道路有了新的拓展。

第一，首次提出建立社会主义市场经济体制，展开中国经济现代化进程。以江泽民为核心的党的第三代领导集体在十四大上明确将社会主义市场经济体制写进党的报告。“我国经济体制改革的目标是建立社会主义市场经济体制，以利于进一步解放和发展生产力，我们要建立的社会主义市场经济体制，就是要使市场在社会主义国家宏观调控下对资源配置起基础性作用”[①]。这

---

① 《十四大以来重要文献选编》，人民出版社 1996 年版，第 18—19 页。

就是我们党在社会主义现代化进程中，对社会主义经济的重大突破。在党的第三代中央集体领导下，21世纪初我国初步建立了社会主义市场经济体制。这不仅在理论上解决了我国社会主义和市场经济之间是否兼容的问题，而且市场化、社会化和社会主义改革这三项重大的社会变革结合在一起，推动了中国经济现代化的实践，极大地加速了我国社会主义现代化的历史进程，为中国经济推向世界经济轨道奠定了基础。

第二，以社会主义民主政治建设展开政治现代化之维。党的十四大提出建立和发展社会主义市场经济体制，之后，我国经济发展，国民生产总值确有较大的飞跃。同时，对政治体制改革的要求也接踵而至。适应社会主义市场经济体制建立的形势发展的要求，党中央对社会主义民主政治建设实现了重大突破。

继续推进政治体制改革。改革之初，我们党就提出了改革党和国家领导制度的问题。党的十三大把“党政分开”作为“政治体制改革的关键”。党的十三大后，我国政治体制改革全面展开，取得了一些成绩。党的十四大强调政治体制改革必须“同经济体制改革和解决发展相适应”，把政治体制改革的重点放在“使社会主义民主和法制建设有一个较大的发展”，并“下决心进行行政管理体制和机构改革，切实做到转变职能、理顺关系、精兵简政、提高效率”。党的十五大正式提出“继续推进政治体制改革，进一步扩大社会主义民主，健全社会主义法制，依法治国，建设社会主义法治国家”，并进行了全面部署。

从治国方略的高度，提出了“依法治国，建设社会主义法治国家”的新战略。党的十五大对“依法治国”进行了比较完整、明确的表述，“依法治国，就是广大人民群众在党的领导下，依照宪法和法律的规定，通过各种途径和形式管理国家事务，管理经济文化事业，管理社会事务，保证国家各项工作都依法进行，逐步实行社会主义民主的制度化、法律化，使这种制度和法律不因领导人的改变而改变，不因领导人看法和注意力的改变而改变”。

提出建设“社会主义政治文明”的新目标。建设“社会主义政治文明”的提出，是我国社会主义现代化建设开始实施第三步发展战略的必然要求。“三步走”发展战略的最终目标，就是要在21世纪中叶把我国建设成为富强、民主、文明的社会主义现代化国家，而21世纪头20年是实施第三步发展战略的关键机遇期，是我国开始全面建成小康社会的历史阶段。在现代化建设目标上增加“发展社会主义民主政治，建设社会主义政治文明”的要求，是推进现代化进程的必然结果，也是提出建设“社会主义政治文明”，实施“依法治国”的必然结果。

提出新时期党的建设的总目标和总要求。建设中国特色社会主义现代化，党的十五大正式宣告党的建设的总目标。朝着这个总目标，我们党结合改革开放以来，国际国内、党内党外的情况，提出了“三个代表”重要思想的新要求，要求中国共产党始终代表中国先进生产力的发展要求，始终代表中国先进文化的发展方向，始终代表中国最广大人民的根本利益，这是我们党的立党之本、执政之基、力量之源。

第三，以社会主义文化的战略开启文化现代化的进程。文化现代化就是要建立与工业文明相适应的现代文化。经济基础决定上层建筑。随着社会主义现代化进程的推进，特别是社会主义经济理论上的突破，给中国经济带来了制度性的增长，可以说中国经济从计划经济向市场经济转型后有了突飞猛进的发展，同时，人们的生活状态也发生了变化。人们在对物质的需求得到基本保障时，对精神文化的要求增加了。

以江泽民为代表的第三代中央领导集体以社会主义市场经济、民主政治和先进文化实施了实现中国现代化发展步骤的新“三步走”战略。党的十五大上，制定了到21世纪中叶中国现代化新“三步走”发展战略，就是“展望下世纪，我们的目标是，第一个10年实现国民生产总值比2000年翻一番，使人民的小康生活更加宽裕，形成比较完善的社会主义市场经济体制；再经过10年的努力，到建党100年时，使国民经济发展得更快，各项制度更加完善；到下世纪中叶新中国成立100年时，基本实现现代化，建成富强、民主、文明的社会主义国家”。这也就是“两个一百年”的来历。邓小平提出的“三步走”,与新“三步走”发展战略相比较,显然,新“三步走”的重点在“第三步”,即对邓小平“三步走”的第三步进行了细化和展开,而赋予邓小平实现社会主义现代化战略构想在 21 世纪新的时代内容。

(二)以科学发展观为指导更新现代化发展理念和路径

改革开放的步伐在不断扩大,其影响也全面深化,相应的中国经济发展水平、社会结构、社会生活都发生了巨大变化,同时也出现了一系列新问题。城乡发展、区域发展不平衡,结构性矛盾和粗放型经济增长方式成为制约经济社会进一步发展的瓶颈;社会发展与经济发展不同步,社会发展严重滞后于经济发展;社会各阶层收入的差距不断扩大,社会阶层矛盾加深影响了社会稳定,人民群众的需求发生了变化,人民群众物质需求从生存型进入到发展型,需求结构从物质需求走向政治需求和精神文化需求。怎样满足人民群众日益增长的物质文化需要和解决这些问题成为新的历史性课题,迫切需要我们在新的历史条件下正确理解发展的内涵,适应新阶段的要求,在发展观上实现根本性的转变,否则,我国的经济社会发展的势头会受到影响,社会主义现代化建设的进程和目标也会受到影响。适应时代和社会提出的紧迫要求,以胡锦涛为总书记的中央领导集体,在党的十六届三中全会上,从回答什么是发展、为谁发展、怎样发展、发展成果归谁享有等问题出发,提出了科学发展观。我们通常把“实现什么样的发展、怎样发展”当作科学发展观所要回答的基本问题,但对在社会主义初级阶段的中国实现现代化这个根本问题来讲,科学发展观是实现社会主义现代化路径、方式和目标的完善和提升,更新了现代化建设的理念与模式,旨在走由“经济增长”为核心向“人类发展”为目的的发展之路。

科学发展观以发展为第一要义,是对现代化建设成功经验的总结和坚守,是对马克思主义关于生产力是社会发展进步的根本动力在新的历史条件下的坚持,特别是在中国社会经过改革开放社会生产力得到了较大的发展后对社会发展进步内涵的新认识。

坚持"以人为本"是对以物为本的超越。把"以人为本"作为科学发展观的核心,凝结着对改革开放实践经验的深刻思考,适应了全面建成小康社会和社会主义现代化建设新阶段的迫切需要,进一步丰富了科学社会主义的理论和实践。突出以人为本,汲取了人类文明的有益成果,重新定义和规定了现代化的基本价值维度及其指标体系,体现了我们党"权为民所用、情为民所系、利为民所谋"的执政理念,体现了立党为公、执政为民的本质,强烈地表达了我们党关注人民群众的切身利益,确保人民的生存和发展权利与社会主义现代化建设目的的一致性。人的自由全面发展是社会发展的最高评价尺度,是马克思主义理论的核心和宗旨,也是社会主义现代化建设的最终追求。

科学发展观强调"全面协调可持续",符合社会系统全面发展的现代化要求。随着人类对现代化的追求,人们越来越认识到现代化建设不是指经济的一味增长,而是社会系统的全面进步,必须兼顾以人为本、和谐、公平、效率和可持续性的基本原则,包含经济、政治、文化、生态诸多内容和元素。实现"全面协调可持续"的根本方法就是统筹兼顾。科学发展观在以人为本理念统领下,建设社会主义的物质文明、政治文明、先进文化、和谐社会、生态文明,由解决温饱、建成小康、全面小康,直至建成富强、民主、文明、和谐的现代化国家,极大的丰富了现代化目标的内涵和实现路径。

三、新时代中国特色社会主义现代化强国道路的愿景

实现现代化是近代中国社会的主要旋律。中国实现现代化的道路艰难而曲折,我们必须坚持在这个过程中要汲取发展中的经验教训,高举毛泽东思想、邓小平理论、"三个代表"重要思想、科学发展观等伟大思想,冲破重重阻碍,不仅要走社会主义的现

代化道路，而且要走自己的社会主义现代化道路。

十九大报告指出，综合分析国际国内形势和我国发展条件，从二〇二〇年到21世纪中叶可以分两个阶段来安排。

第一个阶段，从二〇二〇年到二〇三五年，在全面建成小康社会的基础上，再奋斗十五年，基本实现社会主义现代化。到那时，我国经济实力、科技实力将大幅跃升，跻身创新型国家前列；人民平等参与、平等发展权利得到充分保障，法治国家、法治政府、法治社会基本建成，各方面制度更加完善，国家治理体系和治理能力现代化基本实现；社会文明程度达到新的高度，国家文化软实力显著增强，中华文化影响更加广泛深入；人民生活更为宽裕，中等收入群体比例明显提高，城乡区域发展差距和居民生活水平差距显著缩小，基本公共服务均等化基本实现，全体人民共同富裕迈出坚实步伐；现代社会治理格局基本形成，社会充满活力又和谐有序；生态环境根本好转，美丽中国目标基本实现。

第二个阶段，从二〇三五年到本世纪中叶，在基本实现现代化的基础上，再奋斗十五年，把我国建成富强民主文明和谐美丽的社会主义现代化强国。到那时，我国物质文明、政治文明、精神文明、社会文明、生态文明将全面提升，实现国家治理体系和治理能力现代化，成为综合国力和国际影响力领先的国家，全体人民共同富裕基本实现，我国人民将享有更加幸福安康的生活，中华民族将以更加昂扬的姿态屹立于世界民族之林。

第三章　马克思主义中国化的基本问题

2017年9月29日，中共中央政治局就当代世界马克思主义思潮及其影响进行第四十三次集体学习。习近平总书记在主持学习时强调，“我们必须深刻认识马克思主义的时代意义和现实意义，锲而不舍地推进马克思主义中国化、时代化、大众化，使马克思主义放射出更加灿烂的真理光芒”。推进马克思主义中国化是我国新时代社会主义建设的一个课题，我们应该掌握其基本问题以更好地推进发展。

第一节　马克思主义中国化的思想路线

我们党将马克思主义作为我国革命、建设、改革事业的指导思想，关键在于结合马克思主义和中国具体实际，实现了马克思主义中国化。马克思主义中国化就是马克思主义基本原理与中国实际和时代特征相结合进行理论创新，而实现结合的关键靠的是党的思想路线。党的思想路线贯穿于马克思主义中国化的始终，是实现马克思主义中国化的灵魂和生命线。

一、实事求是是中国共产党的思想路线

中国共产党以马克思主义认识论和辩证法为基础，提出了在实践中坚持实事求是，将实事求是确定为党的思想路线，同时这也是马克思主义中国化的思想路线。认识论是研究人类认识过程及其规律的理论。思想路线是人们认识世界、改造世界所遵循

的基本认识原则和方法。认识论是思想路线的理论基础，思想路线是认识论在思想方法上的具体体现。有什么样的认识论就会有什么样的思想路线。列宁就曾在哲学上明确区分了两条截然对立的认识路线，“从物到感觉和思想呢？还是从思想和感觉到物？恩格斯坚持第一条路线，即唯物主义路线，马赫坚持第二条路线，即唯心主义路线”。[①] 唯心主义认为人的认识是天赋的或主观自生的，人们的认识活动体现为从观念或想象出发的唯心主义思想路线。唯物主义认识论则认为认识是对客观存在的物质世界的反映，人们的认识活动表现为从实际出发的唯物主义思想路线。在唯物主义认识论中，形而上学唯物主义支离物质和意识的辩证关系，忽视人的主观能动作用，把人们的思想引导到孤立、静止、片面地看问题的歧途上去。因此，形而上学唯物主义认识论具有明显的局限性，并不能正确地指导人们开展实践，不能科学引导人们认识和改造世界，不能成为马克思主义中国化的思想路线。

我们党是无产阶级政党，马克思主义是我们党的指导思想，指导我们党带领人民开展革命、建设和改革事业。我们党始终坚持以辩证唯物主义认识论为指导，同时充分结合我国的基本国情和社会实际，坚持一切从实际出发，坚持“实事求是，解放思想，与时俱进”的思想路线。我们党的思想路线来源于马克思主义的辩证唯物主义，集合了马克思列宁主义、毛泽东思想和邓小平理论的精髓。同时我们党的思想路线还是来源于马克思主义的科学方法论的，“是我们认识新事物、适应新形势、完成新任务的根本思想武器”[②]；就其地位、作用而言，它是建设有中国特色社会主义理论的精髓，同时也是保持我们党始终充满生机的法宝，它可以帮助我们在思想和实践上保持生机和活力。毛泽东曾指出，“一切政治路线、军事路线和组织路线之正确或错误，其思想根源都在于它们是否从马克思列宁主义的辩证唯物论和历史唯物论出

① 《列宁选集》(第1卷)，人民出版社1995年版，第37页。

② 《江泽民文选》(第3卷)，人民出版社2006年版，第324—325页。

发，是否从中国革命的客观实际和中国人民的客观需要出发”[①]。从历史实践中可以看出，我们党之所以可以在理论和实践上实现创新和发展，根本原因就在于始终坚持马克思主义思想路线。

二、实事求是是推进马克思主义中国化的关键

（一）坚持党的思想路线是以中国国情为立足点的基础

国情是一种客观存在，不以人的意志为转移，它集中表现了一个国家在某一发展阶段的社会情况和自然情况、历史情况和现实情况。一个国家的国情实质是一个国家的社会性质，是社会发展的基础和出发点，国情决定了社会的未来发展。国情是反映一个国家实际的客观存在，它是动态与静态的结合；社会性质则是一个相对稳定的历史阶段，这一历史阶段通常是一个长期阶段，因此在这个长期历史阶段中会出现各种矛盾的变化，这就导致在这个相当长的历史阶段中会呈现出不同的历史时期或小的历史阶段。为了回答和应对这些问题，我们党就必须在了解社会实际的基础上结合马克思主义给出答案、解决问题。要实现马克思主义中国化就必须把马克思主义基本原理同中国国情结合起来。只有从中国实际出发，以中国国情为立足点，才能充分了解、准确把握中国的实际情况和特殊性，这就要求我们必须坚持党的思想路线。只有坚持党的思想路线才能准确地把握中国国情的特殊性，才能掌握不断变化的新情况，才能总结新经验，才能寻求中国社会发展的客观规律，才能真正实现马克思主义中国化。

（二）坚持党的思想路线是正确认识和判断时代变化的基础

只有准确地把握时代特征并掌握时代主题，才能根据具体实际制定符合当前发展阶段的马克思主义中国化和政党制定路线、

① 《毛泽东选集》(第3卷)，人民出版社1991年版，第987页。

方针和政策。每一个时代都有属于这个时代的主题和表现这个时代特点的基本特征。马克思主义在不同的国家、不同的时代主题、不同的发展阶段都有不同的理论形态。马克思主义在中国的运用和发展必须以时代主题的转换为依据。时代主题在不断发展变化，马克思主义中国化随之也要与时俱进。而要正确认识和判断时代主题的演变，只有坚持党的思想路线。只有坚持一切从本国实际出发，实事求是，坚持一切从本国所处的外部环境出发，与时俱进，我们才能冲破传统习惯和思维定式的束缚，冲破主观偏见和教条主义的桎梏；才能以马克思主义的宽广眼界观察世界，敏锐地把握时代发展的脉搏，深刻地认识世界各种矛盾的变化，对时代主题、基本特征及国际形势发展趋势做出科学判断；才能适应复杂多变的客观世界，跟上时代发展的步伐。只有这样，才能保证马克思主义中国化不会被时代所抛弃，才能保证其可以在时代潮流中始终保持先进性。

三、党的思想路线始终贯穿马克思主义中国化发展

实际上，我们党确立并坚持贯彻马克思主义思想路线的过程也是实现马克思主义中国化的过程。毛泽东思想、邓小平理论、“三个代表”重要思想、科学发展观、习近平新时代中国特色社会主义思想作为中国化的马克思主义，在形成发展过程中表现出了鲜明的共同特点，这就是始终坚持党的马克思主义思想路线，这条思想路线犹如一条红线贯穿于马克思主义中国化两次历史性飞跃和中国特色社会主义理论体系的全过程。

毛泽东是马克思主义中国化的最先践行者之一，毛泽东思想在土地革命战争时期形成，在抗日战争时期不断完善、逐渐成熟。毛泽东始终强调实事求是的重要性，在全党中要求党员、干部坚持党的思想路线，坚持不可以教条主义的照搬、照抄马克思主义运用于中国革命和建设。毛泽东充分考虑中国半殖民地半封建的社会性质，全面系统地分析和总结中国革命的独创性历史经

验，将马克思主义无产阶级暴力革命理论、列宁民族殖民地理论和社会民主党“两个策略”理论运用于中国革命中，以此为基础提出了农村包围城市理论和新民主主义革命理论，就此为中国革命开创了符合中国具体实际的中国特色革命道路，在这个阶段我们党实现了马克思主义中国化的第一次历史性飞跃，创立了毛泽东思想。邓小平总结并吸取中国长期建设社会主义的正反两方面的历史经验，确立党的解放思想、实事求是的马克思主义思想路线，从而开创了一条中国特色社会主义的崭新道路，开启了社会主义现代化建设新的历史时期，实现了中国历史的伟大转折。党的十八大以来，以习近平为总书记的党中央，关注新情况、新问题，紧紧跟上时代发展的步伐，解放思想、实事求是、与时俱进、求真务实，在改革开放的关键时刻，继续推进马克思主义中国化不断前进，顺应民意地提出了中华民族伟大复兴的中国梦，强调在全社会培育和践行社会主义核心价值观，强调依法治国，用发展的马克思主义指导中国社会主义建设，形成了习近平新时代中国特色社会主义思想。由此可见，只有坚持党的马克思主义思想路线，才能为我国的革命、建设和改革事业带来成功，才能推进中国特色社会主义的发展。

从历史实践中可以看出，我们党在马克思主义理论和实践上的发展和进步离不开坚持党的思想路线。中国共产党正是由于运用辩证唯物主义和历史唯物主义的世界观、方法论，从对历史规律的不断认识和把握中找到了指导我们前进的正确方向。

“实践是无止境的，认识真理不是一次完成的。一切从实际出发，解放思想，实事求是，也要一以贯之”。[①] 在任何时候、任何情况下，只要我们党忠贞不渝地坚持、发展和丰富这条马克思主义的思想路线，我们党就能持续不断地推进马克思主义中国化的历史进程，不断地开创马克思主义中国化的新境界，推动中国社会主义事业不断向前发展。

---

① 《江泽民文选》(第 2 卷)，人民出版社 2006 年版，第 251 页。

第二节　马克思主义中国化的方法

实现马克思主义中国化并不是一个简单的理论问题，而是需要通过思想和实践的有机结合而完成的。针对马克思主义中国化的实现问题，本节对其方法展开研究，从思想和实践两个层面进行分析。

一、马克思主义中国化的思想方法论

(一)一般理论与具体实际相结合

在全新的历史条件下，进一步推进马克思主义中国化必须立足中国国情，坚持将马克思主义的普遍真理同中国具体实际结合起来，尤其应该把马克思主义同当代历史向世界历史发展的特点相结合，同当代科学技术迅猛发展的特点相结合，同当代两种社会制度长期并存的特点相结合。

随着全球化推进和改革开放的不断加深，中国特色社会主义事业是在世界背景下发展的，必须充分考虑世界历史背景这一重要因素。这也是推进马克思主义中国化的大背景。推进马克思主义中国化，必须正视这一背景，紧密结合世界历史这一时代的最大特征。社会历史转向世界历史是一个客观的必然趋势和发展规律，同时也是社会历史继续发展提出的必然要求。马克思、恩格斯早在 19 世纪就已经发现了资本主义的意图，资本主义想要通过创造世界市场，摧毁交换的一切地方限制，通过这种方式将这个世界作为自己的市场。面对资本主义这一企图，无产阶级不应该因为畏惧而完全封闭自我，相反地应该实现自己的开放，封闭只会让历史重新回到闭关锁国、彼此隔绝的时代，在那样的时代背景下，社会生产力得不到解放和发展。当一切民族卷入战

争后,只有开放性社会背景下解放的生产力才能得以保留并获得,只有这样所有发明才不会消灭而重新开始。封闭的社会无法促进生产力的解放和发展,而世界历史可以推进这个过程。同时,马克思主义赢得世界历史性的意义,它本身就是同向世界历史演变相平行的,是在转向世界历史中形成和发展的,它总是在吸收和改造人类思想文化一切有价值的东西而得到丰富和发展的。我们应该自觉主动地在世界历史环境和条件中发展马克思主义中国化,一方面要融入不断发展的世界历史潮流中,另一方面要保证始终旗帜鲜明,求大同存小异。

随着社会进步,科学技术出现了大发展,在这样的背景下推动马克思主义中国化,就必须将马克思主义与科技迅猛发展的中国实际结合在一起,必须深刻把握科学技术的发展以及科学技术对人类社会和人自身的深刻影响。科学技术的发展日益深刻地揭示着自然界和自然科学内部的相互联系,揭示着其中新的关系、新的规律与新的科学,为人类正确认识大自然和物质世界的奥秘,为世界生产力的发展和人类社会的进步,提供了新的知识和强大的动力,也为人类打开了更广阔的思路、树立更深刻的世界观。在这种情况下,马克思主义中国化必须坚持与时俱进的理论基础,密切关注国内外科学技术的发展,从中吸取智慧、总结经验,从理论上做出符合时代要求、推动时代前进的论断。科学技术无国界。随着科学技术的不断发展,世界历史会不断发展与深化;世界历史的发展与深化,为科学技术的进一步发展提供了更广阔的空间和条件,当前这已经是一个不可逆的社会发展趋势。在这样的背景下推动马克思主义中国化,必须充分考虑科学发展与历史发展的一致性这个根本问题。

观察当前的世界格局可以看出,一个主要特点就是两种社会制度长期并存。推进马克思主义中国化,必须把立足点建立于对这一世情的充分认识之上。新生的社会主义制度经受了近百年的历史考验,特别是中国改革开放的成功实践,有力地证明了社会主义并不像某些人所预言的那样,将从地球上消失,而是以它自身的生机和活力展示了强大的生命力和不可战胜的优越性。社会主义近百年的历史进程同时证明，它自身的存在发展和兴衰成败，都离不开世界上资本主义制度的存在。两种社会制度并存的格局还将继续存在下去，而且还将存在一个相当长的时期，需要用世界历史的尺度或世纪的尺度来加以衡量。

（二）历史与现实相结合

在当今这个时代推进，必须重视历史与现实的结合，重视马克思主义与中国传统文化的集合。习近平总书记在中国文联十大、中国作协九大开幕式上的讲话指出，“中华文化延续着我们国家和民族的精神血脉，既需要薪火相传、代代守护，也需要与时俱进、推陈出新”。作为历史产物的中国传统文化也有其历史局限性，它既包含有许多优秀成分，也不可避免地混杂着某些糟粕成分。特别是中国经历了漫长的封建社会，封建主义思想文化根深蒂固。这种糟粕成分，集中表现为封建主义腐朽思想文化。比如，官僚主义、等级观念、特权思想、家长制作风、迷信活动等。在当今社会，这些腐朽思想文化的影响依然存在。封建主义腐朽思想文化腐蚀人的心灵、败坏社会风气，影响和阻碍社会发展。中国传统文化必须在马克思主义指导下实现现代化。

马克思主义一直以人的发展为目标，继承并发展了人类创造的全部优秀思想，与中国优秀传统文化一样是着力于人类文明大道的学说。“如果不是先有德国哲学，特别是黑格尔哲学，那么德国科学社会主义，即过去从来没有过的唯一的科学社会主义，就绝不可能创立”。[①]“他的学说的产生正是哲学、政治经济学和社会主义极伟大的代表人物的学说的直接继续”。[②]“马克思学说是人类在19世纪所创造的优秀成果——德国的哲学、英国的政治经济学和法国的社会主义的当然继承者”。[③] 作为人类

---

① 《列宁选集》（第1卷），人民出版社1995年版，第313页。

② 《列宁选集》（第2卷），人民出版社1995年版，第309页。

③ 《列宁选集》（第2卷），人民出版社1995年版，第309页。

文明的重要组成部分,马克思主义必须充分吸收中国传统文化中的优秀成分。

马克思主义中国化与中国传统文化现代化之间有密切联系,可以将其理解为同一过程的两个方面。马克思主义中国化实际上就是实现了马克思主义与中国具体实际的结合,吸收传统文化的精华并获得民族形式。中国传统文化通过用马克思主义的立场观点来进行研究发掘,取其精华,去其糟粕,实现中西文化之优点和长处的创造与综合,从而获得新的生命,成为中国特色社会主义新文化。

我们要找准中华民族传统文化中的精华部分,抵制封建主义腐朽思想文化,这就要求我们必须对中国传统文化进行全面深刻的挖掘和科学系统的梳理,在继承中创新,在实践中发展。一要着力发掘传统文化的积极内涵。要用唯物辩证法的两点论进行分析,采取批判继承的态度,深入发掘中国传统文化的民族精神和价值观念,并通过新的诠释和创造性转化,使之与现代社会相适应、与现代文明相协调。中国传统文化所蕴含的民族精神和价值观念,是中华民族生生不息、团结奋进的不竭动力。应努力发掘传统文化中的爱国传统、民本理念以及创新求变、尊老爱幼、崇尚和谐等基本价值理念,并结合新的实践进行深入研究和阐发。二要形成科学的研究方法。自觉运用马克思主义的立场、观点和方法,以科学态度、科学精神、科学方法对传统文化进行系统整理和现代解读,既认识到中国传统文化的博大精深,又对其进行自觉反思和批判分析,“取其精华、去其糟粕”。三要结合时代特征,继承、发扬传统文化中的优秀成分,“古为今用、推陈出新”,努力在承前启后、推陈出新中铸造中华文化的新辉煌。

在推进马克思主义中国化和中国传统文化现代化时,应该培育人们开放兼容的世界眼光,协调马克思主义中国化与中国传统文化现代化之间的关系,保持两者之间的张力,实现两者的良性互动。

二、马克思主义中国化的实践方法论

(一)坚持群众路线

按照历史唯物主义观点,人民群众是创造历史、推动历史的历史主体。中国共产党在长期革命和建设、改革的实践中逐步形成了处理党同人民群众之间关系的群众观点和群众路线,这是我们党坚持和发展马克思主义的一个创造。习近平总书记在党的十九大报告中明确指出,我们党要"践行全心全意为人民服务的根本宗旨,把党的群众路线贯彻到治国理政全部活动之中"。

其一,马克思主义反映了中国人民的根本利益和要求。

马克思主义是无产阶级的世界观与方法论,是无产阶级和广大人民群众认识世界和改造世界的强大思想武器,指引了全世界劳动人民为实现社会主义和共产主义前进的道路。因此,马克思主义能够充分调动群众进行革命和建设的自觉性、积极性和创造性。

马克思主义并不是纯粹的静态理论学说,而是具有很强实践性的理论学说,它总结的辩证唯物主义关于世界发展的基本规律、历史唯物主义关于人类社会发展的一般规律的理论,为我们理解纷繁复杂的社会现象提供了强大的思想武器。掌握马克思主义能够帮助人们把握自我、规范人生,正确理解自我与他人、个人与社会的关系,摆正自己在社会上的位置,对人们树立科学的世界观、人生观和价值观发挥着导向和激励作用。

马克思主义成为我们党的指导思想,并在中国得到广泛传播,其根本原因在于马克思主义准确地反映了中国人民的根本利益和要求,回答了中国革命、建设和改革的问题。毛泽东在谈到马克思主义在中国的传播和影响时指出,"马克思列宁主义来到中国之所以发生这样大的作用,是因为中国的社会条件有了这种需要"。马克思主义所内蕴的价值理想、科学力量、批判精神和实践本性适合于中国革命、建设、改革的需要。因此,马克思主义真正反映了中国人民的根本利益和要求。在当代中国,马克思主义是能够调动人民群众能动性、创造性,使其投身于社会主义现代化建设事业的强大思想武器。

其二,用马克思主义武装人民群众的头脑。

中国共产党始终强调马克思主义在思想层面的重要性,从成立之日起,就把用马克思主义理论武装全党、教育群众作为实现马克思主义与中国革命实际相结合的关键环节和中心任务。

1941 年,毛泽东在延安干部会议上做了《改造我们的学习》的报告,由此,在全党开展了反对主观主义;以整顿学风、反对宗派主义整顿党风和反对党八股以整顿文风的整风运动。纠正了教条主义、主观主义的错误,解决了无产阶级思想和小资产阶级思想、小农思想的矛盾,提高了全党的马克思列宁主义思想水平。这是一次全党范围内普遍的马列主义教育运动,在全党最终确立了实事求是的思想路线。

在我国正式进入建设社会主义时期时,有一部分领导干部的思想政治素质不符合当时发展形势的要求,对此我们党强调要加强对马克思主义的学习,党中央在世纪之交又一次做出了在全国县级以上党政领导班子和干部中深入进行以"讲学习、讲政治、讲正气"为主要内容的党性、党风教育。为进一步加强党的先进性建设、全面推进党的建设新的伟大工程,党中央从 2005 年 1 月开始,用一年半左右的时间,在全党开展以实践"三个代表"重要思想为主要内容的保持共产党员先进性教育活动。在十九大召开后,全国各地开始了新一轮学习热潮,重点学习习近平新时代社会主义思想,提高党员、干部的思想素养,保持自身的先进性。实践证明,这些教育活动收到了较好的效果,广大党员进一步坚定了理想信念,提高了坚持党的基本理论、基本路线和基本纲领的自觉性,增强了党性观念和执政意识,使党的求真务实的光荣传统和密切联系群众的优良作风有了进一步的恢复和发扬。习近平总书记在十九大报告中强调,"全党同志特别是高级干部要加强党性锻炼，不断提高政治觉悟和政治能力，把对党忠诚、为党分忧、为党尽职、为民造福作为根本政治担当，永葆共产党人政治本色”。

我们不仅要用马克思主义武装党员、干部的头脑，还要让人民群众掌握利用马克思主义这一思想武器的正确方法，而最有效的途径就是在全社会开展思想政治。毛泽东、彭湃等人曾举办农民运动讲习所，向广大农民普及马克思主义的理论常识和宣传革命道理，动员和组织农民加入到轰轰烈烈的革命洪流中来。进入新的历史时期以来，党中央坚持围绕党的中心任务开展灵活多样的思想政治工作；利用现代科技，充分发挥电视、广播、报刊、网络等对群众进行宣传，起到教育群众、鼓舞群众的作用；着眼于未来，把学校作为理论教育的重要阵地，加强高等学校“两课”教育，在让马列主义毛泽东思想、中国特色社会主义理论体系进教材、进课堂、进头脑方面取得了显著成效。通过形式多样的思想政治工作，使广大人民群众逐渐掌握马克思主义理论这一斗争武器。

（二）坚持调查研究

在新形势下推进马克思主义中国化主要有三个关键环节。第一，认真学习并掌握马克思主义理论，做到融会贯通，这是前提。如果对马克思主义理论本身的内容和精髓都不熟悉、不精通，后面的环节也就无法开展。第二，全面了解并掌握中国国情、革命和建设的具体实际，如果对国情和实际不了解，“中国化”也就不知道该怎么“化”了。第三，找准马克思主义中国化过程中的结合点。马克思主义理论体系很庞大，中国的实际也很复杂，如果找不到结合点，“中国化”也“化”不好。但这三个环节要做好，哪个环节都离不开调查研究。

其一，调查研究是掌握马克思主义的必要途径。

首先，学习并掌握一门理论知识，一个重要前提就是全面详细地了解并把握这一理论产生的社会背景。要学好、弄通马克思主义，也必须首先要弄懂马克思主义著作的写作背景，把握马克思主义产生的时代根源和历史根源，这就需要做一番周详的调查研究。这方面的调查研究，通常包括如下途径：一是通过对相关文本资料的收集和分析，去把握马克思主义产生的时代背景和发展脉络；二是可以通过亲身的实地考察，了解当地的地理环境、人文环境、气候生态等因素对理论形成的影响；三是可以通过对经典作家的亲属、朋友、各国富有经验的研究者等知情人士的采访，了解理论创立的过程及相关问题。这些方面的措施，实际上都是调查研究的过程。经过这一番调查研究之后，对马克思主义经典著作的理解和认识，就是建立在当时当地实践基础上的。这种实践性的学习方式可以帮助我们克服教条主义和望文生义的毛病，从真正意义上理解并把握一门理论的内涵。毛泽东等中国共产党人在学习马克思列宁主义时，也非常注重对理论所产生的社会背景和当时当地实际状况的调查研究。在抗日战争时期，毛泽东就指出，“马克思列宁主义是马克思、恩格斯、列宁、斯大林根据实际创造出来的理论，从历史实际和革命实际中抽出来的总结论。我们如果仅仅读了他们的著作，但是没有进一步根据他们的理论来研究中国的历史实际和革命实际，没有企图在理论上来思考中国的革命实践，我们就不能妄称为马克思主义的理论家”。[①] 从毛泽东的论述中可以看出，马克思列宁主义是对历史实际和革命实际的抽象表达和综合概括，因此，我们想要真正学习并掌握马克思主义，就必须调查研究理论产生的历史实际和社会背景，这实际上就是一个对抽象的理论总结进行“还原”的过程。而调查研究，就是这种“还原”的手段。

其次，学习并掌握马克思主义必须抓住重点和关键，就是要做到有的放矢。毛泽东对于有的放矢做出过解释，他指出，“‘的’就是中国革命，‘矢’就是马克思列宁主义。我们中国共产党人所以要找这根‘矢’，就是为了要射中国革命和东方革命这个‘的’的”。[②] 为了理解“的”，就必须进行调查研究。周恩来曾经说过，

---

① 《毛泽东选集》(第3卷)，人民出版社1991年版，第814页。

② 《毛泽东选集》(第3卷)，人民出版社1991年版，第801页。

"必须正确地决定问题。首先,要估计环境及其变动,并找出此地此时的特点。其次,要依此与党的总任务联系起来,确定一个时期的任务和方针。再次,要依此方针,规定当前适当的口号和策略。最后,据此定出合乎实际的计划和指示。这一切,必须经过最实际的调查研究,并使这些实际材料与党的原理、原则联系起来"。[①] 毛泽东提出我们需要找"的"而进行调查研究,周恩来指出我们要进行"最实际的调查研究",从中可以看出调查研究在马克思主义学习中的重要性。

其二,调查研究是了解中国国情的必要途径。

推进马克思主义中国化不仅要学习并掌握马克思主义,还需要充分、全面地了解中国国情和客观实际,而要做到这一点也需要开展切实有效的调查研究。一方面,中国国情和实际情况的复杂性决定了调查研究的必要性。从国情方面看,它既包括历史方面的内容,也包括现实中的各个问题。就历史而言,中国是如何由一个封建的王朝国家,走向了近代的民族国家的;君主专制的政治体制是如何向现代政党政治过渡的等,这方面的情况是异常复杂的。就实际情况而言,我们通常都说"人口多、底子薄"是我国的基本情况,那么到底人口有多少,经济发展处于何种水平,人口在性别、年龄、职业等方面的结构如何,对这些极其复杂的情况,不做调查研究,是根本无法把握和了解的。另一方面,中国国情和实际情况的广泛性决定了调查研究的系统性和全面性。中国幅员辽阔,民族众多,中国国情和具体实际涉及的范围很广,不同地区的发展水平参差不齐,人文风俗、生活习性各异,要在这样的背景下进行革命、从事现代化建设和改革,就必须进行全面系统的调查研究,才能避免出现盲人摸象的问题。所以毛泽东说:"许多新接任的工作干部,喜欢一到就宣布政见,看到一点表面,一个枝节,就指手画脚地说这也不对,那也错误。这种纯主观地'瞎说一顿',实在是最可恶没有的。他一定要弄坏事情,一定要

---

① 《周恩来选集》(上),人民出版社1984年版,第129页。

失掉群众,一定不能解决问题”。[①] 另外,由于国情和实际情况总是不断发展变化的,即便是我们在某一阶段全面系统地把握了国情,了解到实际情况,也仍不能忽视调查研究的重要性,因为我们手中掌握的这些情况也会随着时间的推移而过时。

其三,调查研究是找准结合点的必要途径。

马克思主义中国化是将马克思主义的基本原理与中国实际相结合,但是马克思主义理论体系包含的内容十分广泛,并不是所有马克思主义经典作家对于社会问题的论述和理论总结一定适合中国实际。马克思主义是一个庞大的理论体系,如前文所述,恩格斯和列宁将其分为马克思主义哲学、政治经济学和科学社会主义三大块,这每一大块都是对某一个领域或者某些具体问题的论述,而实际中存在的问题也是千头万绪、千变万化,在此种情况下,要将理论与实际相结合,就必须有个结合点的问题。而是否能找准这个结合点,也是对实践主体的考验。

推进马克思主义中国化就必须找准结合点,实现这一目标就需要开展调查研究。在实践中,将马克思主义与中国实际相结合,是不是一下子就可以完成呢?实际上并非如此,它需要一个过程。毛泽东说:“无论何人要认识什么事物,除了同那个事物接触,即生活于那个事物的环境中,是没有法子解决的”。[②]“生活于那个事物的环境中”没有一个过程,根本也就不能实现。在马克思主义中国化的历史进程中,找结合点也是这个道理,“生活于那个事物的环境中”的过程,也就是调查研究的过程。另外,找准结合点并不是一次性便可以完成的,而是需要经过多次反复。对于中国的改革开放,邓小平说要“摸着石头过河”。这里讲的“摸石头”,实际上也包含有调查研究的意思。“摸”就是试探的过程,在“摸”的过程中要是发现了新问题,调查研究也就有了新成果。寻找结合点也是这样,很多时候我们并不能一下就找准,对于这种情况我们只能继续调查、继续研究,经过多次反复后就可以有效

---

① 《毛泽东选集》(第1卷),人民出版社1991年版,第110页。

② 《毛泽东选集》(第1卷),人民出版社1991年版,第286—287页。

拉进主观认识与客观实际之间的距离。

(三)坚持人民利益至上

中国共产党始终代表中国人民的根本利益,其理论、路线、方针和政策等都是围绕人民群众而确立的。马克思主义中国化体现在党的理论思想的各个方面,其中均蕴含着人民利益至上的理念。这从我们党带领人民群众夺取革命胜利、建设社会主义中都可以看到。

1. 中国共产党带领人民开展新民主主义革命

从1921年中国共产党的成立到1949年中华人民共和国的建立,是中国共产党领导中国人民开展新民主主义革命,推翻帝国主义、封建主义和官僚资本主义三座大山,最终实现中国民族独立自主的历史时期。这一历史时期通常又分为大革命、土地革命战争、抗日战争时期和解放战争四个阶段。中国共产党在其中每一个阶段制定的路线、方针、政策、纲领和各项具体工作中,都始终以最广大人民的根本利益为重,全心全意为人民谋福祉。

我们党在革命中始终关心广大人民群众的根本利益,这也是我们党成立的宗旨,在革命中我们党为这个目标不断奋斗。例如,1926年7月在中国共产党中央扩大执行委员会会议通过的政治报告,在分析了革命形势之后,指出了民族运动的两种前途:一是代表工农大众利益的前途;二是代表买办资产阶级利益的前途。中国共产党的任务,就是要争取实现第一种前途。该报告指出,“中国工人阶级要能实际领导这个革命,其最重要的条件,必须代表工农势力的本党成了群众的党,而且有很好的组织,才能够一面尽量扩大工农群众的组织,一面结合国民党左派以抓住小资产阶级,领导此革命到底”。[①] 报告中指出中国共产党代表了工农大众的利益,同时还指出要保持党和人民群众之间的紧密联

---

① 《中共中央文件选集》(第2册),中共中央党校出版社1989年版,第171页。

系，以此代表群众，成为群众的党。另外就是加强党的组织建设。直到1927年5月中国共产党召开的第五次全国代表大会，还通过了《土地问题决议案》《职工运动决议案》等文件，反映了农民、工人等劳苦大众的切身利益。如在《职工运动决议案》（以下简称《决议案》）中提出的“职工运动的新方向”中指出，“要求政府实行高度劳工政策，颁布劳工保护法、工厂法，规定八小时工作制，及最低限度工资等，使工人生活水平线，能随时提高。要求社会保险之实施，救济失业工人，同时要建立工人宿舍、公共食堂等”。[①]《决议案》中所列的这些问题，都与劳动人民的根本利益密切相关。虽然我们党并没有领导人民在这场大革命中夺取胜利，但我们可以看到党对广大人民群众的关怀，看到党对人民群众根本利益的维护。

中国共产党在带领人民进行土地革命时，始终关心工农群体的切身利益，并将其反映到政策纲领中。为了及时总结大革命失败的经验教训，中国共产党在1928年6月开了第六次全国代表大会。这次大会系统地总结了大革命失败的经验教训，批判了右倾投降主义和“左”倾盲动主义的错误。同时，大会明确了当时中国革命的性质仍然是“资产阶级性的民权革命”，提出了党在民主革命阶段的十大政治纲领，分别为：第一，推翻帝国主义的统治；第二，没收外国资本的企业和银行；第三，统一中国，承认民族自决权；第四，推翻军阀国民党的政府；第五，建立工农兵代表会议（苏维埃）政府；第六，实行八小时工作制，增加工资，失业救济与社会保险等；第七，没收一切地主阶级的土地，耕地归农；第八，改善兵士生活，发给兵士土地和工作；第九，取消一切政府军阀地方的税捐，实行统一的累进税；第十，联合世界无产阶级和苏联。[②]从这十条政纲涉及了整治、经济、生活等各方面，从中可以看出中国共产党对广大人民群众的关怀，体现了他们对人民群众的根本利益的关切。到1931年11月中华苏维埃第一次全国代表大会

① 《中共中央文件选集》（第3册），中共中央党校出版社1989年版，第74页。

② 《中共中央文件选集》（第4册），中共中央党校出版社1989年版，第300页。

召开，选举产生了中华苏维埃共和国临时中央政府。这是中国共产党领导成立的代表广大被剥削、被压迫的工农劳苦大众利益的政府。大会通过的《中华苏维埃共和国宪法大纲》明确规定，“中国苏维埃政权所建立的是工人和农民的民主专政的国家”。苏维埃全部政权“属于工人、农民、红军兵士及一切劳苦民众的”。“这个专政的目的，是在消灭一切封建残余，赶走帝国主义列强在华的势力，统一中国，有系统的限制资本主义的发展，进行国家的经济建设，提高无产阶级的团结力与觉悟程度，团结广大的贫农群众在它的周围，以转变到无产阶级的专政”。[①] 通过这些观点和政纲，清晰地划清了当时的中华苏维埃临时中央政府与其他剥削阶级政府之间的界限。

中国共产党奋起抵御日本帝国主义对中华民族的野蛮侵略，即使在炮火中中国共产党也不忘记人民群众的根本利益，将其写入了党的纲领，并在实践中贯彻落实。“七七”事变标志着日本帝国主义全面侵华的开始。在民族危亡的关键时刻，中国共产党始终以人民大众的利益为重。1937 年 8 月中国共产党提出了“抗日救国十大纲领”。在这十大纲领中，中国共产党不仅从全局出发来关心民众的利益，如提出要“打倒日本帝国主义”“改革政治机构”等，而且还将“改良人民生活”列入纲领之中，要求“改良工人、农民、职员、教员及抗日军人的待遇，优待抗日军人的家属，废除苛捐什税，减租减息，救济失业，调节粮食，赈济灾荒”[②]。中国共产党的十大纲领体现了人民生活各个方面，反映了人民利益高于一切的坚定政治理念。同时，中国共产党在建设敌后抗日根据地时，也时刻关怀人民群众的根本利益。例如，1939 年 4 月 4 日陕甘宁边区政府公布的施政纲领也以改善民生为己任，明确提出要“保护边区人民由土地改革所得之利益”，并提出了废除苛捐杂

① 《中共中央文件选集》(第 7 册)，中共中央党校出版社 1991 年版，第 772 页。

② 《中共中央文件选集》(第 11 册)，中共中央党校出版社 1991 年版，第 329—330 页。

税、改善劳动待遇、保育儿童、抚恤老弱孤寡、救济难民、灾民等主张。[①] 中国共产党的这些纲领和举措获得了人民群众的支持，这为抗战的胜利奠定了坚实的群众基础。

到了解放战争时期，中国共产党致力于人民解放，为了广大人民群众的根本利益而斗争，获得了人民群众的支持和拥护。1947 年 10 月中国人民解放军发表《双十宣言》指出，“本军是中国人民的军队，一切以中国人民的意志为意志。本军的政策，代表中国人民的迫切要求”。同日，中国人民解放军颁布“三大纪律八项注意”，要求所有官兵“不拿群众一针一线”。这些爱民的举措，融洽了军民关系。正是这些以人民利益为上的政策纲领，使中国共产党赢得了人民的爱戴。正如毛泽东 1947 年 12 月所指出的那样，“和国民党相反，中国共产党不但在解放区得到最广大人民群众的信任；在国民党统治区，在国民党控制的大城市，也得到了广大人民群众的拥护”。[②] 在解放战争时期，由于中国共产党充分尊重人民，坚持人民利益至上，从而奠定了群众基础，获得了人民支持，最终通过三大战役，解放人民，建立了新中国。

2. 中国共产党带领人民开展社会主义革命和现代化建设

新中国成立后，中国共产党成为中国执政党，党的路线、方针、政策、纲领和各项工作关系到全国发展和广大人民群众的根本利益。从 1953 年开始，中国共产党领导中国人民通过“一化三改造”的社会主义革命，来完成生产资料性质的转变。至于为什么必须进行社会主义革命，当时毛泽东进行了解释，他说，“我们所以必须这样做，是因为只有完成了由生产资料的私人所有制到社会主义所有制的过渡，才利于社会生产力的迅速向前发展，才利于在技术上进行革命，把在我国绝大部分社会经济中使用简单的、落后的工具和农具去工作的情况，改变为使用各类机器直至

---

① 陕西省档案馆，陕西省社科院：《陕甘宁边区政府文件选编》（第 1 辑），档案出版社 1986 年版，第 211 页。

② 《毛泽东选集》（第 4 卷），人民出版社 1991 年版，第 1256 页。

最先进的机器去工作的情况，借以达到大规模地出产各种工业和农业产品，满足人民日益增长的需要，提高人民的生活水平”。[①]这段话很清楚地说明，中国共产党领导中国人民进行社会主义革命，目的还是为了更好地发展生产力，以满足人民各方面的利益需求。到1956年底，随着“三大改造”的完成，中国共产党领导中国人民成功地在中国建立了社会主义制度，一个社会主义大国俨然屹立于世界东方。

以邓小平为核心的第二代中央领导集体致力于中国的改革开放，建设和完善中国特色社会主义，在这个时期，我们党不仅重视经济复苏，还强调人民利益。1981年，中共十一届六中全会通过的《关于建国以来党的若干历史问题的决议》指出，“党是阶级的先进部队，党是为人民的利益而存在和奋斗的，但是党永远只是人民的一小部分；离开人民，党的一切斗争和理想不但都会落空，而且都要变得毫无意义”。在开辟中国特色社会主义道路的历史进程中，中国共产党还制定了党在社会主义初级阶段的基本路线和基本纲领。1987年召开的中共十三大通过的《沿着有中国特色的社会道路前进》的报告，第一次系统地论述了社会主义初级阶段的问题，指出这是建设有中国特色的社会主义的首要问题，并以此为立论基础，论述了中国共产党在这一阶段的基本路线和基本纲领。这些路线和纲领也都体现了中国最广大人民的根本利益。邓小平十分重视人民利益，他提出应该将“是否有利于提高人民的生活水平”这一因素作为衡量和判断我国各项建设事业的一个标准，这就突出体现了党对人民利益的关切。

习近平总书记在党的十九大报告中指出，“要坚持在发展中保障和改善民生。增进民生福祉是发展的根本目的。必须多谋民生之利、多解民生之忧，在发展中补齐民生短板、促进社会公平正义，在幼有所育、学有所教、劳有所得、病有所医、老有所养、住有所居、弱有所扶上不断取得新进展，深入开展脱贫攻坚，保证全

① 《毛泽东文集》(第6卷)，人民出版社1999年版，第316页。

体人民在共建共享发展中有更多获得感,不断促进人的全面发展、全体人民共同富裕”。

正因为我们党始终坚持人民利益高于一切,才奠定了党的群众基础,才为推进马克思主义中国化提供了良好的基础和条件,同时,坚持以人民为中心也是推进马克思主义中国化的有效手段。

(四)马克思主义中国化、时代化与大众化推进

马克思主义中国化、时代化、大众化是一个相互联系、不可分割的统一整体。在这个有机统一体中,中国化是核心,是统领时代化和大众化的总原则、总要求;时代化是关键,是展现中国化和大众化科学性和先进性的重要标识;大众化是基础,是拓展中国化和时代化深度与广度的重要途径。大力推进马克思主义中国化、时代化、大众化,就要紧紧围绕中国化这个核心,牢牢抓住时代化这个关键,不断夯实大众化这个基础,实现三者整体全面推进,深化协调发展。

一方面,实现马克思主义中国化、时代化与大众化的整体推进是加强和巩固马克思主义指导地位的必然要求。

马克思主义是实践性的理论体系,而不是僵化的、凝固的、封闭的教条主义理论,马克思主义之所以可以保持先进性就是因为它的开放和与时俱进。马克思主义要发展,就必须与中国国情相结合、与时代相结合、与群众相结合,也就是必须中国化、时代化、大众化。离开了中国化、时代化、大众化,马克思主义就无法在实践中发挥指导作用,就无法被广大人民群众所掌握、变成改造自然和社会的力量。对于我国来说,马克思主义的指导地位是在长期革命、建设和改革的实践中历史地形成并不断得到巩固的,同样,马克思主义也是在长期指导革命、建设和改革的实践过程中不断得到发展,从而实现中国化、时代化、大众化的。

另一方面,实现马克思主义中国化、时代化与大众化的整体推进,也是保持马克思主义旺盛生命力提出的必然要求。

马克思主义具有与时俱进的理论品质，马克思主义的与时俱进归根到底在于实践。马克思主义不仅在实践中产生，而且必须随着实践的发展而发展。马克思主义随着实践发展，实际上就是把马克思主义在实践中中国化、时代化、大众化，就是坚持用马克思主义立场、观点、方法正确把握当今世界大势，正确把握社会主义初级阶段基本国情，正确把握改革开放实际，及时总结党领导人民创造的新鲜经验，不断做出新的理论概括，使马克思主义随着世情、国情和党情的变化而变化、随着时代的进步而进步，用发展着的马克思主义掌握群众、指导新的实践。这样，马克思主义才能永葆生机和活力。

第三节 马克思主义中国化的基本经验

一切思想理论都有其规律，马克思主义中国化也具有其自身独特的规律，这体现在马克思主义中国化过程中的各个方面。为了进一步推进马克思主义中国化，我们必须总结以往的经验教训，按照其规律实现未来的创新和发展。

一、坚持党的领导

推动马克思主义中国化需要同时满足一定历史客观条件和主观条件，其中主观条件就是指需要杰出领袖人物，让他们成为时代精神、民族精神的代表。他们能够尊重实践、尊重群众，敏锐地把握时代发展的脉搏和契机，时刻关注最广大人民的利益和愿望，善于概括群众的经验和创造。既继承前人又突破陈规，表现出开辟新道路的巨大政治勇气和开拓马克思主义中国化新成果的理论勇气。马克思主义中国化是党成立以来最具有决定性意义的历史任务，党的各届领导核心势必处于马克思主义中国化的前沿和中心位置。由于他们在党内所处的核心领导地位，从毛泽东到邓小平、江泽民、胡锦涛、习近平，都必然成为马克思主义中国化的最主要推手和实践者。

马克思主义中国化在理论和实践上都获得了巨大成就，这并不是完全依靠党的领导人的个人努力达成的，而是集合了党中央的集体智慧。毛泽东思想就是党的第一代中央领导集体的智慧结晶。其中，刘少奇、周恩来、朱德、邓小平、陈云、张闻天、王稼祥等人，都对马克思主义中国化、对毛泽东思想的形成做出了重要贡献。同样，邓小平理论的形成也与党的第二代中央领导集体的智慧分不开。当然，马克思主义中国化作为党的集体事业，是继往开来、薪火相传的，这一点也体现在党的后一个中央领导集体对党的前一个中央领导集体的理论贡献的系统总结、深刻阐述和全面发展中。

习近平总书记指出，新时代中国特色社会主义建设中应该继续坚持党的领导。对此，他在党的十九大报告中明确指出，“中国特色社会主义进入新时代，我们党一定要有新气象、新作为。打铁必须自身硬。党要团结带领人民进行伟大斗争、推进伟大事业、实现伟大梦想，必须毫不动摇坚持和完善党的领导，毫不动摇把党建设得更加坚强有力”。这是我们推进马克思主义中国化、实现中华民族伟大复兴中国梦的必要基础条件。

二、加强马克思主义与中国优秀传统文化的有机结合

马克思主义理论体系是与时俱进的思想理论体系，随着世界历史发展到现代化阶段，马克思主义理论也必须实现现代化。中国传统文化历史悠久、内涵丰富。随着历史的发展，传统文化也进行了扬弃。马克思主义在中国与中国传统文化的碰撞，摩擦出重重火花。也正是这种火花照耀了马克思主义中国化的光明大道。马克思主义理论本身与中国传统文化的结合是马克思主义得以在中国传播、得以中国化的必要条件和重要体现。

马克思主义和中国传统文化形成的时间、地点都不相同，但

是在本质上却具有一定共通之处。虽然这两种思想因为所处环境不同有不一样的语言表述，但是在未来社会构想、实践、创新等方面的内涵一致。在对未来社会的构想上，共产主义社会是马克思和恩格斯的构想。在那时财富平均、按需分配、阶级剥削被消灭。天下为公的大同构想在古代中国由来已久。如此看来，中国本有一种社会主义的学说。在对实践的态度上，马克思主义在批判继承黑格尔和费尔巴哈观点的基础上，强调实践是认识的来源。中国历来讲求具体问题具体分析，实事求是。在创新意识上，马克思主义坚持创新，理论本身处于不断完善之中，正因为如此，在中国才有了中国化的马克思主义。在中国，创新是时代精神，是民族进步的灵魂。从两者结合的已有成果看，马克思主义中国化的两大理论成果都是两者结合的产物。实践也已经证明了成果的科学性和有效性。在中国化理论成果的指导下，中国走过革命、改革，正在建设社会主义的道路上顺利前行。

在当前的社会背景下，我们推进马克思主义中国化必须重视与中国优秀传统文化的有机结合，在这个领域实现马克思主义的理论与实践创新。以生态思想为例，中国传统文化中强调万物一体、人与自然统一的和谐思想。马克思主义虽没有关于生态思想的专门论述，但在马克思的多篇著作中，可总结一二。马克思认为人与自然是辩证统一的，统一的结局就是和谐。由此可见，在生态思想上，马克思主义与中国传统文化也有相似之处。我们可以通过马克思主义与中国传统文化的结合，推动社会主义生态文明建设。这样，既利于马克思主义理论作用的发挥，又适合于中国的实际情况。

习近平总书记十分重视传统文化，他提出，“文化是一个国家、一个民族的灵魂。文化兴国运兴，文化强民族强。没有高度的文化自信，没有文化的繁荣兴盛，就没有中华民族的伟大复兴”。而传承和发展中国优秀传统文化是建立并巩固一个民族的文化自信的基础。习近平总书记在会见第四届全国道德模范及提名奖获得者的讲话中强调，“中华文明源远流长，孕育了中华民族的宝贵精神品格，培育了中国人民的崇高价值追求。自强不息、厚德载物的思想，支撑着中华民族生生不息、薪火相传，今天依然是我们推进改革开放和社会主义现代化建设的强大精神力量”。他在山东进行考察时提出，“一个国家、一个民族的强盛，总是以文化兴盛为支撑的，中华民族伟大复兴需要以中华文化发展繁荣为条件。对历史文化特别是先人传承下来的道德规范，要坚持古为今用、推陈出新，有鉴别地加以对待，有扬弃地予以继承”。中华民族5000多年悠久的历史形成了中国人为人民服务的意识，张思德、雷锋的故事我们耳熟能详；培养了中国人吃苦耐劳的精神，焦裕禄、王进喜等光荣榜样的事迹我们如数家珍；练就了中国人勇于创新的本领，毛泽东、邓小平等领袖人物的成就我们至今受益。可以说，没有中华民族优秀的传统文化或者抛弃这些文化，中华民族的未来就令人担忧。

三、加强马克思主义中国化的理论和实践创新

与时俱进是我们党的路线方针，是推进马克思主义中国化的基本规律，必须不断在理论和实践上的创新和发展，保证马克思主义中国化的时代性、先进性。

与时俱进的本质就是符合所处社会发展阶段的实际要求，也就是说，我们要保证党的全部理论和工作体现时代性，把握规律性，富于创造性。体现时代性，就要用宽广的眼界观察当代中国和世界，把握和平与发展的时代主题与国际局势新变化的关系，把握经济全球化的利弊和科技革命日新月异的趋势，为坚定地走和平发展道路提供依据，为社会主义的长治久安提供借鉴。把握规律性，就要把尊重社会发展的规律与尊重人民的历史主体地位统一起来，把坚持为崇高理想奋斗与为最广大人民谋利益统一起来，把坚持完成党的各项工作与实现人民利益统一起来，深化对共产党执政规律、社会主义建设规律以及人类社会发展规律的认识。富于创造性，就要直面现实的矛盾，依据对时代、形势的科学

分析和对客观规律的正确把握，适时地进行实践创新和理论创新。这三性之间是一种辩证统一的关系，体现时代性是前提，把握规律性是核心，富于创造性是目的。

其中，党的理论和实践与时俱进的一项重要内容是理论创新。我们党的领导人始终重视理论创新工作，将其作为一项党和国家建设的重点工程。2011 年，胡锦涛在“七一”讲话中指出，在新的历史条件下坚持马克思主义，关键是要及时回答实践提出的课题，为实践提供科学指导。我们要准确把握世界发展大势，准确把握社会主义初级阶段的基本国情，深入研究我国发展的阶段性特征，及时总结党领导人民创造的新鲜经验，重点抓住经济社会重大问题做出新的理论概括，永葆科学理论的旺盛生命力。习近平总书记在提及创新时也讲，“明者因时而变，知者随事而制，惟创新者胜；生活从来不眷顾因循守旧、满足现状者，从不等待不思进取、坐享其成者，而是将更多机遇留给善于和勇于创新的人们”。提高创新能力，要有逢山开路、遇河架桥的意识，有探索真知、务实求真的态度，为了创新创造而百折不挠、勇往直前，不断积累经验、取得成果。

理论创新应该以实践为基础，它引导社会发展和变革在各个方面和领域逐步推进，我们应该以理论创新为先导，指导和推动制度创新、科技创新、文化创新以及其他各方面的创新，为各个方面的创新提供指导。要使党和国家的事业不停顿，首先理论上不能停顿。实现理论创新，必须自觉地把思想认识从那些不合时宜的观念、做法和体制中解放出来，从对马克思主义的错误和教条式的理解中解放出来，从主观主义和形而上学的桎梏中解放出来，使我们的思想和行动更加符合社会主义初级阶段的国情和时代发展的要求。

开展理论创新必须坚持正确的方向和思想方法，同时要让理论创新与实践创新相互促进、共同发展。离开了对实践过程中出现的新情况、新问题的研究，理论创新就无从谈起。理论创新是为了研究新情况，解决新问题。正如习近平总书记在中共中央政治局第20次集体学习时所强调,“要学习掌握认识和实践辩证关系的原理,要根据时代变化和实践发展,不断深化认识,不断总结经验,不断实现理论创新和实践创新良性互动”。

创新并不是凭空创造,而是要有现实基础,因此,理论创新和一切工作的创新都要坚持求真务实。求真务实,就是不断求我国社会主义初级阶段基本国情之真,务坚持长期艰苦奋斗之实;求社会主义建设规律和人类社会发展规律之真,务抓好发展党执政兴国的第一要务之实;求人民群众的历史地位之真,务发展最广大人民根本利益之实;求共产党执政规律之真,务全面加强和改进党的建设之实。

四、坚持走中国特色社会主义道路

(一)中国特色社会主义道路以中国基本国情为出发点

中国的基本国情主要表现在三个方面。

第一,中国有庞大的人口规模和广阔的国土面积。中国的人口数量接近14亿,国土面积达到960万平方公里。要解决十几亿人口的贫困和发展问题,必须以经济建设为中心,这是“硬道理”。

第二,中国是社会主义国家,推行的是社会主义制度,现在正处于社会主义初级阶段。既是社会主义,又是初级阶段,既确定我国社会的根本性质,又确定我国社会主义的发展程度,两者的辩证统一,准确地反映了发展着的中国国情。这可以说是最重要的中国国情,由此决定了中国这条现代化道路既不同于西方现代化模式,不同于“华盛顿共识”,又不同于原来的“苏联模式”。

第三,中国具有5000年的悠久历史,中国推崇和平、和谐,不主张对外扩张侵略、抢占殖民地。“和为贵”“不战而屈人之兵”是中华民族的民族精神和民族智慧。正是从中国这种基本国情出发,中国走出了一条独特的社会主义现代化道路,这是一条和平崛起、和平发展的道路，它根本不同于原来社会主义苏联的“苏联模式”或“斯大林道路”；也有别于西欧、北欧的社会民主主义或民主社会主义道路；更不同于西方历来的现代化道路。

在当前复杂多变的国内外形势下坚持中国特色社会主义道路，就必须始终立足中国基本国情，要明确中国仍处于社会主义初级阶段的现实。改革开放以来，我国各方面建设取得了一定成绩，综合国力显著提升，但我国的社会发展仍没有脱离社会主义初级阶段这一长期基本国情，社会生产力需要进一步的解放和发展，人们的物质文化需求也并没有得到满足。必须清晰地认识到，虽然我国在社会、经济、政治和文化等各个方面都获得了不错的发展，但仍然处于社会主义初级阶段，并在较长一段时间内都处于这一阶段。

（二）坚持独立自主与对外开放相结合

40余年来中国特色社会主义道路的重大特征之一就是坚决捍卫国家主权和利益，保证社会主义中国经济的独立自主性，绝不依附于其他国家或国际财团。

随着经济全球化的不断推进和深入，我国也越来越多地参与到这一发展趋势中，而参与经济全球化的一个最基本、最关键的前提就是坚持独立自主。在经济全球化的背景下，世界各国之间的经济联系愈加紧密，在这样的环境和条件下，中国发展必须联系世界发展。从历史实践中我们就可以看出，关起门来搞建设是不可能成功的，尤其是对于我国这样的人口大国来说更是如此。因此，推进我国的现代化建设必须改革开放。新时期最鲜明的特点是改革开放。改革开放改变了我国的市场开放状态，实现了我国从封闭或半封闭到全方位开放。在改革开放的背景下，我国抓住了经济全球化的机遇，积极主动地参与国际市场。虽然以中国为代表的发展中国家已经在国际市场上获得了一定地位，但需要注意的是这一次经济全球化仍然是西方发达国家主导的经济全球化，这不仅为发展中国家带来了机遇，同时也带来了挑战，因此，对于发展中国家是否应该积极主动地参与进去存在一定争议。但我国显然选择了主动参与，我们积极争取加入了世贸组织，积极参与到经济全球化中。我们党总结经验、结合实际，深刻地认识到在保持独立自主的前提下，积极扩大对外开放，参与全球经济合作，是中国实现跨越式发展的重要途径。

党中央根据我国发展实际，提出了统筹国内国际“两个大局”的战略思想，在这一战略思想下，我国可以在保持独立自主地建设中国特色社会主义的同时，有机融入经济全球化的国际发展大趋势，有效利用了国外资金、技术和先进管理经验，开拓了国内和国际两种资源和两个市场，在全球竞争中趋利避害，努力实现互利共赢，这对中国走出一条和平崛起、和平发展的新道路，意义匪浅。所以，国外有学者认为，中国是这一轮经济全球化的最大受益者之一。面对 20 世纪后期到 21 世纪上半叶出现的新一轮经济全球化，中国既不妄自尊大，关起门来干；也不妄自菲薄，甘当附庸，完全依附外国，依附西方，把自己的经济命脉、有关国计民生的行业、企业和财政金融，交到或受控于外国人手里，像拉美和东欧一些国家曾经做过的那样，完全受制于人。对中国这样一个发展中国家来说，要在经济全球化竞争中生存和发展，必须始终在总体上保持自己的自主性，主要依靠自己的力量发展经济等各项事业。对此，我国有极清醒的认识。这是这条道路、这一模式成功的重要原因之一。

英国媒体针对中国的发展情况指出，中国正在坚定不移地致力于改革和实验，并通过经济特区这种形式来验证各种创新观念。中国的外交政策彰显着对国家边界和利益的强烈保护情感。正因为中国推行的一系列政策，使中国不断发展而不必依附于像世界银行、国际货币基金组织、跨国公司等机构或美国政府。英国乔舒亚·库伯·拉莫在其《北京共识》一书中指出，“‘北京共识’是一项多方位而且得到充分论证的安全观的革命，它至少给人们一种希望：每个国家都可以凭借自身的实力成为强国。也许不足以统治世界，但至少能做到自主自决。中国正在指引世界其他一些国家在有一个强大重心的世界上保护自己的生活方式和政治选择。这些国家不仅在设法弄清如何发展自己的国家，而且还想知道如何与国际秩序接轨，同时使其能够真正实现独立。北京共识的部分吸引力在于其适应了人们对全球化的普遍担心，提供了另一条道路，根据这条道路，要融合全球的观念必须先积极地衡量这些观念是否适应当地需要”。几百年来，许多国家想求得发展与安全、独立，但不断看到过于依赖发达国家提供援助的发展模式均以失败告终。中国所发生的一切，无疑对当今多数发展中国家具有极大的吸引力。

中国共产党的一个显著政治优势就是始终坚持独立自主、走自己的路，这同时也是我们党的一个鲜明特征。在我们党的领导下，中国革命走了自己的独特道路，同样，到了中国建设时期也在不断探索和完善自己独立自主的发展道路，从而产生了自己的独特主权地位。这是中国道路、中国体制不同于苏联体制及中亚、拉丁美洲和东亚模式的一个显著特点。新中国成立前后的“反帝”斗争和后来与苏共的公开论战，是完成中国政治性格向主权性和高度独立自主性转变的最基本要素。中国通过中苏论战摆脱了两党之间的宗主关系，在此基础上摆脱了中苏两国之间的宗主关系，从而形成了新的独立性模式。在这一政治性主导下形成的国民经济体制也是高度独立自主的，这是中国改革开放道路形成的前提。从 20 世纪 70 年代末开始的中国改革来看，它是一个有着内在逻辑的自主性的改革，而非被动改革，这与苏联解体、东欧剧变不一样，与后来的东欧、中亚的各种“颜色革命”不一样，与“茉莉花革命”“阿拉伯之春”也截然不同。

（三）坚持走和平崛起、和平发展之路

习近平总书记在十九大报告中强调，“中国共产党是为中国人民谋幸福的政党，也是为人类进步事业而奋斗的政党。中国共产党始终把为人类做出新的更大的贡献作为自己的使命。中国将高举和平、发展、合作、共赢的旗帜，恪守维护世界和平、促进共同发展的外交政策宗旨,坚定不移在和平共处五项原则基础上发展同各国的友好合作,推动建设相互尊重、公平正义、合作共赢的新型国际关系”。

中国一直强调和平,中国的发展并不只是科学发展,同时还是和平发展。纵观近代各国的发展史,中国的和平崛起之路是从未有过的崭新模式。中国和平发展是历史的必然选择。中国走和平发展道路,这是中国政府和人民继承中华文化的优秀传统、根据时代发展潮流和自身根本利益做出的战略抉择,是中国发展的内在需要,也是社会主义中国向国际社会和世界人民做出的郑重承诺。中国的发展既关乎中国人民的根本利益,也同世界的和平与发展密切关联。和平发展道路的核心思想是中国的发展从根本上说主要依靠自身的力量和不断改革创新。中国绝不走历史上一些国家刀光剑影的发展道路;不通过殖民主义掠夺他国资源发展自己;不走当年德国、日本采取军国主义途径、依靠发动大战来重新瓜分世界的道路;也不走苏联霸权主义在所谓“世界革命”幌子下搞超级大国争霸和争夺势力范围的道路;我们也不把自己发展中的问题与矛盾转嫁别国;中国将来即使富强了,也永远不称霸,永远不搞侵略扩张。这就是说中国一方面通过维护世界和平实现了自身的发展,另一方面通过自身的发展进一步促进了世界和平。中国和平发展对内主张发展、和谐,对外主张合作、和平。这一道路的和平发展的价值诉求,不仅集中反映了中国社会主义制度的优越性和本质要求,也深刻体现了深厚的中国历史文化传统的价值内涵。

爱好和平是中华民族的传统美德,是构成中华民族精神的重要组成部分。在5000年的中华文明史中,中国曾经是世界上最强大的国家,但是也没有为了扩张版图侵略其他国家。中华人民共和国成立近70年来,中国不仅没有发生内战,也没有对外发动战争(与苏联、印度、越南的局部自卫反击战除外),没有到海外抢占殖民地或建立军事基地,没有制造金融危机,没有出现中国的难民潮。在中国的现代化、工业化、城镇化进程中,中国出现的所有问题都自行消化解决，没有给任何人制造麻烦。中国也不谋求颠覆现行国际体系，而是现行国际体系的参与者、建设者和贡献者。那种认为中国崛起后必将谋求打破和颠覆现行国际体系、另起炉灶、同西方对抗的说法是站不住脚的。当然，国际体系并不是永远不变的，在未来这一体系很可能进行改革。同时，中国必须坚持奉行防御性的国防政策。中国有辽阔的领土和绵长的边界线，陆地边界长达 2.2 万多公里，大陆海岸线长达 1.8 万多公里。中国面临复杂多样的传统与非传统安全挑战，受到分裂势力和恐怖主义的威胁。因此推进国防现代化又是中国合理的国家安全需求，是中国实现和平发展的必要保障。总之，中国 13 亿人 56 个民族和睦相处，与世界和谐相处，保持了近 70 多年的稳定与发展，特别是过去 40 余年的快速增长，GDP 居世界第二的位置，给世界创造了前所未有的发展机遇，对人类的和平和发展做出了前所未有的巨大贡献，这是难能可贵的。这就是中国当代和平发展、和平崛起之道路。中国坚持走和平发展之路，就是坚持科学发展、自主发展、开放发展、和平发展、合作发展、共同发展。

五、加强中国青年的马克思主义理论教育

马克思主义中国化的过程实际上也是进行马克思主义理论教育的过程。在社会中开展马克思主义理论教育，是为了帮助人们树立正确的马克思主义信仰，掌握马克思主义方法，运用马克思主义进行实践。马克思主义理论传播和理论教育两者关系密切，相辅相成。

从中国的历史实践中可以看出，青年在马克思主义传播中始终是骨干力量，在马克思主义传播中起着主导和支配作用，不管是资产阶级改良派、革命派，还是早期马克思主义者中都是如此。梁启超在宣传马克思主义时年仅 20 多岁，李大钊当时也是 20 岁出头的青年，早期留日学生李达、李汉俊等，也才刚刚 20 岁。他们在积极传播马克思主义时都是年轻的热血青年，就是这些青年

最先开始在中国传播马克思主义。通过他们,更多的青年了解认同马克思主义。这样,更多的人加入传播马克思主义的队伍中。马克思主义理论的传播促进了马克思主义的理论教育,而理论教育也有助于马克思主义的传播。

青年正处于人生的最好时期,正如毛泽东所说,“你们青年人朝气蓬勃,正在兴旺时期,好像早晨八九点钟的太阳”。青年接受新知识的速度快,学习新知识的能力强。同时他们也正处于价值观形成时期,正确“三观”的确立,使人受益匪浅。相较老年人、壮年人,青年学成后,对社会的贡献也是最大的。但今天的青年存在的问题也是最多的,拜金、攀比、懒惰、心理承受能力差等问题层出不穷。更有甚者,部分青年对马克思主义信仰产生了质疑。

加强青年的马克思主义理论教育也是推进马克思主义中国化的重要工作内容,因为只有将中国青年培养成坚定的马克思主义者,才能让他们成为推进马克思主义中国化的重要力量。中国共产党自成立以来,一代代年轻的马克思主义者前赴后继,把社会主义建设推向更高阶段。历史的经验告诉我们:青年是中国共产党的后备军,是中华民族伟大复兴和社会主义现代化建设的主导力量,与中国梦的实现息息相关。

在青年群体中开展马克思主义理论教育是一项庞大复杂的系统工程,这需要我们消耗很多精力和时间才能完成。首先,为保证青年学习的主动性和积极性,要加强理论自身建设,形成马克思主义中国化发展新成果。用发展的理论教育青年。其次,加强青年对经典理论的学习。研读经典,从经典中吸取智慧的精华,使青年把马克思主义转化为内在信仰。最后,理论的学习必须落实到实践中。青年要养成乐于实践的习惯,把书本中学到的知识,通过自己的实践应用,进行验证,从而得出自己的新理论。从理论到实践再到理论,形成良性循环。

马克思主义中国化并不是永远处于静止状态的,而是随着时代的发展而不停发展的,马克思主义中国化必须符合中国社会发展的具体实际。马克思主义中国化是中国共产党人的伟大创造,而在时代发展中，中国共产党人的一项重要而长期的使命就是不断推进马克思主义中国化的继续发展。中国共产党在长期的革命斗争中形成了善于总结经验和理论创新的优良传统。总结马克思主义中国化的规律与启示，有助于推进党的领导下马克思主义的传播及其与中国实践的结合，有助于加强新形势下中国化马克思主义的发展，有助于加速中华民族伟大复兴中国梦的实现。

马克思主义中国化是中国共产党人的伟大创造，是为中国带来革命、建设和改革胜利的重要法宝，对包括马克思主义中国化的思想路线、马克思主义中国化的方法和马克思主义中国化的基本经验等问题的阐释和探究可以使我们更好地推进马克思主义中国化的发展。

第四章 马克思主义中国化的历史演进和理论成果

中国共产党领导中国革命、建设和改革的过程，就是把马克思主义基本原理运用于中国实际、探索中国规律、创立适合中国情况的中国化马克思主义的过程。自中国共产党领导的新民主主义革命开始，马克思主义中国化已走过了将近一个世纪的征途，并形成了一系列理论成果。

第一节 中国近代社会发展与马克思主义中国化

在探索中国特色革命道路并将革命引向胜利的过程中，马克思主义中国化取得了重大理论成果——毛泽东思想。毛泽东思想的产生、形成和发展，在每一个历史阶段都有其显著的特点，指引着中国革命和建设工作取得一个又一个胜利。

一、毛泽东思想的产生、形成和发展

(一)诞生时期(1921—1927 年)

1921 年 7 月，中国一些先进知识分子受到马克思主义的洗礼，同时震撼于十月革命苏俄取得的伟大胜利，这些知识分子开始探寻救国救民的道路，在组建中国共产党之后，依托组织，进行了激烈的革命斗争，在党的一大、二大上确立了中国革命的最高纲领和最低纲领。李大钊、陈独秀、瞿秋白、周恩来等同志在

开展工人运动的同时，还对马克思主义理论进行了深入研究，将马克思主义理论在工人群众中进行了普及和宣传。之后，党的主要领导人，包括李大钊、陈独秀、毛泽东、瞿秋白、周恩来等以马列主义为指导对中国革命进行研究，解决了一系列重大思想理论问题。诸如，其一，关于中国社会的性质和中国革命的任务。在马克思主义指导下，毛泽东对当时中国革命的主要任务进行了深入分析，其认为中国社会革命的主要任务是在马克思主义理论的指引下反帝反封建。其二，关于中国革命和世界革命的关系。在这个问题上，李大钊、蔡和森等都已经认识到中国革命是世界革命的一部分。其三，关于无产阶级领导权和工农联盟问题。1925 年，中共四大明确地指出了无产阶级领导权问题，并且提出了工农联盟的思想。其四，关于资产阶级的区分和统一战线。陈独秀、瞿秋白等对中国资产阶级进行过研究，认为中国资产阶级可分为“革命的”和“非革命的”甚至“反革命的”几种类型。中共四大明确地将中国资产阶级划分为买办官僚资产阶级和民族工业资产阶级两部分。中共二大提出了统一战线的问题，中共三大正式决定同中国资产阶级政党——国民党建立统一战线。其五，关于武装斗争问题。中国共产党人参加了以北伐战争为中心内容的武装斗争，周恩来等在武装斗争方面已有精辟的论述。其六，在对中国革命综合研究方面，毛泽东作出了独特的贡献。这一时期，毛泽东发表了《国民党右派分离的原因及其对于革命前途的影响》《中国社会各阶级的分析》和《湖南农民运动考察报告》等重要著作，对分清敌友的重要性、中国革命的领导力量、中国革命的敌人、盟友、前途等重大问题，做了概述，给中国革命指出了明确的方向。这是毛泽东思想开始萌芽的重要标志。

（二）基本形成时期（1927—1935 年）

毛泽东思想基本形成于土地革命的前期和中期，这个时期是以毛泽东为代表的中国共产党人发动武装起义、开展土地革命、创建农村根据地、开辟革命新道路的时期。

土地革命时期，一些共产党人将马克思主义教条化，将苏联经验神圣化，这使中国共产党人开始思考适合于中国的革命道路，在这期间，毛泽东发表了《中国的红色政权为什么能够存在》《井冈山的斗争》《星星之火，可以燎原》《反对本本主义》《怎样分析农村阶级》等著作，对中国红色政权存在的原因和条件，人民军队建设和作战的原则，土地革命的阶级路线和土地分配方法，政权建设等问题进行了全新的、深入的理论思考和丰富的实践探索。

首先，革命新道路理论的形成。其主要确立了农村包围城市、武装夺取政权的革命道路。其次，确立了党对军队的绝对领导，从政治上、组织上奠定了新型人民军队的基础。再次，土地革命理论的形成。革命斗争促进了土地革命运动的发展，积累了土地革命运动的经验，土地革命理论日益成熟。最后，党的思想路线的提出。毛泽东始终注重调查研究，坚持从实际出发，灵活运用马克思主义。

把武装斗争、土地革命、建立革命政权三者密切结合起来是毛泽东运用马克思主义理论的重要成果，标志着毛泽东思想的初步形成。

（三）思想成熟时期（1935—1945 年）

毛泽东思想在土地革命后期和抗日战争时期逐渐达到成熟。在遵义会议确立了毛泽东在党内的领导地位之后，这为毛泽东思想的成熟与发展奠定了基础。毛泽东能够站在制高点上领导中国革命，进行中国革命政策及理论的发展指导。在长征途中以及抗日战争的过程中，艰苦的环境及革命的挫折越发使毛泽东总结革命经验教训，发掘中国革命的规律，为革命的进行提出了具有较高价值的指导意见，此外，中国共产党人理论素养的提升及思想观念的端正也为毛泽东思想的成熟奠定了基础。李达、艾思奇、胡绳等一批觉悟高的共产党人对毛泽东思想的认同，对马克思主义的坚信,一方面使毛泽东思想及马克思主义基本原理得到宣传与推广,如艾思奇的《大众哲学》销量高、影响大,10多年连续出版了32版,是一个文化界的奇迹。这部著作是一部完整的马克思主义哲学教科书,促进了人们无产阶级哲学思想的形成,这是马克思主义大众化的一个典型与代表。此外,在党内通过开展整风运动使党员的马克思主义理论水平得到了提升,为毛泽东思想的发展提供了条件。在此期间,毛泽东进行了大量的理论研究,撰写了许多理论著作,包括《中国革命战争的战略问题》《抗日游击战争的战略问题》《战争和战略问题》《实践论》《矛盾论》《论持久战》《(共产党人)发刊词》《中国革命和中国共产党》《新民主主义论》《统一战线中的独立自主问题》《目前抗日统一战线中的策略问题》《论政策》《整顿党的作风》《在延安文艺座谈会上的讲话》《关于领导方法的若干问题》《论联合政府》等。这些著作内容丰富,从军事战略、哲学、党建等方面,提出了毛泽东自己的理论,形成了体系化的理论构架,主要包括以下几个方面:一是毛泽东哲学思想体系逐渐完善,这为中国革命、建设提供了科学的世界观和方法论。二是对中国战争规律进行了深入分析与挖掘,形成了人民战争思想和完备的军事理论;三是在新民主主义革命的实践基础上,将革命经验总结、升华为新民主主义革命理论论。四是深入剖析抗日战争中的经验、教训,发展了统一战线理论;五是完善和发展了党的建设,特别是思想建设的理论;六是提出了文化艺术工作的方针,形成了比较系统的文艺理论。1945年,中共七大正式确立了毛泽东思想在全党的指导地位。

(四)继续发展时期(1945—1956年)

解放战争的胜利及新中国建立等新的实践为毛泽东思想的进一步充实和发展提供了新的素材与内容。在这一时期,毛泽东又写下了大量的理论著作,包括《集中优势兵力,各个歼灭敌人》《论人民民主专政》《抗战胜利后的时局和我们的方针》《革命的转变和党在过渡时期的总路线》《在资本主义工商业社会主义改造问题座谈会上的讲话》《论十大关系》等。

这些著作主要涵盖了以下方面的内容与思想：政策和策略的理论、人民民主专政理论、军事建设原则、新民主主义向社会主义转变的思想、社会主义改造的理论、社会主义工业化道路理论、社会主义民主政治建设、执政党建设理论。这些思想正确地指导了解放战争和中国社会主义革命。

（五）曲折发展时期（1957—1978 年）

在中国建设社会主义是前无古人的伟大事业，所以，中国共产党人面临着新形势的考验。在这一时期，毛泽东也进行了理论研究，形成了一些成果，包括《关于正确处理人民内部矛盾的问题》《组织力量反击右派分子的猖狂进攻》《1957 年夏季的形势》《反对官僚主义，克服“五多五少”》《加强对技术革新和技术革命运动的领导》《学习马克思主义的认识论和辩证法》《关于三个世界划分问题》等，这些著作主要阐述了以下思想：其一，正确区分和处理人民内部矛盾理论；其二，阶级斗争理论；其三，反修防修、培养无产阶级革命事业接班人理论；其四，经济建设与四个现代化理论；其五，注重马克思主义理论学习，用无产阶级世界观武装全党理论；其六，坚持为人民服务的宗旨、保持党的优良作风理论；其七，维护党的团结统一、严格贯彻民主集中制原则并加强党内外监督理论；其八，三个世界划分理论，等等。在这些理论中，有些是正确的，如关于正确区分和处理人民内部矛盾的理论，三个世界划分理论；有些是不正确的甚至是错误的，如阶级斗争理论；有些欠成熟，有待完善，如经济建设与四个现代化理论，反修防修、培养无产阶级革命事业接班人理论，等等。

总的来说，中华人民共和国成立后，国内开始进行社会主义革命和社会主义改造，在贫困落后的国家建立社会主义，逐渐探索出了适合中国国情的社会主义改造和社会主义建设的道路和理论，这些理论也发展成为毛泽东思想的一部分。

二、毛泽东思想的理论体系

（一）新民主主义革命理论

1. 新民主主义革命理论的形成和发展过程

中共一大完成了党的组建，党纲的颁布等任务，确立了党的性质是无产阶级政党，明确决定中国共产党对资产阶级私有制的抵制，同时对党的组织形式采取“苏维埃”的形式，即实行代表会议和代表大会制度，这次会议表明了共产党实现共产主义坚定的政治立场，虽然会议对党的性质与革命对象有了明确规定，但实际上对革命形式的认识还不是很深刻，没有将民主革命和社会主义革命区别开来。

1922 年，中共二大召开，中共二大在一大的基础上，根据革命形势和中国政治经济状况，制定了党的最高纲领和最低纲领，大会认为党的最高纲领是废除私有，通过武装斗争的方式达到革命的目的，并以此建立一个共产主义的社会。党的最低纲领是打倒军阀，重建国内和平，推翻帝国主义的压迫和剥削，使中华民族重回独立状态，最后，统一中国为真正的民主共和国。二大对最低纲领和最高纲领的区分是革命目的上的一个进步，但这还不等于革命的两步走，还没有认识到如何把握革命的领导权，主导革命的问题，即无产阶级要牢牢把握革命领导权的问题。虽提出了建立民主联合战线的原则，但仍搞不清社会各阶级在民主革命中的地位及其关系。党的三大提出联合各阶级致力于反帝反封建的斗争，制定了同国民党建立民主联合战线的策略，但多数人还没有意识到要把握革命领导权的问题，甚至认为革命的领导权属于资产阶级，可以说，“四大”以前，党对如何实现革命统一战线，如何把握革命领导权的问题还是比较模糊的。1923 年陈独秀在《资产阶级的革命与革命的资产阶级》《中国国民革命与社会各阶级》等文章中，开始提出二次革命的思想，认为在积贫积弱的中国，首先应进行争取民族独立和人民民主的国民革命，即资产阶级革命，之后再进行社会主义革命。但陈独秀只看到了民主主义革命和社会主义革命的区别，而未看到两者之间的联系，所以，他认为资产阶级专政国家的建立是民主主义革命的目标，这无形中就放弃了资产阶级对民主革命的领导权，这种思想，导致了大革命的失败。

针对陈独秀的错误，当时，邓中夏、瞿秋白、李大钊等提出了无产阶级领导权的思想，而且在工人运动情绪日益高涨的形势下，如何更好地领导工人运动，如何更好地进行组织工作和群众工作是党需要解决的问题，在这种情况下，党的四大召开，一方面对党内右倾主义错误进行了批判，另一方面，对无产阶级领导权的问题进行了深入的理论概括，大会认为无产阶级虽然力量比较弱小，但是在革命中却排在首位，中国的民主革命，只有在无产阶级的领导下，才能取得胜利。在中共四大召开前后，恽代英、周恩来、毛泽东等一大批共产党人积极探索新民主主义革命的理论问题。这些先进知识分子和共产党人的主要观点有：自耕农与佃农是农民中最多数、最困苦的阶级，真正与一切统治阶级利害完全相反的，只有农民与工人，劳工阶级在国民革命的过程中要日益取得重要地位，以至指导权等。毛泽东发表的《中国社会各阶级的分析》对于无产阶级领导权等中国革命一系列重要问题，做了精辟独到的论述。

中国共产党人深刻反思大革命失败的原因，确立了新的斗争方式，即要通过武装革命的方式对国民党进行抗争。

以毛泽东为代表的中国共产党人以追求真理为人生信念，以实事求是为做事风格。在国民党对其的绞杀中，选择向敌人力量薄弱的农村地区进发，在井冈山建立红色政权，组建武装队伍，进行游击战争，有力地推进了新民主主义革命向前发展。

在抗战时期，中国共产党带领人民群众进行了反帝、反殖民统治的斗争。1939 年，毛泽东在《中国革命和中国共产党》一文中首次提出了新民主主义革命的概念，并以此为基点，构建了新民主主义革命理论。

抗战胜利后，国民党发动内战，在与国民党争取全国政权的斗争中，新民主主义理论得到进一步的完善。1948年毛泽东在晋绥干部会议上的讲话中，将新民主主义革命的实质完整表述了出来，即“无产阶级领导的人民大众的反帝反封建的革命”。之后，毛泽东对新民主主义革命的内容进行了论述。

2. 新民主主义革命理论的内容

在马克思主义中国化的历史进程中、在毛泽东思想形成时期，“什么是新民主主义革命？怎样进行新民主主义革命？”是贯穿其始终的课题。新民主主义革命道路怎么走，在马列著作中并没有现成答案，需要中国共产党人自己摸索，以毛泽东为首的中国共产党人将中国革命与中国实际进行了结合，创造性地回答了这一问题，形成了“农村包围城市”的革命道路，通过创建农村革命根据地，进行武装斗争，使革命力量一步步发展壮大。无产阶级领导权的确立，工农联盟的组建，统一战线的实现，在抗日战争和解放战争中，这些策略和方法都产生了重要作用。

新民主主义革命的性质不是无产阶级的社会主义革命，而是资产阶级民主主义革命，这主要是由中国当时的社会性质及革命任务决定的。但中国的资产阶级革命不同于旧式的资产阶级革命，主要原因有以下几个：一是在十月革命之后，世界格局转变，中国革命被划分为世界无产阶级的社会主义革命阶段。二是革命领导权的归属不同，由于中国无产阶级掌握领导权，无产阶级领导大众进行反帝反封的革命运动，所以，无产阶级在革命中发挥着中流砥柱的作用。三是，革命的目的不是要建立资本主义社会，而是要建立社会主义社会。所以，这也是我国的新民主主义革命的特别之处。

新民主主义革命的总路线是“无产阶级领导、人民大众、反对帝国主义、封建主义和官僚资本主义的革命”。

新民主主义革命是无产阶级领导人民大众，目的是反对帝国主义、封建主义和官僚资本主义，其中，新民主主义领导的是无产阶级，新民主主义革命的主力是工人阶级、农民阶级、城市小资产阶级和民族资产阶级，新民主主义的革命对象是帝国主义、封建主义、官僚资本主义。其中，在革命的主力中，工人阶级是最有觉悟和最想革命的，农民阶级则是无产阶级最可靠的同盟军，无产阶级和农民有着密切的联系，两个阶级之间有很强的流动性。民族资产阶级虽具有两面性，但可充分利用其革命性的一面，将其吸引至革命运动中来。中国新民主主义革命组成阶级联盟的原因就在于革命对象势力的强大，帝国主义虎视眈眈、封建势力顽固抗争、封建官僚腐败无能等，这都造成了中国发展的阻碍，所以，要将这三座大山推倒，需要更加强大的力量，显然，单凭无产阶级的力量是不够的。

新民主主义革命由纲领与目标指引，主要包括新民主主义政治纲领、经济纲领、文化纲领等。新民主主义政治纲领，主要包括新民主主义革命对国体及政体的设想，即要建立一个由工人阶级领导的、以工农联盟为基础的统一战线的国家。这种国家制度适合当时中国国情，为人民群众所渴望，这种政权形式与人民民主专政的政治制度相适应。新民主主义的政治纲领，在实践中指引着新民主主义政治建设。

新民主主义的经济纲领，是中国共产党在新民主主义革命时期的经济主张和斗争目标。它的主要内容是实行土地改革，没收封建阶级的土地归农民所有；没收官僚资本，把官僚资产阶级的垄断资本归新民主主义的国家所有；保护民族工商业。这三大经济纲领与军事战略、政治策略互相配合，指导着新中国成立前后的革命和建设事业，是中国共产党制定经济政策的基础。

新民主主义文化是新民主主义政治、经济的折射和反映。新民主主义文化的主要内容是对帝国主义、官僚主义、封建主义的批判，目的是消除腐朽落后的思想，使进步、团结、向上、奋进、反抗、解放等积极的思想得以传播，使中华民族精神得到弘扬，使广大民众团结一致进行革命运动。总之，要形成一种人民大众的、反帝反封建的、民族的、科学的、大众的文化。

新民主主义革命纲领和思想路线是对客观规律的反应，是建设规律、革命规律、军事斗争规律、文化发展规律的反映，在新民主主义革命时期，曾发挥着重要的指导作用。

关于中国新民主主义革命的基本经验。毛泽东指出，统一战线问题，武装斗争问题，党的建设问题，是我们党在中国革命中的三个基本问题，是中国共产党在中国革命中战胜敌人的三个主要的法宝。

以三大法宝为主要内容的中国革命基本经验，极大地丰富了新民主主义理论体系，使其具有更为鲜明的创造性。

（二）社会主义改造理论

1. 新民主主义社会向社会主义社会的过渡

新中国的成立标志着新民主主义革命的胜利，中国进入了新民主主义社会，但新民主主义主义社会只是一个过渡性质的社会，其发展方向是社会主义社会。在新中国成立后不久，中国开始进行社会主义革命，毛泽东也提出了新民主主义向社会主义过渡的理论，对新民主主义革命理论进行了推进和升华，解决了新民主主义社会如何过渡到社会主义的问题。在此期间中央领导人对如何过渡、何时过渡的认识也经历了转变，主要表现为从先进行工业化再一举过渡到建设与改造并举、彻底完成新民主主义革命起即开始过渡的思想转变。

1953 年，毛泽东将过渡时期的总路线和总任务完整表述为，“从中华人民共和国成立，到社会主义改造基本完成，这是一个过渡时期。党在这个过渡时期的总路线和总任务，是要在一个相当长的时期内，逐步实现国家的社会主义工业化，并逐步实现国家对农业、手工业和资本主义工商业的社会主义改造”。其实质是要在中国建立社会主义所有制为唯一经济基础的社会。

2. 从新民主主义社会向社会主义社会过渡的条件

一是政治条件。新中国成立,广大人民群众对党的拥护与爱戴十分强烈,各族人民建设新中国的愿望尤其迫切,中国人民对社会主义充满期待,无产阶级领导的人民政权在人民心中具有权威性和合法性。

二是经济条件。1949—1952 年,国营工商业的经济比重不断上升,开始超过私营工商业,并成为国家经济的主导。这为过渡路线的提出和施行提供了坚实的经济后盾和物质条件。

土地革命后,为了抵御自然灾害的侵袭以及提高生产效率,一些农民认识到合作化是一个有效的途径,一些以土地入股为特点的生产合作社开始出现,这为国家提出过渡时期总路线提供了重要依据。

中华人民共和国初期,国家通过加工订货、经销代销、统购包销、公私合营等形式改造资本主义,这就在工商业中奠定了过渡的基础。

三是思想文化条件。新中国成立后,在着手进行经济恢复的同时,也进行了思想文化方面的改造工作,主要就是清除帝国主义、封建主义的思想文化残留,确立社会主义意识的主导地位,以马克思主义的、文明的、大众的文化统一人民的思想,为社会主义建设提供精神支撑。

3. 社会主义改造的道路

社会主义改造的出发点和目的是消灭私有制,毛泽东从中国的实际出发,提出了符合国情的理论和方针政策,开辟了一条有中国特色的社会主义改造道路。这条道路是通过以下途径实现的。

对资产阶级实行和平赎买。和平赎买是一种以不流血的方式进行的革命,主要通过团结、教育与改造的方式。在实际改造过程中,采取比较人性化的方式,对资本家的利益和需要进行照顾，通过赎买的方式将资本家的生产资料变为社会主义国家所有，将资本主义私有制变为社会主义公有制。这是从中国特殊的历史条件中产生的，既符合马克思主义原则又对工人阶级有利的政策。

对资本主义工商业的改造主要是国家资本主义在起作用，国家资本主义和和平赎买是一个问题的两个方面，和平赎买是内容，国家资本主义是形式，国家资本主义是一种无产阶级能够控制和利用的资产阶级，其目的是为了直接过渡到社会主义。在改造过程中，中国创造性地提出了多种改造方式，如加工、订货、统购、包销、全行业公私合营等。这是中国对国家资本主义理论的发展与创新。

对个体农业和手工业实行合作化。落后的农业和手工业难以支撑工业化的发展要求。毛泽东根据马克思主义关于对农民的私有制不能剥夺的原理，提出了对农业进行社会主义改造的理论和方针政策。

国家对农业采取了积极引导、稳步前进的方针，并采取了过渡形式，将发展农业生产和改造农业生产关系结合起来，逐步实现农业的机械化和现代化。在农业改造过程中，对不同的阶级成分采取了不同的政策，主要是依靠贫农、巩固团结中农，限制并逐步改造富农。农业的社会主义改造具有重要的意义，5 亿多的农民走上了社会主义道路。农业生产关系实现了变革，个体所有制向社会主义集体所有制转变，促进了我国经济结构的变革和社会主义改造事业的发展。

我国对手工业的改造也采取了积极引导、稳步前进的方针，通过耐心说服教育、典型示范和国家援助的方式，引导手工业者自愿联合起来，从而提高了手工业劳动生产效率、扩大了生产规模、适应了国家经济建设和人民生活的需要。

社会主义改造与社会主义建设并举。社会主义改造与社会主义建设是相辅相成的。社会主义改造与社会主义建设同时进行，实际上是社会主义革命道路的特色。这个方针是符合客观规律的。在农业上贯彻执行这个方针，就是既要抓好农业合作化，又要不失时机地抓好农业生产。同理，在其他方面也是如此。

（三）人民民主专政的理论

人民民主专政的理论是与社会主义革命和社会主义建设紧密地联系在一起的重要理论。1949 年 6 月，毛泽东发表了《论人民民主专政》一文，全面系统地阐述了“人民民主专政”思想。

毛泽东对人民民主专政的内涵做了界定，认为人民民主专政就是“对人民内部的民主方面和对反动派的专政方面”的“结合”，其认为人民民主专政的建立是由中国的社会性质和阶级结构决定的。半殖民地半封建中国的阶级结构也决定了革命胜利后建立的只能是人民民主专政的政权。对人民实行广泛的民主，对敌人实行专政，这是人民民主专政的基本政治职能。推动经济的恢复与发展，大力发展社会生产力，逐步对生产资料私有制进行社会主义改造，这是人民民主专政的基本经济职能。在人民民主专政中，工人阶级处于领导地位，农民和城市小资产阶级是工人阶级的同盟军。毛泽东对民主与专政的辩证关系也进行了深入阐述，这有助于我们对人民民主专政形成深入认识，从而更好地坚持这一国家制度。

（四）执政党建设的理论

毛泽东认为党的建设是一项伟大的工程，中国共产党人应该以马克思列宁主义为指导，以中国革命实践为基础，不断丰富和发展马克思主义建党学说。以毛泽东为代表的中国共产党人对马克思主义建党理论的丰富和发展主要表现在以下几个方面。

首先，党是社会主义事业的领导核心。中国共产党是无产阶级的先锋队，秉持着人民利益至上的原则，积极为广大人民群众谋福利，中国共产党成为社会主义事业的领导核心是历史必然。

中国共产党在成为执政党以后，其领导地位得到增强，中国共产党不仅是要领导某一方面、某一领域，更是要领导一切，这一思想在毛泽东的《论人民民主专政》一文中得到体现，其认为中国共产党应该领导工、农、商、学、兵、政、党这七个方面，对一切问题拥有核心领导权。在实际行动中，毛泽东对动摇共产党领导地位的行为和举动绝不姑息，如在匈牙利事件发生后国内一些人别有用心地要求施行西方两党制，毛泽东对这一错误思想进行了批评，认为两党制是资产阶级维护自身利益的一种手段和工具，不可能对无产阶级的利益及自由权利进行保障和维护。

其次，执政党的建设要围绕经济建设进行。执政党建设的根本方向和任务是进行经济建设，党的建设要紧紧围绕党的任务来进行是一贯原则，社会主义改造完成以后，党的工作重心就转移到了经济建设上来了，党的八大更是明确指出，国内的主要矛盾是人民日益增长的文化需求同落后的生产力之间的矛盾，大力发展生产力才是党的主要任务。

毛泽东不仅指出了党的建设的中心任务，而且对如何实现这一中心任务进行了阐述。

一是要加强认识，即要各级领导干部和广大党员充分认识到经济建设的重要性，只有这样才能激发其建设热情，才能保证党的建设任务的顺利完成。毛泽东认为只有很快地恢复生产，才能更好地巩固政权。

二是全党要学会做经济工作，并且要做好、做专。毛泽东指出，经济工作我们还不熟悉，但形势强迫我们必须将不熟悉的工作做好，我们必须增强学习，拜行业内专家为师，认认真真、老老实实地学习。

三是要处理好一切关系，调动广大人民群众的建设热情。1956年毛泽东在《论十大关系》中强调要处理好关系国计民生的十大关系，如重工业与轻工业、农业的关系，沿海与内地的关系，国家、集体与个人的关系等，该思想对经济发展做出重大贡献。

再次，执政党要和腐败做斗争。无产阶级掌握政权以后，如何避免腐化堕落，这是毛泽东在建国前后一直思考的问题。为此，其提出“务必使同志们继续保持谦虚谨慎、不骄不躁的作风，务必使同志们继续保持艰苦奋斗的作风”。

新中国成立之初，党内又进行了“三反”运动，将党内贪污、浪费和官僚主义的作风和行为进行了彻底批判和清查。

执政党内要保持高度的团结、统一。民主革命时期，我们处于敌人的包围、绞杀之中，为了更好地防范与进攻，一些地方组织具有较大的自主权。在中华人民共和国成立之后，一些领导干部还没有完全转变思想，对维护党的团结统一的认识不够。之后，我们党多次进行党性教育，深化党员干部对党的团结统一重要性的认识。

最后，健全和完善民主集中制。民主集中制是我们党的基本组织制度和领导制度，党的八大上明确提出和处理了民主集中制建设面临的三大问题：一是正确解决组织与党员的关系问题、党的上下级组织之间的关系、党的中央组织与地方组织之间的问题，党的领导机关要经常聆听党员的意见与建议，党的下级组织要及时向上级汇报工作，这样，才能上下沟通，形成合力。二是党的各级组织要坚持集体领导的原则。三是各级领导同志要摆正位置，不能搞个人突出和个人歌功颂德的举动。

（五）文化理论

马克思、恩格斯和列宁除对文化的性质、文化与政治、经济的辩证关系进行阐述之外，还对无产阶级文化的工作方针进行了指示。其主要思想是第一，正确对待人类历史的文化遗产，对待的态度主要是批判、继承、革新、创造。第二，无产阶级在掌握政权之后，要积极进行文化建设，以满足广大人民群众的需要。第三，文化建设要经历一个较长的时期，不能急于求成。毛泽东就是运用这些原理来解决党的文化工作方针问题的。

毛泽东文化思想成熟于抗日战争时期，主要代表作有《新民主主义论》和《在延安文艺座谈会上的讲话》。以毛泽东为代表的中国共产党人根据马克思列宁主义基本原理及中国革命实践的需要,创造性地发展了文化建设理论,其主要内容包括:一是对文化地位及作用的阐述,毛泽东对文化的作用进行了深刻认识,认为文化对经济、政治具有反作用,要重视文化的功能,在大力发展经济及物质生产活动的同时,充分发挥文化、教育等的"改造社会"的作用,毛泽东解释了文化的本质,并阐述了文化与政治、经济的辩证关系,解决了马克思主义文化理论的基本理论问题。二是对文化性质的界定,毛泽东认为超阶级的文化是不存在的,文化为一定的阶级服务,反映一定阶级的利益。文艺为政治服务、文艺为工农兵服务,文化的发展及文艺的兴盛应该与广大人民群众的需要结合起来。文化应成为团结、教育人民,打击、消灭敌人的有力武器。

以毛泽东为主要代表的中国共产党人,将马克思列宁主义的文化理论运用于中国文化建设中出现的问题的解决,并提出了理论和对策。在这方面,毛泽东对马克思列宁主义的发展与超越,主要表现在他依据中国的现实状况和历史经验,独具匠心地提出了发展中国新文化的"三化"方向、正确对待中外文化遗产的"两用"原则以及发展社会主义艺术和科学的"双百"方针。这些都是崭新的、带有鲜明的中国特色的理论、方针和政策。

1. 发展中国新文化的"三化"方向

在新民主主义文化纲领中,毛泽东将新民主主义文化的本质和要求概括为"民族的、科学的、大众的文化",新民主主义文化作为无产阶级领导的文化,以马克思主义为发展指导,以无产阶级及中国共产党为阶级基础,这种文化还不完全是社会主义性质的,但与无产阶级具有紧密的联系。在《反对党八股》中,毛泽东又再次提出文化的"民族化、科学化、大众化"的问题。"三化",就是发展中国新文化的基本方向。

民族化是指反对帝国主义的压迫,注重民族独立和民族尊严的文化，同时，从形式上，文化要根据民族的特点，把握民族实际，向人民群众喜闻乐见的形式发展。

科学化是指文化的内容要实事求是、主张科学的思维方式和逻辑，反对迷信和愚昧。

大众化是指文化要为广大劳苦大众服务，维护广大人民群众的利益，并且文化发展要采取广大人民群众喜闻乐见的形式。

“三化”文化方针虽然是作为具有特殊性质的中国新民主主义革命的文化纲领而明确提出的，但其在今天仍然具有指导意义。

2. 对待中外文化遗产的“两用”原则

如何对待中外文化遗产，是毛泽东文化建设思想中的一个重要方面，其提出“古为今用，洋为中用”的原则，即对待中国文化遗产要批判地继承，对待国外文化要批判性的吸收。这个原则是根据文艺发展规律提出的，对文化建设具有重要的指导意义。

文化艺术在民族范围内的继承性。毛泽东对中国文化遗产进行了高度评价，认为中国文化源远流长，博大精深，中国文化一直是宝贵财富，需要我们不断地去学习，中国共产党人更是要对中国的过去进行深入了解，对中国的经济、政治、文化史等进行深入研究，这样才能建设好中国的未来。毛泽东虽然重视中国文化、历史的价值，但绝对不主张复古主义。抗战时期就有人鼓吹尊孔读经，推崇复古，毛泽东对这种倾向进行了批判，其认为文化遗产必须要变为自己的东西，要与时代不断发展，简单、固守一些旧的思想是没有益处的，传统文化中的糟粕还是要剔除，传统文化中的精华需要我们保留、发扬和创新。

毛泽东在批判复古主义的同时，对否定中国传统文化的虚无主义也进行了抨击，尤其是五四时期，一部分知识分子对封建文化和思想进行猛烈抨击的同时，对中国传统文化采取了一种全盘否定的态度，这种割裂历史的做法是不可取的，要知道，新事物孕育于旧事物中,中国文化的向前发展是要有基础和根基的,对过去的全盘否定是对中国文化向前发展的一种阻碍,应该看到新旧事物之间的继承与发展,充分发挥出文化的继承性。“古为今用”不是照抄,不是复古,而是有革新,有创造,这才是正确的继承。

文化艺术在各民族之间的相互影响。各民族之间的文化艺术产生着相互影响的作用。从中华民族文化的视角,我们对待外国文化,既不能盲目排外,也不能全盘吸收。要取其精华、去其糟粕。“洋为中用”就是反映这个客观规律和这种正确态度的又一个马克思列宁主义的方针和原则。

“两用”作为一个完整的方针,是毛泽东独特的中西文化思想的集中体现。

3. 发展社会主义艺术和科学的“双百”方针

1956 年 4 月 28 日毛泽东在中央政治局扩大会议上明确提出了“百花齐放、百家争鸣”的文化建设方针。

“百花齐放、百家争鸣”,符合文艺和科学发展的规律,文学艺术本就流派纷呈,各有千秋,应秉持着让不同风格、不同流派自由发展的态度,让艺术界和学术界自由讨论艺术和学术中的是非问题,这样,艺术和学术才能持续繁荣,才能为广大人民群众提供丰富的文化艺术产品,学术之树才能长青。

第二节 改革开放新时期与马克思主义中国化的新境界

改革开放新时期,我国明确了走中国特色社会主义道路,开辟了社会主义建设的新阶段。中国特色社会主义是我国社会主义革命和建设时期历史经验的科学总结,是中国由贫穷落后走向富强繁荣的必由之路。这一时期为马克思主义中国化开拓了新境界,形成了中国特色社会主义理论体系。

一、中国特色社会主义理论体系形成的历史轨迹

(一)初现萌芽(1956 年底社会主义制度确立到 20 世纪 60 年代初)

1956 年,我国社会主义制度刚刚确立,毛泽东等中央领导人从中国的国情出发,对我国的社会主义建设道路做出了有益的探索,主要是中共八大关于发展社会生产力,实现国家工业化的正确论述;毛泽东《论十大关系》中关于正确处理重工业和轻工业、农业关系的思想,以及 l961 年又进一步提出的按农、轻、重的顺序安排国民经济和“以农业为基础,工业为主导”的国民经济总方针;周恩来、陈云关于既反保守又反冒进,在综合平衡中稳步前进的经济建设方针;毛泽东、周恩来、陈云关于中央向地方分权、扩大企业自主权,在所有制、生产和流通方面实行“三个主体、三个补充”等经济体制改革方面的新思索;毛泽东《关于正确处理人民内部矛盾问题》等文中,关于加强民主政治建设,以调动一切积极因素,把我国建设成为一个强大的社会主义国家的重要思想;等等。这些有益的探索虽然还没有突破以商品经济为核心的传统社会主义模式,但是,这些思想所焕发出的绚丽光彩,它所产生的社会效应,却在历史上刻下了印痕,对以后的社会主义现代化建设,对社会主义理论向更高层次的升华提供了起跳点。

(二)形成雏形(1978 年 12 月中共十一届三中全会的召开到 1982 年 9 月中共十二大前后)

这一阶段,我们党在指导思想上完成了拨乱反正的任务,顺利实现了历史性的伟大转变,以邓小平为首的中共中央在全面开创社会主义现代化建设的新局面这一思路上,认真总结十一届三中全会以来崭新的社会主义建设实践经验,“在新的历史条件下坚持和发展了毛泽东思想”[①],形成了有中国特色的社会主义理论

① 《十二大以来重要文献选编》(上),人民出版社 1986 年版,第 7 页。

的雏形。这集中体现在:第一,邓小平在十二大开幕词中向全党明确提出了建设有中国特色社会主义的任务。第二,中共十二大政治报告对建设有中国特色的社会主义的基本内容做了初步的揭示。[①]

(三)构成轮廓(中共十二大到1987年10月召开的中共十三大前后)

这一时期,以邓小平为代表的中国共产党人经过反复探索,总结新中国成立30多年来的经验,在研究国际经验和世界形势的基础上,发展了十二大时我们党对社会主义再认识的一系列科学理论观点,使中国特色的社会主义理论构成轮廓。这期间,主要贡献有两点:一是对中国特色社会主义理论几个突破性的问题做了深入的阐述,如邓小平关于"社会主义阶段的最根本任务就是发展生产力"[②]的论述。二是中共十三大政治报告对中国特色社会主义理论的内容做了概括。[③]

---

① 中共十二大政治报告具体指出:我国首要的任务是把社会主义现代化经济建设继续推向前进;把全部经济工作转到以提高经济效益为中心的轨道上来,同时不断巩固和完善经济管理体制方面已经实行的初步改革;在坚持国营经济主导地位的前提下,促使多种经济形式的适当发展;正确贯彻计划经济为主、市场调节为辅的原则,自觉利用价值规律,运用价格、税收、信贷等经济杠杆引导企业实现国家计划;实行对外开放,按照平等互利的原则扩大对外经济技术交流;努力建设高度的社会主义精神文明;努力建设高度的社会主义民主等。

② 邓小平:《建设有中国特色的社会主义(增订本)》,人民出版社1987年版,第5253页。

③ 十三大政治报告中对于中国特色社会主义理论内容的解释:解放思想,实事求是,以实践作为检验真理的唯一标准;建设社会主义必须根据本国国情,走自己的路;我国建设社会主义必须有一个很长的初级阶段;社会主义社会的根本任务是发展生产力;社会主义经济是有计划的商品经济;改革是社会主义社会发展的重要动力,对外开放是实现社会主义现代化的必要条件;社会主义民主政治和精神文明是社会主义重要特征;坚持四项基本原则同坚持改革开放的总方针这两个基本点相互结合、缺一不可;用"一个国家、两种制度"来实现国家的统一;执政党的党风关系到党的生死存亡;按照独立自主、完全平等、互相尊重、互不干涉内部事务的原则,发展同外国共产党和其他政党的关系;和平与发展是当代世界的主题。

(四)正式形成(中共十三大到1990年12月召开的十三届七中全会)

中共十三届七中全会在《中共中央关于制定国民经济和社会发展十年规划和"八五"计划的建议》中,对有中国特色的社会主义理论给予了全面的、完整的概括,说明有中国特色的社会主义理论已基本形成了一个科学体系,成为人们遵循的行动指南。通过考察中国特色的社会主义理论从躁动、孕育,到提出以至系统化的历史发展过程,我们不难看到,它是与我国社会主义现代化建设及改革开放的实践紧密联系着的,是与新时期政治战线、思想战线的斗争紧密联系着的,是正反两方面经验的深刻总结,是以邓小平为代表的中国共产党人集体智慧的结晶。

二、中国特色社会主义理论体系

(一)邓小平理论

1. 邓小平理论产生的历史条件

一方面,国际关系格局和世界形势的深刻变化,要求中国调整对外政策。

第二次世界大战后,世界的两极格局被打破,逐渐向多极化方向发展,世界主题已由过去的战争与革命转变为和平与发展。和平与发展成为时代主题的国际形势,迫切要求中国在理论认识上要有所突破,在实践上有所创新,而且理论与实践相呼应。这时,西方发达资本主义国家在战后新技术革命的推动下相继进入现代化的高级阶段。在我们周边,韩国、中国台湾、中国香港、新加坡等已崛起,号称亚洲"四小龙",成为令人瞩目的新兴工业化经济体,这不能不引起中国领导人对中国政治、经济、文化体制的深思。

而20世纪70年代后期,社会主义在同资本主义的经济竞争中明显处于劣势，长期被社会主义国家（特别是中国）搬用的苏联模式的弊端已暴露无遗。而随着世界经济政治格局的变化，苏联和东欧国家没有做出有力的调整和改革，从而导致这些国家在20世纪60年代以后经济增长率不断下降，在同西方资本主义国家的经济军事竞争中陷入了十分被动的境地。苏联和东欧国家的现状，引起了邓小平等中国领导人的关注和深思。中国的改革开放和有中国特色的社会主义现代化建设，正是在这种国际形势下兴起的。

另一方面，中国经济、政治发展中的矛盾日益突出，要求制定新的施政方针。新中国成立后，中国共产党对如何建设社会主义进行了艰苦的探索。毛泽东根据当时中国的客观情况开辟了一条适合中国特点的社会主义改造道路，使社会生产力得到发展，人民生活水平有了提高。社会主义改造基本完成后，社会主义经济制度在中国基本确立。为了打破西方国家对我国实行经济禁运和封锁，中国向苏联寻求援助，并学习苏联的社会主义建设经验，采取高度集中的计划经济体制。在这种体制下，社会主义工业化建设取得了一定的成就，奠定了社会主义工业化的初步基础。但是，这种体制只是短期效应，并不能适应中国长期的发展。1956年，苏共二十大的召开和“波匈事件”的发生，引起了毛泽东等中央领导人的警觉。随后，中国领导人开始探索中国式的社会主义建设道路。邓小平认真总结经验教训，从而创造了邓小平理论。

2. 邓小平理论的科学体系

邓小平理论是主要回答了什么是社会主义，如何建设社会主义的问题。在这个问题的基础上，邓小平发展出了中国特色社会主义道路，并认真回答了这个问题，形成了中国特色社会主义道路、社会主义本质、发展动力、发展模式和祖国统一的问题。其内容主要包括以下几方面。

一是建设有中国特色社会主义道路问题。

十一届三中全会之后，邓小平对当时的时代主题与国际形势进行了全面的分析，在总结国内外社会主义建设的经验教训之后，根据当时中国发展的实际状况，提出了要“建设有中国特色的社会主义”的理论观点。

所谓的中国特色社会主义，是邓小平在将马克思主义与中国社会实际情况相结合的情况下所提出的，其不仅符合社会主义的发展要求，同时也与中国的国情相适应。在当时的国情下，社会经济发展不发达，人民的生活困苦，因此走中国特色社会主义道路的首要目标就是要发展经济，增加人民的收入，提高人民的生活水平，实现共同富裕。在社会发展初期，想要在国内推行新的社会主义道路是极为不易的，只有满足了人民在各方面的需求，人民的生活得到改善之后，他们才会真正从内心深处支持和拥护“走中国特色社会主义道路”。中国在实行改革开放之后，无论是在经济还是在文化方面都产生了巨大的变化，并在后来的发展中取得了一系列的成果。从我国社会发展的历史实践上表明，走中国特色社会主义道路是我国人民发展经济和社会的正确选择，只有这样才能避免在未来的发展中避免更多的错误，也只有这样才符合我国的国情，才可以带领人民实现共同富裕，并最终实现中国民族的伟大复兴。

二是社会主义发展阶段问题。

恩格斯认为，对社会主义发展阶段的划分，不可能永远是固定不变的，其必须要根据社会的实际发展情况，灵活地运用马克思主义。俄国在爆发十月革命之后，在社会主义建设的初期，列宁曾提出，在当时经济状况较差的俄国，不可能马上建设“发达的社会主义”，只能是从“初级形式的社会主义”开始发展。此次列宁对社会发展阶段的理论，为未来我国社会主义建设的发展提供了宝贵的经验。

中国共产党在召开的十一届三中全会中进行了激烈的讨论，对当时我国社会发展的现状进行了总结和分析，指出当时的中国正处于社会主义初级阶段，并将长期处于社会主义初级阶段。对当前社会中狐疑发展形式的正确判断，是对确定社会主义处于哪一个发展阶段的重要标准。中国共产党在认真分析马克思主义理论之后,并对我国及其他国家的社会主义发展情况进行全面分析之后,从而最终确定我国正处于社会主义初级阶段。

中国第十三届全国代表大会在1987年召开,中国共产党人在报告中总结了中国正处于社会主义初级阶段的基本形势,并对国家在社会主义初级阶段的发展方向和发展目标进行了概括,这标志着社会主义初级阶段的理论在我国正式形成。

三是社会主义的本质问题。

邓小平指出,想要真正理解社会主义的本质,首先要对社会主义的任务有正确的区分,包括根本任务、首要任务、中心任务等。此外,在对实践的本质进行理解的过程中,必须要注重进行社会实践。所谓的实践标准,实际上就是生产力标准和人民利益标准。应当明确的是,所有活动的执行都必须要将人民的利益放在首位,充分尊重人民,重视生产力的发展,这样才能正确理解社会主义本质的含义。

邓小平对生产力的作用进行了重点讨论,认为应当解放生产力和发展生产力,这同时也是其概括社会主义本质的一个显著特征。从生产力的角度来看,实行社会主义制度的国家的一个重要的优越性表现在,其生产力发展的速度要高于实行资本主义制度的国家。

实现共同富裕是我国社会主义建设发展的目标,为实现这一目标,必须要大力发展生产力,消灭剥削,消除两极分化,这只有在实行社会主义制度的国家才能实现。

从上述理论中我们就可以看出,邓小平对社会主义制度的把握呈现出一种动态的形式。这是因为,邓小平对社会主义本质的论述连续使用了五个动词,即"解放""发展""消灭""消除""达到",生动地描述了社会主义社会的本质。

四是社会主义发展动力问题。

从社会发展的历史阶段来看,总是从低级向高级发展,而发展的实现需要一定的动力——持续不断地改革。社会不断进步的一个重要表现就是改革。因此，想要改变中国的现状，实现人民的共同富裕，就必须要在各个领域进行一系列的改革。在对历史发展的经验进行总结之后，邓小平指出，改革开放是推动社会进步的关键。当前我国正处于社会主义初级阶段，社会发展过程中存在着很多的矛盾，想要恰当解决这些矛盾，就必须要进行改革开放。对于改革开放，邓小平指出，必须要从本质上进行改革，这是改革开放的关键，对所有限制生产力发展的体制，包括政治体制和经济体制，都要进行改革。从政治体制上来看，要对我国当前的政治体制不断进行完善，推行民主政治，将原来的一党专政改革为多党执政，让其他的党派与中国共产党一起，共同参与到党中央的领导中来，多个党派共同合作，为中国特色社会主义事业的建设做出努力。从经济体制方面来看，要改变以往的计划经济体制，逐渐向市场经济发展，建立与社会发展相适应的市场经济体制。

五是关于社会主义建设的战略步骤。

为实现我国社会的现代化发展，邓小平提出了“三步走”战略。具体如图 4-1 所示。

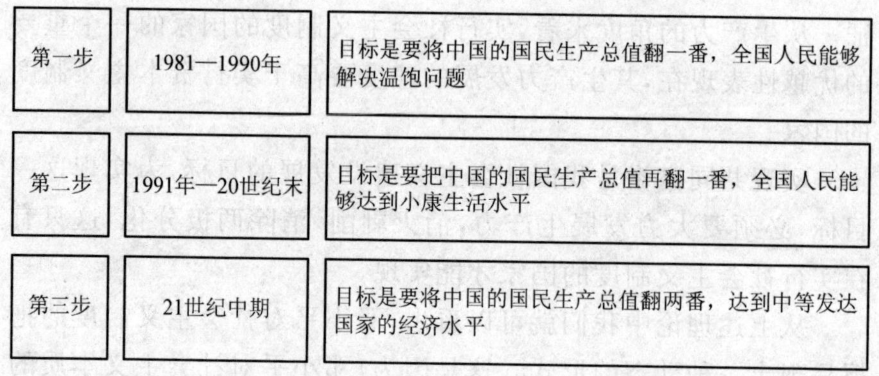

图 4-1　邓小平“三步走”战略

邓小平所提出的“三步走”规划，实际上就是具体化了中国社会主义发展的目标，通过对这三个目标的设定，中国人民就能预测到未来生活的美好，并在中国共产党的带领下，共同为美好生活的实现而做出努力。

在当时,我国的经济发展水平较低,农业作为国民经济的基础,因此成为改革的重点。邓小平在对农业生产模式进行改革的过程中,废除了人民公社制,转为实行家庭联产承包责任制,为适应生产社会化的需要,提倡实行科学种田,适度发展集体经济和规模经营。由于在当时的社会发展条件下,交通和能源的发展较为薄弱,因此这两个方面被作为了改革的重点,设定了一批重点骨干工程,提倡要提高资源的利用率。在社会主义现代化建设过程中,教育和科学是关键,要对传统的教育方式进行改革,实现教育的现代化和国际化,要面向未来,要提高人民的整体素质,为祖国的发展和中国特色社会主义事业的建设提供优秀的人才。在实现人民共同富裕的过程中,允许一部分人先富起来,先富带动后富,最终实现共同富裕。

六是关于祖国统一的问题。

面对祖国的统一问题,邓小平创造性地提出了"一国两制"的伟大构想,这就为实现祖国的统一提供了更多的选择方式。经过长期的探索,在1979年元旦,全国人大常委会发表《告台湾同胞书》,正式表达了和平统一的意愿。在此后的一个月,在访美期间,邓小平提出不再使用"解放台湾"的说法。1981年国庆前夕,叶剑英针对海峡两岸和平统一的方针,向海内外的国家和群众都进行了详细的阐释。1982年,邓小平指出,"九条方针实际上就是一个国家两种制度"。这是邓小平首次提出"一个国家,两种制度"的概念。1982年,邓小平在会见英国首相撒切尔夫人时,第一次使用了"一国两制"的说法。1983年6月,邓小平对"一国两制"构想进行了进一步的系统化,并针对国家的统一问题提出了"六条设想",认为祖国统一是解决台湾问题的核心。在此后的时间内,邓小平多次对"一国两制"的构想进行了阐述,并对"一国两制"的含义、依据、意义和可行性都做了进一步的说明,并最终形成了一套较为系统、完整的战略构想。"一国两制"的提出是伟大的创举,随着后来香港和澳门的成功回归,证明了该设想是可行的,并且是成功的。

(二)"三个代表"重要思想

"三个代表"重要思想是第三代中央领导集体领导国内改革开放、洞察国际风云变幻工作经验的结晶,是新形势下马克思主义中国化的表现形式,同时也是中国共产党的行动指南。

从形成过程来看"三个代表"重要思想的是在科学判断党的历史方位和现实状况的基础上提出来的。我们党经历革命、建设和改革,已经从领导人民为夺取全国政权而奋斗的党,成为领导人民掌握全国政权并长期执政的党;已经从受到外部封锁和实行计划经济条件下领导国家建设的党,成为对外开放和发展社会主义市场经济条件下领导国家建设的党。就党的现实状况来看,江泽民同志自1989年6月中共十三届四中全会出任党的总书记以来,继承了毛泽东、邓小平两代中央领导集体开创的宏伟事业,领导中国继续向前发展。

为了更好地贯彻执行党的路线、方针和政策,确保社会主义现代化建设的顺利进行,1999年初,中央正式开展在全党党员干部中进行以"讲学习、讲政治、讲正气"为内容的"三讲"教育。至同年底、次年初,省部和中央国家机关司法处以及绝大多数地、厅、局领导干部的"三讲"教育取得了明显成果,并告一段落。2000年2月20日,江泽民在高州市领导干部"三讲"教育会议上做了重要讲话,并初步提出了"三个代表"重要思想。后来,江泽民进一步阐发了这一思想。2001年7月1日,江泽民在庆祝中国共产党成立80周年大会上的讲话中进一步具体细致地阐述了"三个代表"的重要思想,使其发展成为完整的理论体系。

"三个代表"重要思想具有重要的理论和实践意义。从理论意义来看,"三个代表"的重要思想继承和发展了马列主义、毛泽东思想和邓小平理论,是新形势下中国共产党人的理论创新,是揭开中国新的历史篇章的行动号角。

第一,代表先进生产力的发展要求,这是马列主义的一贯立场和主张,是历史唯物主义的基本态度和观点。用"代表先进生产力的发展要求”的理论武装全党和全国人民，就会提高人们的思想认识水平，进而付诸实施，促进社会的发展与进步。

第二，代表先进文化的前进方向，也是马列主义者的一贯优良作风。文化是人类活动的知识、经验、技术、发明、创造的结晶，是实践活动的抽象化，是理论的系统化。生产力由于自身内部矛盾使其不断地由低级向高级发展，人类社会也随之不断发展。那些与社会发展不相适应的文化应该随之被淘汰。所以，代表先进文化的前进方向，是马克思主义的义理。

第三，代表中国最广大人民的根本利益，是毛泽东等老一辈无产阶级革命家一贯奉行的马克思主义立场。马克思主义就是为世界无产阶级劳苦大众服务的思想理论，反映并代表着广大人民群众的利益。代表中国最广大人民的根本利益，是共产党人长期的经验总结。能否继承并发扬这一点，是能否将社会主义现代化建设推向前进的关键，同时也是验证党的性质的重要标准。

从实践意义来看，“三个代表”重要思想是着眼于中国的现实、着眼于党内存在的突出问题而提出来的，具有很强的现实性和针对性，从而具有重大的实践意义。

第一，代表中国先进生产力的发展要求。首先，国有企业是社会主义国民经济的顶梁柱，党和国家要为国有企业营造一个良好的政治、经济环境，并为它们的发展提供各方面的支持。与此同时，国家要通过法律、政策管理好这些企业，使这些企业真正发挥国民经济的主导作用，以推动我国生产力的不断发展。其次，高新技术产业是实现国民经济现代化的尖刀班。国家要实施优惠鼓励政策对高新技术产业提供保护，使它们迅速发展。最后，集体经济，特别是农村集体经济，既要巩固，又要发展，尤其要加强通力合作，逐步弱化个体分散经营的势头。就整个国民经济的发展来看，我们应该坚持“以工带农”“以农促工”的方针，推动国民经济健康、持续、稳定地发展。

第二，代表中国先进文化的前进方向，在当前，就是要大力发展面向现代化、面向世界、面向未来的文化教育事业，大力弘扬社会主义的文学艺术创作，不断提高全民族的科学文化素质和思想道德素质，不断增强民族意识，树立自尊、自强、自立的民族观念，为中华民族的伟大复兴做出贡献。与此同时，要自觉地抵制旧社会遗留下来的和国外渗透进来的腐朽没落的旧文化的侵蚀，坚决反对反人类、反科学的反动文化邪说，做一个坚定的唯物主义者和爱国主义者。

第三，代表中国最广大人民的根本利益，在当前，就是要把人民的根本利益作为出发点和归宿，通过发展社会生产，在社会不断进步的基础上，使人民群众不断获得切实的经济、政治、文化利益，尤其是要照顾到绝大多数低收入阶层的利益。

（三）科学发展观

在2002年11月15日召开的十六届一中全会上，胡锦涛同志当选为中共中央总书记，由此形成了新的一代中央领导集体，开始了新的实践和新的理论探索。

2003年6月，胡锦涛在全国抗击“非典”总结大会上，阐述了加强社会经济协调发展、统筹城乡经济社会发展的要求。同年10月召开的中共十六届三中全会，正式提出了坚持以人为本、全面协调可持续发展的科学发展观，并强调“按照统筹城乡发展、统筹区域发展、统筹经济社会发展、统筹人与自然和谐发展、统筹国内发展和对外开放的要求”，推进改革和发展。

2004年2月21日，温家宝在省部级领导干部“树立和落实科学发展观”专题研究班结业仪式上的讲话中指出，“科学发展观是我们党对社会主义现代化建设规律认识的进一步深化”。并对此进行了深入的解释，他指出，“早在新中国成立初期，我们党就提出要探索社会主义建设规律问题。1956年，毛泽东发表了著名的《论十大关系》，着眼于调动一切积极因素，提出一系列关于社会主义建设的重要理论观点，初步探索了符合我国情况的发展道路。党的八大在全面分析国内外形势的基础上，指出我国社会的主要矛盾是人民对于经济文化迅速发展的需要同当前经济文化不能满足人民需要的状况之间的矛盾，强调要集中力量发展社会生产力，实现国家工业化。这些重大判断和指导思想是正确的，对于实践的发展起到了积极作用。但是，后来由于种种复杂的原因，我国的发展走了弯路。1978 年，党的十一届三中全会深刻总结了过去 20 多年的经验教训，果断地把党和国家的工作重点由'以阶级斗争为纲'转移到社会主义现代化建设上来，做出了实行改革开放的重大决策。邓小平同志和我们党明确提出走自己的路，建设有中国特色的社会主义，提出并实施现代化建设'三步走'发展战略，强调社会主义的根本任务是发展生产力，'发展才是硬道理'，并制定社会主义初级阶段'一个中心，两个基本点'的基本路线和一系列重大方针政策。这是对我国现代化建设规律认识的一次飞跃，有力地推动了我国改革开放和现代化建设事业的迅速发展。以江泽民同志为核心的第三代中央领导集体提出'三个代表'重要思想，强调发展是党执政兴国的第一要务，坚持用发展的办法解决前进中的问题，明确提出在发展社会主义市场经济条件下正确处理现代化建设中的一系列重大关系，提出科教兴国战略、可持续发展战略、西部大开发战略等重大战略，进一步丰富了社会主义现代化建设的理论和实践。以胡锦涛同志为总书记的党中央在邓小平理论和'三个代表'重要思想指导下，按照党的十六大精神，根据新的形势和任务，特别是抗击非典的重要启示，明确提出了科学发展观，把坚持以人为本和经济社会全面、协调、可持续发展统一起来，并强调按照'五个统筹'的要求推进改革和发展。这标志着我们党对社会主义现代化建设规律的认识更加深入。科学发展观同毛泽东、邓小平、江泽民同志关于发展的重要思想是一脉相承的，是与时俱进的马克思主义发展观"。同年 9 月召开的中共十六届四中全会，提出要全面落实科学发展观，把科学发展观贯穿到发展的整个过程和各个方面。同年 12 月召开的中央经济工作会议，要求坚持以科学发展观统领社会经济发展全局。2005 年 10 月召开的中共十六届五中全会，指出科学发展观是推动经济社会发展、加快推进社会主义现代化建设必须长期坚持的指导思想。2007 年 11 月召开的党的十七大将“科学发展观”载入新党章。

(四)新时代中国特色社会主义思想

新时代中国特色社会主义思想,是由以习近平为核心的党的第五代领导人根据中国的实践情况对马克思主义进行的发展。新时代中国特色社会主义思想是对马克思列宁主义、毛泽东思想、邓小平理论、“三个代表”重要思想、科学发展观的继承和发展,是马克思主义中国化最新成果,是党和人民实践经验和集体智慧的结晶,是中国特色社会主义理论体系的重要组成部分,是全党全国人民为实现中华民族伟大复兴而奋斗的行动指南,必须长期坚持并不断发展。

在 2017 年的党的十九大中,习近平总书记对新时代中国特色社会主义思想进行了详细的阐述,他在十九大报告中指出,“新时代中国特色社会主义思想,明确坚持和发展中国特色社会主义,总任务是实现社会主义现代化和中华民族伟大复兴,在全面建成小康社会的基础上分两步走,在本世纪中叶建成富强民主文明和谐美丽的社会主义现代化强国;明确新时代我国社会主要矛盾是人民日益增长的美好生活需要和不平衡、不充分地发展之间的矛盾,必须坚持以人民为中心的发展思想,不断促进人的全面发展、全体人民共同富裕;明确中国特色社会主义事业总体布局是‘五位一体’、战略布局是‘四个全面’,强调坚定道路自信、理论自信、制度自信、文化自信;明确全面深化改革总目标是完善和发展中国特色社会主义制度、推进国家治理体系和治理能力现代化;明确全面推进依法治国总目标是建设中国特色社会主义法治体系、建设社会主义法治国家;明确党在新时代的强军目标是建设一支听党指挥、能打胜仗、作风优良的人民军队,把人民军队建设成为世界一流军队;明确中国特色大国外交要推动构建新型国际关系,推动构建人类命运共同体;明确中国特色社会主义最本质的特征是中国共产党领导,中国特色社会主义制度的最大优势是中国共产党领导，党是最高政治领导力量，提出新时代党的建设总要求，突出政治建设在党的建设中的重要地位”。这一新的理论必将指引中国经济实现更好的发展，并引导中国人民不断进步，早日实现中华民族复兴的伟大梦想。

马克思主义中国化是马克思主义在中国的进一步发展，也是中国不断向前发展的重要指导理论。自马克思主义传入中国以后，中国人就将这一理论与中国的实际情况相结合，从实际出发对这一理论不断进行完善和补充。在这一过程中，马克思主义实现了中国化的历史性飞跃，并形成了毛泽东思想和中国特色社会主义理论体系两大成果，这不仅对中国的发展具有重要意义，同时也为世界其他社会主义国家提供了有益的借鉴，能够有效推动马克思主义在世界范围的进步和发展。

第五章　马克思主义中国化理论的新发展

党的十八大以来，习近平在推进中国特色社会主义伟大实践中不断深化对共产党执政规律、社会主义建设规律、人类社会发展规律的认识，对我国改革发展提出了一系列新思想、新战略。党的十九大报告指出，新时代中国特色社会主义思想，是对马克思列宁主义、毛泽东思想、邓小平理论、“三个代表”重要思想、科学发展观的继承和发展，是马克思主义中国化最新成果，是党和人民实践经验和集体智慧的结晶，是中国特色社会主义理论体系的重要组成部分，是全党全国人民为实现中华民族伟大复兴而奋斗的行动指南，必须长期坚持并不断发展。

第一节　中国梦的实现必须走中国特色社会主义道路

习近平总书记 2012 年 11 月 29 日在参观《复兴之路》展览讲话中提出了实现中华民族伟大复兴的中国梦。

2012 年 11 月 15 日，党的十八届一中全会选举产生以习近平同志为核心的新一届中央领导集体。11 月 29 日，习近平总书记与其他中央政治局常委和中央书记处的同志走进国家博物馆，参观《复兴之路》展览。本次活动是新一届党中央最高领导层开展工作以来第一次公开的集体活动，具有标志性的意义。习近平总书记在参观过程中发表了重要讲话，不仅回顾了近代以来中华民族发展历程、展望了中国的未来发展，更重要的是他在本次讲话中提出了实现中华民族伟大复兴的中国梦这一重要思想理念。此后，习近平总书记多次提出这一思想理念，并解释阐明了该思想理念的内涵、实现该理念的路径等重大问题。

一、中国梦的内涵

中国梦是一个高度概括的思想理念，其包含了丰富的内涵。2013 年 3 月 23 日，习近平总书记在莫斯科国际关系学院发表演讲明确指出，“实现中华民族伟大复兴，是近代以来中国人民最伟大的梦想，我们称之为‘中国梦’，基本内涵是实现国家富强、民族振兴、人民幸福”。

在历史上，我国一直居于世界前列，而外敌侵略对中华民族造成了严重打击。1840 年鸦片战争以后，中华民族蒙受了百年的外族入侵和内部战争，全国人民经受了巨大的灾难和痛苦，这是中华民族历史上十分灰暗的一段时期，苦难深重、命运多舛。但即使是在这样的背景下，中华民族也一直秉承自身的优秀品质，一直没有放弃对美好梦想的向往和追求。支撑中华民族经受这 100 多年的苦难的就是中国梦，是实现国家富强，是不再任人欺侮；是对民族振兴的期盼，不再落后沉沦；是对幸福生活的追求，人民不再遭受苦难。广大仁人志士为民族复兴奉献自我，而支持他们的巨大精神力量就是实现中华民族伟大复兴的中国梦，是为了实现中国人未来美好生活的憧憬。

通过不断地拼搏和努力，今天的中国已经不再是贫穷落后的旧中国，在中国共产党领导下，人民创造了日益繁荣富强的新中国，随着时代的前进人们逐渐看到了中华民族伟大复兴的光明前景。在这样的关键时期，以习近平同志为核心的党中央豪迈地宣示了中国共产党人的奋斗目标，就是到 2020 年国内生产总值和城乡居民人均收入在 2010 年基础上翻一番，全面建成小康社会；到本世纪中叶，建成富强、民主、文明和谐的社会主义现代化国家，实现中华民族伟大复兴的中国梦。

中国梦既是国家和民族的梦，更是广大人民群众的梦。中国梦的主体是人民，人民是中国梦的创造者和享有者。中国人民依靠自己的努力奋斗，在历史进程中不断发挥勤劳勇敢、坚忍不拔、有智慧、有理想的优秀品质，创建了和谐美好的共同家园。中国人民热爱生活，期盼有更好的教育、更稳定的工作、更满意的收入、更可靠的社会保障、更高水平的医疗卫生服务、更舒适的居住条件、更优美的环境，期盼孩子们能成长得更好、工作得更好、生活得更好。“得其大者可以兼其小”，指的就是国家好，民族好，大家才会好；国家富强，民族振兴，人民才能幸福。中国梦的一个显著特征就是可以实现全民族的凝聚，让国家、民族和个人团结在一起成为一个命运共同体，从而为每个人实现个人梦想和共同理想提供广阔的空间，使中华儿女可以将自己的个人梦想和全社会的共同理想有机结合，不仅可以活出精彩人生、实现个人梦想，还可以与国家一起成长和进步，可以更好地参与祖国事业的建设。

二、实现中国梦的重要意义

自习近平总书记提出中华民族伟大复兴的中国梦这一思想理念，便得到了人们的热烈拥护，可以看出中国梦在全国范围内产生了强大的号召力和感染力。党员、干部畅想中国梦，社会舆论聚焦中国梦，中华儿女关心中国梦，国际社会关注中国梦，中国梦的影响不仅局限于国内，还延伸至国际社会，它引领着中国社会的进步和发展，激励着中华儿女奋勇向前，是中华民族面向未来发展的一面精神旗帜。中国梦已经深深印在中华儿女的脑海中，中国梦已经成为全国各族人民的共同追求。

中国梦具有巨大的号召力和感染力。其根本原因在于中国梦切实反映了近代以来一代又一代中国人的美好夙愿，并在基本国情和社会实际的基础上揭示了中华民族的历史命运和当代中国的发展走向，为全国各族人民的不懈奋斗指明了方向。

中国梦并不是一般意义上的梦想，它是一种特定的思想意识和目标指向的高度融合，可以在最大程度上凝聚中华儿女的智慧和力量。在当今中国,中华民族伟大复兴的中国梦就是可以赢得人心、获得共识的思想理念。我国正处于社会转型的关键时期,观念多样化、利益多元化是普遍存在的现实问题,每个人、每个群体、每个阶层都有自己的梦想,而这些梦想各不相同甚至有一些会存在冲突,而这就要求我们对这些梦想有机结合,要求同存异。坚定不移地推进中国梦的实现,是中华儿女的“最大公约数”。中国梦立足于中国国情,集中体现了中国发展的多方面诉求以及要实现的各项目标,有机结合了各个阶层、各个群体的不同梦想,使其汇聚为广大人民群众的共同追求、共同愿景,求同存异,以实现全国各族人民的最大共识、凝聚全国各族人民的最大力量。

当前来看,我国正处于有史以来最接近世界舞台中心的发展阶段,我们可以看到中华民族伟大复兴的光明未来。因为中国进入国际社会的视野,成为世界瞩目的焦点,就会引起国际社会的各种评价、议论和预测。中国梦是一个高度概括的思想理念,用国际社会更容易接受的方式说明了中国发展的目标、意图和理念,使世界各国人民都能清晰地认识到这一点。习近平总书记在出访和接待外宾等多个场合深入阐述中国梦的丰富内涵,强调中国梦是中国各族人民的梦,也是每个中国百姓的梦;中国梦的实现需要和平稳定的国际和周边环境,中国将坚持通过和平发展方式实现中国梦;中国梦与世界各国人民的梦想息息相通,中国将与各国更多分享发展机遇,使他们更好地实现自己的梦想;中国人民希望通过实现中国梦,同各国人民一道,携手共圆世界梦。通过这些阐述,使国际社会更深刻地理解和认同了我国的发展道路以及我国实行的各项政策,在国际社会上提升了我国的影响力和亲和力,有效地增强了我国的国际地位和话语权。中国梦有着深远的意义,这不仅体现在国内社会,还体现在国际社会,而随着中国特色社会主义建设步伐的迈进,这些意义也会更加凸显。

三、实现中国梦的路径

习近平总书记指出，实现中国梦必须走中国道路，必须弘扬中国精神，必须凝聚中国力量。这“三个必须”，为实现中华民族伟大复兴的中国梦指明了方向。

（一）必须走中国道路

中国道路是指中国特色社会主义道路。中国特色社会主义道路是经过不断实践，在总结经验的基础上提出的道路，它总结了改革开放实践、中华民族共和国发展实践、中华民族发展实践的经验，同时还是对中华民族 5000 多年历史的经验总结。具有深刻的历史意义和时代意义，是对过去经验的继承和发展，是理论和实践有机结合的成果，是近代以来中国社会发展的必然选择，是历史和人民的选择。坚持走这条道路，既能使我们国家快速发展起来，迅速提高我国人民的生活水平，推进中华民族跟上时代步伐，促进中华民族更接近伟大复兴，也可以使中国人民和中华民族为世界的和平发展奉献力量。实践证明，当代中国发展必须走中国特色社会主义道路，这也是实现中华民族伟大复兴的中国梦的必要途径。因此，我们必须增强对中国特色社会主义的道路自信、理论自信、制度自信、文化自信，坚定不移沿着正确的中国道路奋勇前进。

（二）必须弘扬中国精神

中国精神是指以爱国主义为核心的民族精神和以改革创新为核心的时代精神。弘扬中国精神可以凝聚中华民族的力量，是兴国、强国的灵魂所在。在中华民族的发展过程中，民族精神始终贯穿其中，不论是在古代、近代还是当代，在我们的社会生活中都体现了民族精神，在经历了诸多苦难之后，中华民族依旧锐气不减，并焕发出更坚定的斗志，民族精神就是重要原因。经过几千年形成的民族精神，不断激励和孕育着新的时代精神。其中，爱国主义贯穿中华民族的发展史，是促使中华儿女团结一心的重要精神力量，而改革创新则是时刻鞭策人们要跟上时代潮流的精神力量。因此，我们必须坚定不移地弘扬伟大的民族精神和时代精神，要加强全民族的凝聚力，增强促使人们自强不息的精神动力，以此迎接更美好的未来。

（三）必须凝聚中国力量

中国力量是指中国各个民族人民大团结的力量，只有各民族人民团结一致才能在困难和挑战面前永不退缩并取得胜利。在中国这艘超级巨轮上，全民族和海内外全体中华儿女都是“梦之队”的一员，都是中国梦的参与者和书写者。只要我们紧密团结，万众一心，为实现共同梦想而奋斗，实现梦想的力量就无比强大。实现中国梦要拥护中国共产党的领导，要不忘初心，牢记使命，团结全国各族人民的力量，集合全国各族人民的智慧，形成势不可挡、不可战胜的巨大力量。

中国梦的实现不是一朝一夕之功，它是一项光荣而艰巨的事业，是一项长期任务，需要一代代中国人为之努力。在中国特色社会主义建设的全新时期，我们面前不仅有很多机遇，但同时也面临着前所未有的困难和挑战。习近平总书记针对当前的发展时期特别强调，“我们这一代共产党人一定要承前启后、继往开来，把我们的党建设好，团结全体中华儿女把我们国家建设好，把我们民族发展好，继续朝着中华民族伟大复兴的目标奋勇前进”。

第二节　坚定“四个自信”

民族自信心是一个民族生存和发展的力量来源，坚定中国特色社会主义“四个自信”是历史与时代对党和人民提出的新要求。

在全面建成小康社会的决胜阶段，坚定“四个自信”，才能有力推动中国特色社会主义事业不断前行。

一、坚定“四个自信”提出的必要性

（一）应对国外各种敌对势力对中国道路的质疑和否定的挑战

从外部环境看，国外各种敌对势力对中国道路的质疑和否定从未停止，其根本企图就是让我们党改旗易帜、改名换姓。坚定“四个自信”就是为了应对这种挑战。

从国际上来看，20 世纪末苏联解体、东欧剧变，世界战略格局开始了空前剧烈的大变动，一些新兴大国在国际舞台上竞相显露头角，世界力量体系出现新一轮的分化、整合。当前，随着世界多极化和经济全球化的深入发展，特别是国际金融危机带来的冲击，国际关系正经历一次影响深远的大变局。在这种大变革、大变局中，中国逐渐走向世界舞台的中心，同时，也与外部世界的利益摩擦和舆论交锋日益突出，一些西方国家把我国的发展壮大视为对其价值观和制度模式的挑战，加紧对我国进行思想文化渗透，妄图同我们打一场没有硝烟的战争，思想文化领域的斗争和较量尤为激烈与复杂。比如，有人试图“唱衰”中国，2015 年，华盛顿大学教授、美国著名中国问题研究专家沈大伟还发表《中国即将崩溃》一文。但事实却是中国不仅没有崩溃，反而越来越强大，越来越有活力。有人质疑中国，提出中国现在搞的究竟还是不是社会主义的疑问，有人说是“资本社会主义”，还有人干脆说是“国家资本主义”“新官僚资本主义”。凡此种种，其根本目的就是要搞乱人心，煽动推翻中国共产党的领导和我国的社会主义制度，让我们党改旗易帜、改名换姓。正如习近平所强调的，我们在集中精力进行经济建设的同时，一刻也不能放松和削弱意识形态工作。要把意识形态工作的领导权和话语权牢牢掌握在手中。他提出并强调“四个自信”，就是为了应对国外各种敌对势力对中国道路的质疑和否定。

(二)社会生活中的种种不自信表现使坚定“四个自信”成为必要

少数人对我们的道路和制度缺乏信心，觉得我们的政治制度不行、价值观念不行，从骨子里认同西方的所谓“普世价值”。有的人奉西方理论、西方话语为金科玉律，不知不觉成了西方资本主义意识形态的吹鼓手。更有一些人甚至认为中国什么都不好，外国什么都好，“西方的月亮就是比中国圆”，幻想用西方制度改造中国。习近平同志明确指出，在我们的干部队伍中“有的甚至向往西方社会制度和价值观念，对社会主义前途命运丧失信心；有的在涉及党的领导和中国特色社会主义道路等原则性问题的政治挑衅面前态度暧昧、消极躲避、不敢亮剑，甚至故意模糊立场、耍滑头”，[①]等等。对此，他指出，“一个政党执政，最怕的是在重大问题上态度不坚定，结果社会上对有关问题沸沸扬扬、莫衷一是，别有用心的人趁机煽风点火、蛊惑搅和，最终没有不出事的！所以，道路问题不能含糊，必须向全社会释放正确而又明确的信号。[②]

二、“四个自信”的内涵

(一)道路自信的内涵

中国特色社会主义道路自信，就是中国共产党和广大人民群众坚定对自己所选择的具有中国特色的社会主义发展道路的自信，也即对中华民族伟大复兴中国梦的实现路径的自信。具体来看，中国特色社会主义道路自信包括三方面的内容。

第一，对中国以往发展成果的充分肯定。中国特色社会主义

① 《习近平谈治国理政》，外文出版社 2014 年版，第 414 页。

② 中共中央文献研究室：《十八大以来重要文献选编(中)》，中央文献出版社 2014 年版，第 182 页。

道路不是凭空产生的,它是几代中央领导集体克服一切困难不断努力的结果,是集体智慧的结晶。

第二,对中国目前发展现状的清晰认知。进入新世纪以来,世情、国情、民情都发生了深刻的变化。特别是党的十八大以来,习近平总书记充分结合我国当前发展实际,发表了一系列重要讲话,更加坚定了广大党员和人民群众矢志不渝地走中国特色社会主义道路的信心。而且,围绕"治理"已经基本形成了完整系统的治国理政思想的框架体系。

第三,对中国未来发展前景的坚定信念。中国特色社会主义道路的开辟与拓展是前后相承的,具有极强的延续性。社会实践的发展已经充分证明这条道路的正确性,未来我国的发展必然是承前启后,继续坚定不移地走中国特色社会主义道路。因此,对中国特色社会主义道路的自信,就是要对道路未来发展前景充满信心。一方面,党和人民群众要坚信这条道路会继续拓展、继续向前迈进;另一方面,要有自觉维护和肯定中国特色社会主义道路的坚定信念,并沿着这条道路把中国特色社会主义现代化事业不断推向前进。

(二)理论自信的内涵

理论自信,就是习近平在庆祝中国共产党成立 95 周年大会上的讲话中所强调的,"我们要坚信,中国特色社会主义理论体系是指导党和人民沿着中国特色社会主义道路实现中华民族伟大复兴的正确理论,是立于时代前沿、与时俱进的科学理论"。[①]

理论自信是中国共产党对于中国特色社会主义理论体系的坚定信仰与执着追求,是社会大众对于中国特色社会主义理论价值的由衷认同前景的充分自信,是在普遍的社会信赖中对理论自身活力的不断追寻。

百年风雨沧桑,中国共产党人以马克思列宁主义为指导,总

① 习近平:《在庆祝中国共产党成立 95 周年大会上的讲话》,人民出版社 2016 年版,第 13 页。

结历史经验、艰苦探索、改革创新，逐渐形成了毛泽东思想和中国特色社会主义理论体系两大理论成果，实现了马克思主义中国化的两次历史性飞跃，并赢得了人民的普遍认可。理论自信表现为我们要毫不动摇地坚持马克思列宁主义、毛泽东思想中国特色社会主义理论体系的指导地位，表现为我们对于以人为本的理论价值的自信，我们要在中国特色社会主义实践中展示自信。

(三)制度自信的内涵

坚持中国特色社会主义事业，不仅要高瞻远瞩，坚定中国特色社会主义道路，而且要贯微动密，完善中国特色社会主义制度。要将顶层设计、中层推进、底层贯彻紧密结合起来，更加注重制度层面的建设与发展。社会主义制度是以生产资料公有制为基础的社会主义经济制度和政治制度的总称。

制度自信就是对中国特色社会主义制度的自信。中国特色社会主义制度是人民和历史的选择，基于中国特色社会主义的伟大成就。中国特色社会主义制度有着深厚的理论基础，它以马克思列宁主义、毛泽东思想和中国特色社会主义理论体系为指导。中国特色社会主义制度有着深厚的价值基础，是对人民利益的自觉体现和根本保障。坚定“制度自信”，就要深刻认识中国社会制度的特色与优势，认识中国特色社会主义制度建设的一般规律，积极推进中国特色社会主义制度的建设与创新。

(四)文化自信的内涵

所谓文化自信，就是一个国家、一个民族、一个政党对自身文化价值的充分肯定，对自身文化生命力的坚定信念。只有对自己的文化有坚定的信心，才能获得坚持、坚守的从容，鼓起奋发进取的勇气，焕发创新、创造的活力。中国有坚定的道路自信、理论自信、制度自信，其本质是建立在 500 多年文明传承基础上的文化自信。习近平在庆祝中国共产党成立 95 周年大会上的讲话中指出，在 5000 多年文明发展中孕育的中华优秀传统文化，在党和人民伟大斗争中孕育的革命文化和社会主义先进文化，积淀着中华民族最深层的精神追求，代表着中华民族独特的精神标识。我们要弘扬社会主义核心价值观，弘扬以爱国主义为核心的民族精神和以改革创新为核心的时代精神，不断增强全党全国各族人民的精神力量。这段论述清晰地阐述了文化自信的丰富内涵，为建设社会主义文化强国指明了道路。

三、坚定“四个自信”的现实路径

（一）加强理想信念教育

理想信念是共产党人永葆先进性的精神动力，是共产党人精神上的“钙”，是影响世界观、人生观、价值观的关键因素，决定着党员干部的价值追求，支配着党员干部的思想和行为。党员干部要坚持把共产主义远大理想和中国特色社会主义共同理想相结合，为崇高理想而努力奋斗，全心全意为人民服务。坚持这个初心，不忘这个初心，坚定理想，坚定自信，从而为不断取得胜利提供重要保障。

坚定理想信念与增强“四个自信”两者是有机统一的，坚定理想信念是增强“四个自信”的思想根基，脱离了坚定的理想信念，“四个自信”就会成为无本之木、无源之水；“四个自信”是坚定理想信念的具体途径，离开了“四个自信”，理想信念也将无法持久。坚定理想信念、增强“四个自信”对人们的事业发展和个人成长至关重要，反之，丧失了理想信念，动摇了“四个自信”事业发展和个人成长都会受到挫折。

面对新形势、新问题、新考验，只有持之以恒地改造自己的主观世界，创新自己的思维和观念，才能始终坚定理想信念和“四个自信”坚守住思想阵地，从根本上保证思想纯洁、政治纯洁和作风纯洁。坚定理想信念、增强“四个自信”问题，需要从以下方面入手：强化信念教育，从内心深处把牢思想行动的“总开关”；加强党性修养，增强责任担当意识，进一步转变作风，努力做好各项工作；遵纪守法，经受考验，面对深刻发展变化的世情、国情，每一位党员干部都要经受住诱惑，保持定力，坚定目标，迎难而上，为建设中国特色社会主义的美好明天而努力奋斗。

（二）勇于全面深化改革

进一步坚定“四个自信”，要勇于全面深化改革，进一步解放思想、解放和发展社会生产力、解放和增强社会活力，不断把改革开放推向前进。

“四个自信”彰显的是一种精神状态，最终还要靠物质基础。习近平同志明确指出，要坚定道路自信、理论自信、制度自信，要有坚如磐石的精神和信仰力量，也要有支撑这种精神和信仰的强大物质力量。这就要靠通过不断改革创新，使中国特色社会主义在解放和发展社会生产力、解放和增强社会活力、促进人的全面发展上比资本主义制度更有效率，更能激发全体人民的积极性、主动性、创造性，更能为社会发展提供有利条件，更能在竞争中赢得比较大的优势，把中国特色社会主义制度的优越性充分体现出来。①

（三）坚持对外开放

正确处理中国和世界的关系，是事关党的事业成败的重大问题。中国共产党的诞生，新中国的成立，改革开放的实行，都是顺应世界发展大势的结果。我国实行改革开放很关键的一条是我们党正确判断世界大势，确立了和平与发展是时代主题的认识，开启了改革开放的历史新时期。“在当今世界深刻复杂变化、中国同世界的联系和互动空前紧密的情况下，更要密切关注国际形势发展变化，把握世界大势，统筹好国内、国际两个大局，在时代

① 《习近平谈治国理政》，外文出版社 2014 年版，第 93 页。

前进潮流中把握主动、赢得发展”。[①]

坚持对外开放是增强“四个自信”的动力。对外开放不仅是商品、资金的交易和往来，更是文明与文明的碰撞与交流。改革开放 40 年的实践证明，开放型经济对我国经济社会的发展做出了重要贡献，极大地带动了经济社会的全面发展，有效地促进了国内技术、商业模式和管理制度的创新，有力地推动了国内体制的改革，大大提升了我国的国际地位。在对外开放中，中国特色社会主义的进一步发展、完善，不仅通过社会主义与市场经济的有机结合从根本上解决了困扰社会主义经济建设这一“世界性和世纪性”的难题，而且也为世界经济文化落后国家摆脱贫困提供了一种别样的发展逻辑，这无疑进一步增强了中国特色社会主义的道路自信、理论自信、制度自信、文化自信。

第三节　树立“五大发展”新理念

马克思曾经指出，“哲学家们只是用不同的方式解释世界，而问题在于改变世界”[②]。无法发展理念虽然是理念，但是理念只有落实于实践才能真正发挥作用，我们必须促进无法发展理念落地生根、普遍实践。习近平总书记提出，“新发展理念就是指挥棒、红绿灯。要把思想和行动统一到新发展理念上来，崇尚创新、注重协调、倡导绿色、厚植开放、推进共享”。[③] 五大发展理念引领我国社会发展，引领全面建成小康社会的实现。当前，我国已经进入改革的深水区和全面建成小康社会的决胜阶段，为实现“两个一百年”的奋斗目标和中华民族的伟大复兴，我们必须在实践中贯彻落实五大发展理念，不能让其停留在表面，而是真正发挥作用。

---

① 《习近平总书记系列重要讲话读本》，学习出版社、人民出版社 2016 年版，第 39 页。

② 《马克思恩格斯选集》（第 1 卷），人民出版社 1995 年版，第 61 页。

③ 中共中央宣传部：《习近平总书记系列重要讲话读本》，学习出版社 2016 年版，第 139 页。

一、创新发展

创新是发展的基点，是发展的驱动，是国家发展全局的核心。对于当前的世界竞争来说，最主要的是各国综合国力之间的竞争，而创新则是提升一国综合国力的关键。习近平总书记曾指出，“综合国力的竞争说到底是创新的竞争。要深入实施创新驱动发展战略，推动科技创新、产业创新、企业创新、市场创新、产品创新、业态创新、管理创新等，加快形成以创新为主要引领和支撑的经济体系和发展模式”[①]。结合我国创新发展实际，不仅需要进一步加强自主创新，打破发达国家完全统治市场的局面，同时也要适当地引进全球创新资源和成果，在此基础上实现集成优化，有机结合自主创新和争取外援，形成新时代创新发展新局面。

具体来说，深化创新发展需要重视以下几方面的工作。

第一，加强创新型人才的培养和引进。创新型人才是实现创新的关键，因此我们必须加强对于创新型人才的培育和引进，为国内学者提供一定国际交流的机会，还要充分发挥留学人员的创新作用。

第二，要在国家层面建立协同创新系统。在传统创新中，通常是开展微观个体创新，国家很少参与，缺少国家层面的集体协同创新系统参与，为了推动我国创新推动发展，要更多地打造政府、企业、社会、高校等多层面的集体协同创新系统，要尽可能抢占科技创新制高点。

第三，建立激励创新的环境与制度。创新在当前时代具有重要意义和作用，我们必须对创新持积极的鼓励态度，为实现更好地创新发展应该营造“尊重人才、尊重创新”的社会环境。与此同时，我们要加强制度建设，比如产权保护制度，为鼓励创新提供坚实的制度保障。

---

① 《抓住机遇、立足优势、积极作为、系统谋划“十三五”经济社会发展》，《人民日报》，2015年5月29日。

二、协调发展

只有保证协调，才能保证持续健康发展。改革开放以来，我国综合国力得到显著提升，目前已成为全球第二大经济体，人民的生活质量和生活水平也有了很大改善，经济社会实现了跨越式发展。但在发展过程中，一系列矛盾和问题逐渐凸显。党的十九大报告中指出，发展不平衡、不充分的一些突出问题尚未解决，发展质量和效益还不高，创新能力不够强，实体经济水平有待提高，生态环境保护任重道远；民生领域还有不少短板，脱贫攻坚任务艰巨，城乡区域发展和收入分配差距依然较大，群众在就业、教育、医疗、居住、养老等方面面临不少难题；社会文明水平尚需提高；社会矛盾和问题交织叠加，全面依法治国任务依然繁重，国家治理体系和治理能力有待加强；意识形态领域斗争依然复杂，国家安全面临新情况；一些改革部署和重大政策措施需要进一步落实；党的建设方面还存在不少薄弱环节。

习近平总书记在党的十九大报告中指出，“要加大力度支持革命老区、民族地区、边疆地区、贫困地区加快发展，强化举措推进西部大开发形成新格局，深化改革加快东北等老工业基地振兴，发挥优势推动中部地区崛起，创新引领率先实现东部地区优化发展，建立更加有效的区域协调发展新机制。以城市群为主体构建大、中、小城市和小城镇协调发展的城镇格局，加快农业转移人口市民化”。为了切实有效地落实以上举措，必须高举协调发展的旗帜，要推进其向更平衡的状态发展。

第一，要统筹协调区域发展。我国发展不平衡的一个方面就是区域间发展不协调，为了解决这一问题，首先就要处理好东部和西北、沿海和内地之间的关系，要进一步加强对我国西部地区的开发，促进中部的崛起以及东北老工业基地的再次发展。同时，还应该结合“一带一路”和“京、津、冀一体化”建设，从而缩小区域间差异，促进区域间的协调、平衡、充分发展。

第二，推动城乡协调发展。由于长期以来我国政策的倾斜以及资源禀赋和自身条件的差异，我国形成了一种城乡二元结构，这种城乡结构已经对我国经济社会发展造成了严重影响，因此，我们必须采取适当的措施改变这一现状，以城市群为主体构建大、中、小城市和小城镇协调发展的城镇格局，加快农业转移人口市民化。以城市发展带动乡镇、农村发展，加强农村基本公共服务建设。

第三，加强物质文明和精神文明协调发展。改革开放以来，为了迅速复苏经济，我们过于关注物质文明的发展，而精神文明建设相对滞后很多，形成了物质文明和精神文明发展不协调、不平衡的局面。因此，我们要大力加强精神文明建设，要缩小精神文明建设与物质文明建设间的差距，不断增强文化软实力，培养文化自信，将我国建设成社会主义文化强国。

三、绿色发展

习近平总书记指出，“绿色是永续发展的必要条件和人民对美好生活追求的重要体现”。[①] 绿色发展实际上就是指在发展中坚持绿色价值取向，树立马克思主义生态观。改革开放以来，我国经济实现了跨越式增长，我国综合国力实现显著提升，但是很长时间以来我国的发展是一种粗放型的发展方式，经济增长的同时带来了严重的生态问题，目前环境污染问题成为困扰我国的严峻问题，为了实现社会进步必须切实有效地解决这个问题。就我国当前的实际情况来看，资源的相对短缺、生态的急剧破坏、环境容量的严重不足是阻碍我国发展的严重问题。

为了促进我国社会发展，必须清醒地认识保护生态环境、治理环境污染的紧迫性和艰巨性，要意识到我国必须加强生态文明建设，在促进社会发展的同时必须坚定对人民群众、对子孙后代

---

① 中共中央宣传部：《习近平总书记系列重要讲话读本》，学习出版社 2016 年版，第 134 页。

高度负责的态度，要下决心、有行动，在实践中落实生态文明建设，要走向社会主义生态文明新时代，以此满足人们对美好生活环境的要求和向往。党的十九大报告指出，要加快建立绿色生产和消费的法律制度和政策导向，建立健全绿色低碳循环发展的经济体系。构建市场导向的绿色技术创新体系，大力发展绿色金融，加强节能环保产业、清洁生产产业、清洁能源产业的发展。结合我国实际情况推进能源生产和消费革命，并构建清洁低碳、安全高效的能源体系。为了解决能源短缺的问题，进一步加强资源的全面节约和循环利用，从国家层面实现节能、节水，构建生产系统和生活系统的节能循环链接。在全社会倡导节能环保、绿色低碳的生活方式，在社会成员中树立反对奢侈浪费、不合理消费的思想理念，加强建设节能绿色型政府机关、学校、社区、家庭，并倡导社会成员绿色出行等。

四、开放发展

自改革开放以来，中国就走向了不断对外开放的发展快车道。随着改革开放进程的推进，我国建立了四大经济特区，逐渐实现了沿海、沿江、沿边和内陆地区的对外开放，2001 年我国加入 WTO，进一步加大了开放程度，随着我国对外开放程度的不断加深，目前已经成为外汇储备量和进出口总额世界第一的经济体。纵观我国当前的对外开放形势，已经基本建成了全方位、多层次和宽领域的对外开放格局，对外开放已经成为推动我国发展的重要动力。目前，我国与国际社会的交融更加频繁和深入，在当前的全球经济浪潮面前，我国应该保持开放局面，奉行互利共赢的开放战略，以此实现更好的发展。

习近平总书记在出席中美企业家座谈会时指出，“中国对外开放的力度将会越来越大。没有改革，就不会有动力。没有开放，就不会有进步。这是中国改革开放得出的宝贵结论。对外开放是中国的基本国策。我们将坚定不移奉行互利共赢的开放战略,继续从世界汲取发展动力,也让中国更好地惠及世界”。[①] 在对外开放时要坚定不移地坚持互利共赢的开放战略。一方面,我国必须进一步完善对外开放的格局,采取更为积极主动的战略,建立并完善我国的开放型经济体系,促进实现参与者的互利共赢、多元平衡,保证开放的安全高效,重视“引进来”的同时强调“走出去”,促进我国出口和进口、服务贸易与货物贸易的共同发展。另一方面,我国应该更积极地参与到全球治理当中。应该充分发挥上海合作组织和联合国等平台的作用,深入开展多方贸易谈判,与各国建立起新型战略合作伙伴关系。我国还应该积极参与全球治理体系的完善工作,促使国际市场可以形成等公正、公平的国际新秩序,树立自身作为一个负责任的大国的良好形象。

五、共享发展

习近平总书记在亚洲政党专题会议上提出,“中国将坚定不移地走共同富裕的道路,努力使全体人民学有所教、劳有所得、病有所医、老有所养、住有所居。做到发展为了人民、发展依靠人民、发展成果由人民共享”。[②] 建设中国特色社会主义必须要坚持共享,对于改革开放的进一步深入与推进来说也是如此。按照马克思历史唯物主义提出的观点,人民是历史的主体,是历史的创造者。我国有庞大的人口数量,全体人民群众都是社会主义现代化事业的建设者,也是我国坚持和发展中国特色社会主义的根本性力量,因此,广大人民群众要共享中国特色社会主义的发展成果。

在全面建成小康社会的决胜阶段,我们必须坚持共享发展理念,维护社会的公平正义。具体而言,可以从以下几个方面入手。

---

① 《习近平出席中美企业家座谈会》,《人民日报》,2013 年 9 月 25 日。

② 《亚洲政党专题会议在南宁开幕》,《人民日报》,2011 年 9 月 5 日。

一是必须形成合理的收入分配格局。收入分配影响着整个社会的稳定，也是整个社会公平正义的表征。我们必须坚持居民收入增长与经济增长同步，劳动报酬提高和劳动效率提高同步，同时要通过各种手段合理调节收入分配，增加低收入者的收入，有效限制高收入者的收入水平，扩大中等收入的比重。

二是加大力度解决贫困问题。我国想要实现全面建成小康社会的目标，就必须解决贫困问题，这是直接影响目标是否达成的重要因素。当前，我国仍然有7000多万贫困人口，我们必须采取适当的手段帮助他们摆脱贫困。我们应该贯彻落实“精准扶贫”和“精准脱贫”，加大老、少、边、穷地区财政转移支付力度。

三是提高公共服务的共享水平。建设公共服务，提升共享水平时，必须坚持普惠性、保基本、均等化、可持续方向，要切实关心并努力解决人民群众最关心的问题，加强建设并完善基本公共服务体系，尽可能早日实现基本公共服务全覆盖。

第四节　统筹推进“五位一体”总体布局

党的十九大报告明确指出，“五位一体”是中国特色社会主义事业总体布局。“五位一体”总体布局的明确提出与统筹推进标志着中国特色社会主义现代化建设进入新的历史阶段，既表明我们党坚持和发展中国特色社会主义的伟大实践实现了新突破，也体现出我们党对于中国特色社会主义发展规律的认识达到了新境界。“五位一体”总布局与社会主义初级阶段总依据、实现社会主义现代化和中华民族伟大复兴总任务有机统一，对进一步明确中国特色社会主义发展方向，夺取中国特色社会主义新胜利意义重大。

一、推进中国特色社会主义经济建设

(一)全面认识和把握经济发展新常态

当代中国在经过40余年的改革开放以后,就进入了一个全新的时期,是一个有着许多新特点的伟大斗争时期,也是更有作为的战略机遇期。在这一时期,在经济建设上,几十年高速经济增长后所呈现的“新常态”正在催生经济结构的转型升级和经济发展方式的根本转变。

新常态是指经济领域在发展过程所具有的新的特征与新的态势。与过去相比,当前我国的经济发展的增长动力、需求特征、供给条件、风险状况、竞争环境以及政府与市场的关系,都发生了不同以往的深刻变化。

新常态中的“常”是指当前新的特征在持续了一段时间后,所发生的变化以及具有的阶段性特点,这一时期经济的速度、结构、动力等都会发生变化。其中,速度调整所遵循的是国际上的普遍规律以及与中国发展潜力判断的有机统一,主要概括为从高速增长向中高速增长,表现为结构性减速,但这个转换的过程还没有结束,仍然受到经济发展下的压力。

我国经济在发展的过程中具有不稳定性,因此经济新常态也具有不确定性。历史的发展总是与人的主观能动性具有关联性,经济发展的成果历来需要人在把握规律的前提下进行判断。经济发展进入新常态,并不代表经济必定发展为更高水平,调整变化并非指向唯一结果。

习近平总书记既对怎么看新常态做了全面论述,同时也对新常态下怎么干的问题高度重视。他指出,“面对我国经济发展新常态,我们观念上要适应,认识上要到位,方法上要对路,工作上要得力”。

如何在经济新常态下开展工作,2015年,习近平总书记在中央经济工作会议上特别强调,引领经济发展新常态,就要努力实现多方面工作重点转变,明确指出工作重点转变的方向,即“十个更加注重”,作为指导思路调整、工作重点转变的具体要求。

具体应该怎么干,要在掌握经济新常态规律的基础上,掌握“十个更加注重”的方法论,推动转变工作重点,努力实现更高质量、更有效率、更加公平、可持续的发展。

其一,要坚定发展信息,狠抓第一要务。新常态不是不要国内生产总值增长,不能放任经济下滑而无任何的行动。必须要坚持以经济建设为中心,坚持发展才是硬道理的战略思想,要紧抓重要的战略机遇,积极主动的把握,确保经济能够在合理区间运行,确保在 2020 年实现全面建成小康社会的目标。

其二,转变发展方式,提高发展的质量和效益。新常态下,抓经济工作、检验经济工作成效,要从过去主要看增长速度有多快转变为主要看质量和效益有多好。如果只是 GDP 上去了,就业岗位没有增加,财政收入没有增长,企业利润没有提高,居民生活没有改善,环境质量没有变好,这样的发展不是我们所要的。要正确处理速度与结构、质量、效益的关系,按照“投资有回报、产品有市场、企业有利润、员工有收入、政府有税收、环境有改善”[①]的要求,把握好当前和长远、速度和效益的平衡点,加快推进传统产业新型化、新兴产业规模化、支柱产业多元化,推动经济发展向“双中高”迈进。

其三,积极主动,扎实苦干、实干。适应新常态不是不干事,而是要更好地发挥出具有的主观能动性、更有创造性地推动发展,不能把新常态当作不作为、不想为、不能为的借口和挡箭牌。

新一届中央领导集体相继在全党开展群众路线教育实践活动、“三严三实”专题教育、“两学一做”学习教育活动,就是为了使全党能够在改革创新精神下做好各项工作,切实解决好思想认识、工作作风、能力方法不适应、不符合的问题,同时要具有强烈

① 《习近平总书记系列重要讲话读本》,学习出版社,人民出版社 2016 年版,第 146 页。

的问题意识与进取精神，克服困难、妥善应对挑战，切实担负起引领新常态的重任，推动经济更好的发展。

（二）推进供给侧结构性改革

我国经济在运行的过程中面临着巨大的矛盾和冲突，最主要的原因还是由于结构失衡，导致经济在循环的过程中不够畅通，因此需要从供给侧、结构性改革上想出办法，努力实现供求关系新的动态均衡。供给侧结构性改革的内涵是增强供给结构对需求变化的适应性和灵活性，不断让新的需求催生新的供给，让新的供给创造新的需求，在互相推动中实现经济发展。

供给侧结构性改革主要是从生产端着手，从而能够有效地化解产能过剩，促进产业的优化与重组，有效降低企业的成本，发展战略新兴产业和现代服务业，增加公共产品与服务供给，同时提高供给结构对需求变化的适应性。

要加强激励、鼓励创新，增强微观主体内生动力，进而提高盈利能力，提高劳动生产率，提高全要素生产率、提高潜在增长率。简单来说，就是去产能、去库存、去杠杆、降成本、补短板。

去产能，各地要明确具体任务和具体目标，加大环保、能耗、质量、标准、安全等各种门槛准入、制度建设和执法力度。

去库存，一方面通过政策设计来着力激发农民工市民化住房需求，促进城市居民的住房质量改善；另一方面，通过多项政策组合构建房地产健康发展的长效机制。

去杠杆，要在宏观上不放水漫灌，在微观上有序打破刚性兑付，依法处置非法集资等乱象，切实规范市场秩序。

降成本，要将制度性交易成本降低，转变政府职能、简政放权。要降低企业的税费负担，要清理各种不合理的收费，营造出公平的税负环境，降低制造业增值税税率。要降低社会保险费，降低企业财务成本，降低电力价格，有效地推进电价市场化改革，完善煤、电价格联动机制。要降低物流成本，推进流通体制改革。

补短板，针对当前供需失衡的主要问题，补足供应短板，进行产业升级,从量和质两个方面增加有效供给。

宏观政策要稳,是指结构性改革营造出稳定的宏观经济环境。要加大财政政策力度,实行减税政策,阶段性提高财政率,在适当增加必要的财政支出和政府投资的同时,主要用来弥补降低税率所带来的财政减收,保障政府应该承担的支出责任。

稳健的货币政策要灵活适度,为结构性改革营造适宜的货币金融环境,降低融资成本,保持流动性合理充裕和社会融资总量适度增长,扩大直接融资比重,优化信贷结构,完善汇率形成机制。

社会政策要托底,是指要守住民生底线。供给侧结构性改革,尤其是化解过剩产能时,势必会影响部分群体的就业与收入,但这是必然要经历的。因此要更好地发挥社会政策稳定器的作用,守住民生底线,要特别将重点放在兜底,保障好人民群众的基本生活与基本的公共服务,为结构性改革创造稳定良好的社会环境。①

二、推进中国特色社会主义政治建设

中国特色社会主义政治建设作为中国特色社会主义建设的重要组成部分,它是在中国共产党的领导下、中国人民通过长期的实践中走出的一条既符合我国国情又顺应时代潮流的正确之路,它为国家富强、民族振兴、人民幸福、社会和谐提供着根本的政治保障。

(一)坚持走中国特色社会主义政治发展道路

建设中国特色社会主义,必须坚持走中国特色社会主义政治道路,必须大力推进社会主义民主政治建设。建设社会主义政治文明,必须坚定不移地走中国特色社会主义政治发展道路。中国

① 《中央经济工作会议在北京举行》,《人民日报》,2015 年 12 月 22 日。

特色社会主义政治发展道路，是中国特色社会主义道路的重要组成部分，体现了人民民主专政的本质要求，是一条能够为国家富强、民族振兴、人民幸福和社会和谐提供根本保障的政治发展道路。中国特色社会主义政治发展道路是在依据历史发展经验，立足中国现实，展望中国未来的基础上形成的，这条道路既不是“传统的”，也不是“外来的”，更不是“西化的”，而是我们“独创的”，是一条人间正道。

（二）坚持党的领导、人民当家做主和依法治国相统一

坚持中国特色社会主义政治发展道路，关键是要坚持党的领导、人民当家做主、依法治国有机统一，以保证人民当家做主为根本，以增强党和国家的活力、调动人民积极性为目标，扩大社会主义民主，发展社会主义政治文明。

（三）坚持和完善符合我国国情的社会主义政治制度

我们党坚持从国情出发、从实际出发，在充分尊重我国历史传承、文化传统的基础上，建构了具有鲜明中国特色的人民代表大会制度、中国共产党领导的多党合作和政治协商制度、民族区域自治制度、基层群众自治制度等根本政治制度。安排这样一套政治制度是经过长期发展、渐进改进、内生演化的结果。党的十八大以来，以习近平同志为核心的党中央深刻洞察世界潮流、深刻把握人类社会发展规律，以矢志不渝的担当、一往无前的勇气和固本开新的智慧，推动中国特色社会主义民主政治不断发展和完善，使这套制度日益展现出独特优势和魅力，成为走好中国特色社会主义民主政治道路的坚实制度保障，必须长期坚持、全面贯彻、不断发展。

（四）切实维护国家政治安全

国家安全是国家生存和发展最基本、最重要的前提。政治安全是指国家领土主权、政治制度、意识形态等免受各种侵袭、干

扰、威胁和危害的状态。政治的核心是国家政权,政治安全直接涉及国家政权的稳固。因此,政治安全在国家安全体系中居于核心地位和最高层次,具有根本性的战略意义。我国作为中国共产党领导的社会主义国家,政治安全不仅包括领土完整、主权独立,而且包括坚持人民民主专政和中国特色社会主义制度的性质、坚持马克思主义意识形态的主导地位不被动摇,其中最关键的是确保中国共产党的领导地位和执政地位绝对巩固。坚持走中国特色社会主义政治道路,推进社会主义政治建设,必须增强忧患意识,做到居安思危,高度重视和切实维护国家政治安全。

三、推进中国特色社会主义文化建设

文化是一个国家、一个民族的灵魂。文化兴盛则国运兴盛,文化强大则民族强大。如果没有高度的文化自信和文化繁荣,那么就没有中华民族的伟大复兴。要想在真正意义上实现中华民族的伟大复兴,就迫切要求我国由一个文化大国进一步转变为一个文化强国,这是中华民族几千年文化积淀赋予我们的历史使命。文化建设是建设中国特色社会主义总布局中的一个重要组成部分。从改革开放以来,历届党的代表大会上都针对文化建设做了重要的定位和深刻的阐述。到了中共十九大,文化建设彻底进入了一个全新时代,其战略地位也得到了有效的提升。

(一)培育和践行社会主义核心价值观

第一,培育和践行社会主义核心价值观,重点是青少年。但是成人社会的道德状况是青少年道德教育的直观样板。所以,要做好青少年的思想道德教育,成人社会首先应当树立"从我做起"的意识,做好行为表率。其中,共产党员更负有不可推卸的率先垂范、以身作则的责任。马克思曾提出共产主义者根本不进行任何道德说教,不是说共产主义者不讲道德,而是说共产主义者自身首先应该成为道德楷模,决不能只做一个道德传教士。

第二，培育和践行社会主义核心价值观，要高度关注细节、小事。习近平同志多次强调，培育和弘扬社会主义核心价值观要“在落细、落小、落实上下功夫”，就是要求从细节小事入手，逐渐养成良好的道德习惯，由此培育出良好的道德品性，使“德行”与“德性”高度一致。

第三，培育和践行社会主义核心价值观，要坚持标准，持之以恒。社会主义核心价值观是所有人都应践行的道德规范，没有人能够置身事外。所以，培育和弘扬社会主义核心价值观，决不能使标准弹性化，标准弹性化就是没有标准，甚至比没有标准还要恶劣。习近平同志在党的群众路线教育实践活动总结大会上讲“要坚持制度面前人人平等、执行制度没有例外，不留‘暗门’、不开‘天窗’，坚决维护制度的严肃性和权威性，坚决纠正有令不行、有禁不止的行为，使制度成为硬约束而不是橡皮筋”。这在培育和践行社会主义核心价值观上同样适用。

（二）构建普惠型的现代公共文化服务体系

构建普惠型的现代公共文化服务体系是满足人民群众日益增长的文化需求的必然选择，是实现好、维护好、发展好人民群众基本文化权益的重要途径，是让人民群众对改革有更多获得感的重要方面，是发展壮大中国特色社会主义文化的重要举措，是提高国家文化软实力的基础性工程。进一步加快我国现代公共文化服务体系建设，需要注意几个问题。

第一，必须落实习近平总书记提出并强调的坚持以人民为中心的工作导向，尊重人民群众的主体地位，最大限度地实现公民参与，做到公民共建、共有、共享，反对追求高档、豪华的“面子工程”等错误做法。

第二，必须高度重视价值引导，关注文化内容的生产与供给，切实发挥“把关人”的作用，避免简单的娱乐化、文艺化倾向，坚决反对庸俗化、低俗化、粗俗化的做法。

第三，正确理解“政府主导”，既不能把“政府主导”等同于“政府唯一”,又不能把“政府主导”变成脱离实际的拍脑门子决策,应充分利用政策杠杆,鼓励社会各界积极参与,在具体活动与服务的提供上问需于民,问计于民,尊重民意。

第四,正确理解基本公共文化服务的标准化、均等化。标准化不是一致化,应结合实际,以《国家基本公共文化服务指导标准》为依据,采取“1+N”即“国家指导标准+区域或行业部门标准”的模式,建立既符合国家要求又切合实际的地方性标准。均等化不是平均化或无差异化,这里的关键还是要实事求是。

第五,加强协调沟通,整合社会文化资源。把单位所有转化成社会共享,既提高了文化资源的利用率又可以减轻投资的压力。

(三)实现中华优秀传统文化的传承与发展

实现中华优秀传统文化的传承发展,是推动中国特色社会主义文化繁荣兴盛的重大战略任务,对延续和发展中华文明、延续中华文脉、全面提升人民群众文化素养、维护国家文化安全、增强国家文化软实力,维护人类文明多样性,促进人类文明互鉴共进,具有重要的作用。实现中华优秀传统文化的传承发展,要做到以下三点。

第一,要做到守住历史“筋骨肉”,传承文化“精气神”。所谓历史“筋骨肉”,是指文明或文脉的物质载体。所谓文化“精气神”,是指历史“筋骨肉”中的历史记忆、思想观念、价值意义等。没有了“筋骨肉”,“精气神”无从表达;没有了“精气神”,“筋骨肉”就成了木乃伊。习近平同志在宁夏视察时说,革命传统和爱国主义教育基地建设一定不要追求高大全,搞得很洋气、很现代化,花很多钱那就不是革命传统了,革命传统就变味儿了。可以通过传统教育带动旅游业,“但不能失去红色旅游的底色”。

第二,一定要正确认识和对待传统文化。习近平同志在纪念孔子诞辰 2565 周年时指出,“传统文化在其形成和发展过程中,不可避免会受到当时人们的认识水平、时代条件、社会制度的局限性的制约和影响，因而也不可避免会存在陈旧过时或已成为糟粕性的东西。这就要求人们在学习、研究、应用传统文化时坚持古为今用、推陈出新，结合新的实践和时代要求进行正确取舍，而不能一股脑儿都拿到今天来照套、照用”。

第三，通过在传承基础上的“创造性转化、创新性发展”，使中华民族最基本的文化基因与当代文化相适应、与现代社会相协调。中宣部负责人就中办、国办的《关于进一步计会主义核心价值观融入法治建设的指导意见》有关问题答记者问时，对此做了阐释，他说，“坚持‘两创’方针，关键是把握、处理好继承和创新的关系，处理好传统文化与当今时代的关系，主要看能不能解决今天中国的问题，能不能回应时代的需求和挑战，能不能转化为民族复兴、国家富强、人民幸福的有益精神财富。要坚持辩证唯物主义和历史唯物主义，秉持客观、科学、礼敬的态度，取其精华、去其糟粕，扬弃继承、转化创新，不复古、泥古，不简单否定，不断赋予新的时代内涵和现代表达形式，不断补充、拓展、完善，使之成为有利于解决现实问题的文化，有利于助推社会发展的文化，有利于弘扬民族精神和时代精神的文化”。

四、推进中国特色社会主义生态文明建设

党的十八大把推进生态文明建设放在突出地位，纳入中国特色社会主义事业总体布局。党的十九大指出，建设生态文明是中华民族永续发展的千年大计。坚定走生产发展、生活富裕、生态良好的文明发展道路，建设美丽中国，为人民创造良好生产、生活环境，为全球生态安全做出贡献。

（一）树立生态文明的政绩理念

生态文明的政绩理念是建设生态文明的重要导向。有什么样的政绩理念，就会产生什么样的执政行为。生态文明的政绩理念也是一个系统，下面择其关键的三个方面加以阐述。

一是民生为上。我国古代就有“为官一任，造福一方”“万事民为先”的说法，这实际上就是民生为上的理念。我们国家发展到现在这个阶段，生态环境问题已直接威胁到公众的安全、健康，成为与公众十分密切、直接相关的重大民生问题。遗憾的是有些干部和企业对这些视而不见，漠不关心，导致一些地方民怨沸腾。党员干部应当切实树立民生为上的理念，解决好生态环境问题，为人民办实事。

二是不唯GDP论英雄。自改革开放以来，以经济建设为中心的理念深入人心，我国在经济社会发展中取得了有目共睹的显著成绩。但是以经济建设为中心又被逐渐演变成以GDP增长为中心，成为唯GDP论英雄，以致酿成许多生态环境问题，其中许多是极其得不偿失的。以云南昆明的滇池为例，40年来滇池上游兴办企业造成的污染使滇池曾经成为一潭臭水；后来治理滇池所花费的资金已大大超过这些企业40年来GDP的总和。但是据专家测算，滇池要恢复到原来的面貌，还需要50年的再治理和自然恢复。因此，生态文明建设需要打破唯GDP论英雄的政绩观，将生态环境放在经济社会发展评价体系的突出位置。

三是功成不必在我任。“生态环境保护功在当代，利在千秋”。它是短期效益和长期利益的有机统一。一些干部中存在着急功近利的思想，不愿意做“前人栽树，后人乘凉”的事情。但“士不可不弘毅，任重而道远”。政府和企业要避免只注重眼前政绩，缺乏长远打算，只管建设、不管保护的错误做法，更不能做表面文章的政绩工程。要切实树立“功成不必在我任”的理念，一张蓝图绘到底，不但满足人民群众对良好生态环境的期待，而且要为子孙后代留下天蓝、地绿、水净的美好家园。要相信群众心中有一杆秤，这杆秤最准确、最公平，群众的好口碑会流芳百世。

（二）推动建设美丽中国

首先是实施天蓝战略。“十三五”时期是我国经济体制、社会体制改革的关键期，也是环境管理由污染控制转向质量改善目标的过渡期和敏感期。由于大气具有流动性，依靠单个城市各自为政的控制管理方式已不能适应区域空气质量管理的要求，需要打破行政区划限制，统筹协调不同的利益主体，包括不同行政区及不同部门，建立以区域为单元的一体化控制模式，迫切需要机构、机制以及政策措施的创新，建立具有中国特色的国家蓝天战略与策略。

其次是实施地绿战略。人类曾生存于森林中，对于森林有很深的感情，绿色总能给人以放松和愉悦。由于对土地的需要和对绿色环境的需求，在人类发展史中，不断上演着绿化和反绿化的曲目。我国幅员辽阔、人口众多，战乱、人口爆炸式增长下的粮食需求、工业化、城镇化等诸多因素，绿色植被破坏，造成了历史积淀下的绿化欠账。由于观念落后，城镇化过程中城镇的繁荣和农村的凋敝均指向了一个重要的问题——绿化不足。美丽中国的建设离不开绿化，生态绿化是我国发展生态文明的主要方向之一。战略的主要方向是我国地绿战略的关键点，在全面铺开的同时选择亟须解决的重点，能增强指导的实用性和效用性。

最后是实施水清战略。中国是一个治水大国，治水历史源远流长。历史上，治水的首要任务是抵御水旱灾害。新中国成立以来，在中国共产党的领导下，科学长远规划，通过建设以三峡工程、南水北调工程等一大批为代表的骨干水利工程，大大降低了水旱之害，保障了人民群众的生命财产安全及用水安全，以全球6%的水资源保障了全球22%人口的用水，支撑着世界第二大经济体高速发展。在取得前所未有成绩的同时，治水工作也因水资源短缺和水污染两大核心问题而发生了很大变化。新时期的治水被赋予了全新的内涵，面临着严峻的挑战。2011年，中共中央、国务院发布《关于加快水利改革发展的决定》，针对新时期治水可持续发展面临的形势与挑战，提出了“到2020年，我国基本建成防洪抗旱减灾体系、水资源合理配置和高效利用体系、水资源保护和河湖健康保障体系、有利于水利科学发展的制度体系”的新时期治水战略重点与主要目标。

五、推进中国特色社会主义社会建设

(一)努力办好人民满意的教育

一是坚持教育优先发展。习近平主席早在 2013 年 9 月 25 日的联合国“教育第一”全球倡议行动一周年纪念活动上就指出,“中国将坚定实施科教兴国战略,始终把教育摆在优先发展的战略位置,不断扩大投入,努力发展全民教育、终身教育,建设学习型社会,努力让每个孩子享有受教育的机会,努力让 13 亿人民享有更好更公平的教育”。教育优先发展意味着社会发展规划应优先安排教育发展,财政资金应优先保障教育投入,公共资源应优先满足教育和人力资源开发需要。当前,各地的教育支出占一般财政支出比例都比较高,这是对教育优先发展的贯彻落实。

二是全面实施素质教育。其主要内容包括着力培养学生的综合素质,尤其是创新能力;推进招生考试制度、教育教学管理等方面的改革,探索素质教育的有效途径和方法,通过改革突破实施素质教育的体制机制障碍,把教育发展引导到有利于全面实施素质教育的轨道上来;狠抓师资队伍建设,提高师德水平和业务能力,增强教师教书育人的荣誉感和责任感;建立和完善教育体系,办好学前教育,均衡发展九年义务教育,基本普及高中阶段教育,加快发展现代职业教育,推动高等教育内涵式发展,积极发展继续教育,完善终身教育体系。

三是合理配置教育资源。以基础教育为例,为了促进义务教育均衡发展,从 2005 年开始,国家针对农村孩子实施“两免一补”政策,即免除义务教育阶段学杂费,对贫困家庭学生免费提供教科书和补助寄宿生生活费。2006—2008 年,这项政策从重点贫困县、部分中西部农村地区到全国农村,从农村到城市全面实施。同时,从 2011 年秋季开始实施农村义务教育学生营养改善计划,不让一个孩子因为家庭经济困难而上不起学。2016 年,我国免除农村贫困家庭学生普通高中学杂费，全年资助各类学校家庭困难学生 8400 多万人次。《2018 年国务院政府工作报告》对教育公平做了进一步强调，“发展公平而有质量的教育。推动城乡义务教育一体化发展，教育投入继续向困难地区和薄弱环节倾斜。切实降低农村学生辍学率，抓紧消除城镇‘大班额’，着力解决中，小学生课外负担重问题”。

四是完善公平的教育政策体系。保障学生接受教育的机会平等。积极推动农民工子女等教育弱势群体、弱势地区学生平等接受教育，教育资源向农村、边远、贫困、民族地区倾斜，加强农村特别是边远贫困地区教师队伍建设，扩大优质教育资源覆盖面。推进考试招生制度改革。为了解决一考定终身的弊端，探索招生与考试相对分离、学生考试多次选择、学校依法自主招生、专业机构组织实施、政府宏观管理、社会参与监督的运行机制。特别是自主招生，要使招生政策透明化，落实阳光招生，建立完善的监督体系。

(二)加快实施贫困人口精准脱贫

习近平总书记指出，“必须在精准施策上出实招、在精准推进上下实功、在精准落地上见实效”。脱贫攻坚必须做到健全工作机制，确保精准扶贫。精准扶贫措施主要有：第一，发展特色产业脱贫。第二，引导劳务输出脱贫。第三，实施易地搬迁脱贫。第四，结合生态保护脱贫。第五，着力加强教育脱贫。第六，开展医疗保险和医疗救助脱贫。第七，实行农村最低生活保障制度兜底脱贫。第八，探索资产收益扶贫。第九，健全留守儿童、留守妇女、留守老人和残疾人关爱服务体系。

(三)推动实现更高质量的就业

就业是民生之本，是人民群众改善生活条件的基本途径。就业问题的妥善解决是全面建成小康社会的必然要求，也是实现国家富强、民族振兴和人民幸福的必然要求。

进入新世纪、新阶段以来，伴随着我国工业化、市场化、城镇化进程的加快，就业形势再一次严峻起来。这主要表现在：总量压力和结构性矛盾并存，就业公平性得不到保障，以高校毕业生为重点的青年就业问题突出，劳动者就业能力素质和就业技能较低，公共就业服务体系不够健全等。针对这些问题，党和国家提出了推动实现更高质量就业的一系列政策和举措。

第一，要把促进就业放在经济社会发展的优先位置，实施就业优先战略和更加积极的就业政策，要贯彻劳动者自主就业、市场调节就业、政府促进就业和鼓励创业的方针，提高就业质量，努力实现充分就业。建立经济发展和扩大就业的联动机制，在制定经济发展规划、确定经济发展速度时，要优先考虑扩大就业规模的需要，使经济健康发展的过程成为就业持续扩大的过程。通过优化产业结构、提高服务业就业比重、发展新兴产业和民营经济，创造就业岗位，尽量扩大就业规模。健全政府促进就业责任制度。综合运用财政、税收、金融、产业等各项经济调节政策促进就业，鼓励企业更多吸纳就业，鼓励劳动者多渠道、多形式就业。通过政府投资开发公益性岗位和开展就业援助行动，帮助困难群体就业。

第二，健全促进就业公平的体制机制。实现公平就业是社会公平正义的重要体现。首先是健全公平的法律体系和监督机制。进一步完善反对就业歧视的法规政策，逐项细化劳动法和就业促进法等法律的相关规定，制定相关配套法规政策，加大违法行为惩罚力度，真正做到有法可依。要加大人力资源市场监管力度和对违法行为惩处力度，严厉打击招聘过程中的歧视、欺诈等行为，消除城乡、行业、身份、性别等一切影响平等就业的制度障碍和就业歧视。其次是规范招人用人制度。无论是公务员考录还是事业单位、国有单位招聘人员，都要坚持公平竞争机制，切实做到信息公开、过程公开和结果公开。

第三，创新扶持创业的体制机制。引导劳动者转变就业观念，增强劳动者特别是青年人的创业意识，鼓励多渠道、多形式就业，促进创业带动就业，完善扶持创业的优惠政策，形成政府激励创业、社会支持创业、劳动者勇于创业新机制。比如政府通过税费减免为创业者减轻负担，对创业开业资金缺乏的，给予贷款扶持，鼓励发挥各方资源优势，为创业者提高场地便利、创业孵化和跟踪服务。

第四，完善城乡均等的公共就业创业服务体系，要加强基层公共创业服务平台建设，努力构建覆盖城乡的公共就业创业服务体系，为城乡劳动者提供均等化的就业创业服务。

（四）千方百计增加居民收入

收入是民生之源。中国梦归根结底是人民的梦，要实现中国梦，必须使人民真正享受到发展带来的实惠，触摸到发展带来的幸福。贫穷不是社会主义，社会主义的目标是实现共同富裕。改革开放以来，我国经济保持了强劲的增长势头，人民生活有了很大的改善，生活水平日益提高，城镇人均可支配收入和农村人均纯收入也得到了大幅度的增长。但现阶段，我国也存在着居民收入增长与经济增长不相协调，劳动收入偏低，不同地区、不同行业以及城乡居民收入差距较大等现象。同时分配不合理现象也比较突出，一些垄断收入偏高，部分领域的“灰色收入”“隐形收入”甚至非法收入还大量存在。这些现象势必让人民感受不到公平，影响经济发展和社会稳定。

对此收入分配问题，党和国家非常重视，一直强调要加大收入分配调节力度，从提出效率优先、兼顾公平，到提出更加注重社会公平，再到提出初次分配和再分配都要处理好效率和公平的关系，再分配更加注重公平，认识不断深化，政策力度也不断加大。通过提高最低工资标准，全面取消农业税，加大农业补贴力度，实施区域发展战略，加大国家投入和支持力度，建立社会保障网、提高个税起征点等措施，居民收入有所增加，收入差距扩大正在趋缓。针对目前居民收入现状，要千方百计增加居民收入，一方面需坚持科学发展，将社会财富这块蛋糕做大，另一方面需深化收入分配制度改革，把蛋糕分得更好，让广大人民群众共享改革发展成果。

第五节　协调推进“四个全面”战略布局

党的十九大报告明确指出，中国特色社会主义事业的战略布局是“四个全面”。要协调推进“四个全面”战略布局，提高党把方向、谋大局、定政策、促改革的能力和定力，确保党始终总揽全局、协调各方。

一、“四个全面”战略布局的时代性

（一）全面建成小康社会进入决胜阶段

到2020年全面建成小康社会，是我们党向人民、向历史做出的庄严承诺。“十三五”时期与实现全面建成小康社会奋斗目标的时间节点高度契合，全面建成小康社会进入决胜阶段。在这个决胜阶段，有一些带有全局性的问题需要克服和解决，否则就很难全面建成小康社会，这是“决胜阶段”的阶段性特点。

第一，如何解决好发展质量和效益问题。习近平强调，发展要有一定速度，但这个速度必须有质量、有效益。总体来看，我国产能很大，但其中一部分是无效供给，而高质量、高水平的有效供给又不足。我国虽然是制造大国和出口大国，但主要是低端产品和技术，科技含量高、质量高、附加值高的产品并不多。我们既要着力扩大需求，也要注重提高供给质量和水平。

第二，如何解决好发展不平衡问题。习近平强调指出，全面建成小康社会，强调的不仅是“小康”，而且更重要的也是更难做到的是“全面”。“小康”讲的是发展水平，“全面”讲的是发展的平衡性、协调性、可持续性。如果到2020年我们在总量和速度上完

成了目标，但发展不平衡、不协调、不可持续问题更加严重，短板更加突出，就算不上真正实现了目标，即使最后宣布实现了，也无法得到人民群众和国际社会认可。全面小康，覆盖的领域要全面，要在坚持以经济建设为中心的同时，全面推进经济建设、政治建设、文化建设、社会建设、生态文明建设，促进现代化建设各个环节、各个方面协调发展。

第三，如何增强风险防控意识和能力。在全面建成小康社会决胜阶段，我国在发展过程中面临的各方面风险可能在不断积累甚至集中显露。如国内的经济、政治、意识形态、社会风险以及来自自然界的风险，国际经济、政治、军事风险等。如果风险出现后不能有效应对，就有可能给国家安全带来隐患，以致使全面建成小康社会发生中断。习近平指出，我们必须把防风险摆在突出位置，力争不出现重大风险或在出现重大风险时扛得住、过得去。新形势下，如果利益关系协调不好、各种矛盾处理不好，就会导致问题激化，严重的就会影响发展进程。

（二）深化改革进入深水区

改革是社会主义事业不断发展的动力，不断深化改革是中国特色社会主义事业发展的实践要求。改革开放40年来，中国特色社会主义事业在改革中不断取得进步。与此同时，随着改革的深入，改革进入深水区，改革的难度也在增加，难啃的“硬骨头”越来越多。

第一，如何深化经济体制改革。经济体制改革是全面深化改革的重点，核心是如何处理好政府与市场的关系，这里涉及许多深层次体制机制问题，需要花大力气解决这些问题。一些借深化改革否定社会主义基本经济制度，冲击我国的制度底线的言论和行为，也需要通过深化改革、通过不断完善我国社会主义基本经济制度予以回击。

第二，如何深化政治体制改革。就改革的目标而言，如何通过深化政治体制改革，不断完善我国基本政治制度、不断增强党和国家的活力、有效调动人民积极性、不断扩大社会主义民主，我们需要更大的勇气和智慧。

第三，如何深化文化体制改革。文化体制改革是深化改革的重要组成部分，这一项改革涉及文化管理体制，存在一些深层次矛盾和问题，有待通过深化改革加以破解。

第四，如何深化社会管理体制改革。在社会管理体制改革方面，我们有许多新的东西需要学习，需要通过改革改进社会治理方式、激发社会组织活力、创新有效预防和化解社会矛盾体制、健全公共安全体系。

第五，如何深化生态文明管理体制改革。生态文明建设是中国特色社会主义建设事业的重要组成部分，它的重要性日益凸显。但是，健全有效的生态文明管理体制尚未建立，必须通过深化改革完善生态文明管理体制，用好的制度有效保护生态环境。

（三）法治建设面临新挑战

习近平指出，“全面推进依法治国是解决我们在发展中面临的一系列重大问题，解放和增强社会活力、促进社会公平正义、维护社会和谐稳定、确保国家长治久安的根本要求”。[①] 改革开放以来，我国社会主义法治建设取得了显著成就，中国特色社会主义法律体系基本建立，司法体系不断完善。但是，法治建设实践中突出的问题还比较多，如司法公正如何确实得到维护、人情司法如何得到有效清除。这些问题的存在有损于社会主义法治建设，必须通过推进全面依法治国和深化改革加以解决。

（四）党的建设需要新突破

习近平强调指出，“实现‘两个一百年’目标，实现中华民族伟大复兴的中国梦，必须把我们党建设好”。[②] 这体现了党的建设的重要性。就目前党的建设状况而言，我们还存在许多突出问题，

① 《习近平关于全面依法治国论述摘编》，中央文献出版社2015年版，第3—4页。

② 《习近平谈治国理政》，外文出版社2014年版，第385页。

需要通过推进全面从严治党加以解决。党的十八大以来,党中央全力推进反腐败斗争,但是大案要案还是不断发生,说明制度的笼子还没有编织好,加强制度建设仍然是党的建设的重中之重。同时,党的组织建设、思想建设还存在一些突出问题有待解决,如“党的领导弱化”“党组织核心作用发挥不充分”“‘四个意识’不够强”等。这些问题的存在说明党的建设需要新的突破,以系统解决党内存在的问题,保持党的先进性和纯洁性。

二、“四个全面”战略布局的重要意义

“四个全面”战略布局是大势所趋和人心所向。习近平指出,“‘四个全面’战略布局是从我国发展现实需要中提出来的,从人民群众的热切期待中得出来的,也是为推动解决我们面临的突出矛盾和问题提出来的”。[①] 因此,“四个全面”战略布局具有非常重大的现实和理论意义。

(一)深刻把握了客观境遇

“四个全面”战略布局是紧密地结合了世情、国情、党情、社情、民情的谋篇布局。一方面,从国际和国内两个大局综合来看,国际竞争深刻体现在国家战略布局的深度角逐,国家发展内在表现为国家战略布局的审时度势。因此,能否制定好和实施好因势而谋、应势而动、顺势而为的战略布局尤为重要。另一方面,就当前国内的情况而言,全面建成小康社会正处于决胜阶段或者说冲刺阶段,全面深化改革已经进入深水区、攻坚克难正处于关键时期,全面依法治国已经驶入快车道,全面从严治党步入强化时段,这自然需要“四个全面”战略布局这种高瞻远瞩和攻坚克难的战略布局。

① 人民日报社评论部:《“四个全面”学习读本》,人民出版社2015年版,第22—23页。

(二)及时厘清了系列问题

问题是时代的声音和行动的向导,加之我国仅仅用了几十年时间就实现了西方国家几百年的发展历程,故发现问题、直面问题、分析问题和解决问题具有战略意义。职责担当越崇高、愿景追求越宏伟,任务就会越艰巨;越是提升奋斗成果、越是接近实现目标,问题就会越复杂。我国正处在社会转型深化期、矛盾问题凸显期、发展战略机遇期,还存在不平衡、不协调、不持续、不和谐等问题,还存在躲不过、绕不开、避不了和拖不得的难题。“四个全面”战略布局从全面建成小康社会、全面深化改革、全面依法治国、全面从严治党这四个宏大视野、深刻层面和整体目标对这些问题做了科学而重要的回应,这既是对党和国家尚未实现“全面”的勇敢面对,又是对党和国家要实现“全面”的气魄与决心的宣示。

(三)显著深化了规律认识

中国共产党对自然规律、社会历史规律和思维规律的探索、总结与应用,从来没有轻视过抑或懈怠过。“四个全面”战略布局深刻地体现了认识规律、遵循规律、利用规律,特别是切实深化了对共产党执政规律、社会主义建设规律、人类社会发展规律的认识。首先,“四个全面”战略布局深化了对共产党执政规律的认识,使全面从严治党常态化和制度化。其次,“四个全面”战略布局深化了对社会主义建设规律的认识,不仅对中国特色社会主义建设提供了深刻的现实关照,而且为如何科学推进社会主义建设提供了非常宝贵的指导思想。最后,“四个全面”战略布局深化了对人类社会发展规律的认识,不仅遵循了人类社会发展的普遍原理、总体态势,而且彰显了人类社会发展的阶段性和具体性。总之,“四个全面”战略布局是一种克服急于求成和防止急功近利的战略布局,是一种契合规律和切实可行的战略布局,使党和国家的战略方向更加明确和更加合理、战略格局更加严密和更加完整、战略筹划更加清晰和更加科学,从而宣示和增添了党领导人民开拓进取的睿智。

(四)集中增创了中国优势

纲举才能目张,在中国这样一个大国搞建设、谋发展,必须在千头万绪、千丝万缕和千差万别中想问题、找思路、办事情。“四个全面”战略布局,就是坚持和发展中国特色社会主义的战略布局,这是精准把握“四个全面”战略布局科学内涵和精神实质的逻辑起点。“四个全面”战略布局紧密联系着建设中国特色社会主义“五位一体”总布局,并且是贯穿于“五位一体”总布局的核心要义。因此,既要防止“四个全面”战略布局取代“五位一体”总布局,又必须注重“四个全面”战略布局对“五位一体”总布局的指导和引领。由此可见,“四个全面”战略布局坚持的主线是中国特色社会主义,并系统勾勒了新的历史起点上中国特色社会主义的构建图景,从而是中国特色社会主义实践铺展的战略主体,标志着对中国特色社会主义的认识发展到了新阶段、升越到了新高度,彰显了中国特色社会主义的实践特色、理论特色、民族特色、时代特色,进而为中国特色社会主义的优势再上新台阶提供了正确指导。

(五)明确推进了理论创新

理论来源于实践、发展于实践、丰富于实践。“四个全面”战略布局继承和发展了马克思主义,不仅是马克思主义中国化的新成就,而且是中国化马克思主义的新发展。“四个全面”战略布局进一步发展了“建设什么样的社会主义,怎样建设社会主义”“建设什么样的党,怎样建设党”“实现什么样的发展,怎样发展”等重大课题,是中国特色社会主义理论创新的最新成果,从而丰富了中国特色社会主义理论体系,体现了社会主义核心价值观的基本内容,彰显了中国特色社会主义的实践特色、理论特色、民族特色、时代特色,增强了中国特色社会主义的道路自信、理论自信、制度自信。

三、"四个全面"战略布局的协调推进

(一)全面建成小康社会,兑现庄严承诺

现在,全面建成小康社会进入了决胜阶段。如期全面建成小康社会,既具有充分条件,也面临艰巨任务,前进道路并不平坦,诸多矛盾叠加、风险隐患增多的挑战依然严峻复杂。下大气力破解制约如期全面建成小康社会的重点难点问题,这既是必须完成的任务,也是必须迈过的一道坎儿。

首先,解决好发展质量和效益问题。习近平指出,实现全面建成小康社会奋斗目标,要通过着力转变方式解决发展质量和效益问题,通过着力补短板解决发展不平衡问题。要坚持发展是硬道理的战略思想不动摇,同时必须坚持科学发展,加大结构性改革力度,转变经济发展方式,提高发展的协调性和平衡性,把经济社会发展的短板尽快补上,努力实现更高质量、更有效率、更加公平、更可持续的发展。

其次,解决好发展不平衡问题。目前我国整体发展处于不平衡的状态,我们要客观地、历史地、辩证地去认识这一现象。解决发展不平衡问题不是要彻底消除各种差距,而是要通过有力的措施把差距控制在合理的范围内,力争实现协调发展。实现平衡发展主要需做到以下几个方面。

一是要全面贯彻落实科学发展观,统筹区域、城乡、经济与社会、人与自然、国内与国际五个方面的发展。

二是要落实好已有的区域发展政策,从区域经济社会协调发展的高度调整投资结构和战略性资源的配置,充分调动各地区的积极性,发挥区域优势。

三是要加快推进城镇化、城乡一体化和新农村建设进程。

四是加大力度推进收入分配制度改革,调整收入差距。

五是要利用国际金融危机、低碳经济形成的倒逼机制推进我国新型工业化进程，加快经济结构调整步伐，转变经济发展方式，缓解资源环境生态压力。

最后，增强风险防控意识和能力。习近平指出，当前和今后一个时期，可能是我国发展面临的各方面风险不断积累甚至集中显露的时期。我们面临的重大风险，既包括国内的经济、政治、意识形态、社会风险以及来自自然界的风险，也包括国际经济、政治、军事风险等。如果不能破解这些风险，就可能威胁到国家安全，全面建成小康社会进程就可能被迫中断。

各种风险往往相互交织并形成一个风险综合体，它并不孤立出现。各级党委和政府要增强责任感和自觉性，把预防风险摆在突出的位置，要加强对各种风险的调查研判，提高动态监测、实时预警能力，推进风险防控工作科学化、精细化，对各种可能的风险及其原因都要心中有数、对症下药、综合施策，出手及时有力，力争在源头上化解风险。

（二）全面深化改革，开创崭新局面

全面深化改革，需要深化认识、凝聚共识，特别是要认清全面深化改革的目标、保证主体力量，确保改革取得成功。为此，我们要做到倾听群众呼声，根据群众要求，推进全面深化改革。马克思主义唯物史观告诉我们，人民群众是历史的创造者，是推动社会进步的决定性力量。全面深化改革取得成功和效果，不是靠一两个所谓的政治精英、改革先锋的努力就能实现的，必须充分依靠群众这一主体力量，充分尊重人民的意愿。人民群众最期盼改革，改革开放各领域、各方面经验的创造和积累，都来自人民群众的生动实践。全面深化改革需要有直面困难的勇气与解决问题的方法，而这些都不可能来源于头脑想象，而只能来源于人民群众。领导干部要多听取群众的意见和呼声，多汲取群众的智慧和力量。在全面深化改革中，要善于宣传群众、动员群众，把群众的改革热情转化为全面深化改革的动力，这样才能把握住改革的切

入点，掌握发展的主动权，才能为全面建成小康社会提供根本动力，让广大人民群众有更多“获得感”。

对改革中的“破”与“立”，要坚持解放思想与实事求是相统一。

深化改革，必然要解决“破”与“立”的问题。“破”“立”的根据就是事物的发展规律。解放思想必须立足于实事求是，以“不唯书、不唯上、只唯实”的科学态度，坚持到基层去、到群众中去、到矛盾集中的地方去，善于听取不同意见，在真抓实干、破解难题中解放思想。

全面深化改革是我国40余年来改革开放的继续，包含着新时期改革的一般规律；又是新形势下改革开放的突破，蕴含着新的改革的内在规律。在全面深化改革的实践过程中，某些旧体制在过去市场化改革中被“破”掉了，但新的体制却并没有随之而“立”出来。对此，我们也要解放思想，打破陈规，善于创新思维，突出建设性要求，构建起系统完备、科学规范、运行有效的制度体系，使各方面的制度更加成熟更加定型。

一切从实际出发，辩证区分处理各类改革难题。当前需要全面深化改革的问题，大致存在过去的改革未曾触动的、改革未到位的、由于改革而产生的新问题三种情况。所以说，解决这些难题不能一刀切，要辨明实情，区别对待，需要我们真正拿出魄力、毅力和智力。第一种情况，对于过去的改革未曾触动的问题，我们更多需要的是魄力。对于这类改革难题，我们要从全面深化改革的大局出发，从最广大人民群众的根本利益着眼，拿出我们共产党人应有的魄力，科学合理地调整分配方式，斩除某些人、某些群体“不当获利”的“灰色”途径，还利于人民群众。第二种情况，对于那些改革未到位的问题，我们需要的则是毅力。如改革总体设计结构不完善、政府职能转换不彻底的问题、机构设置不合理、政企不分等，这些都有可能导致多头管理、职责交叉、权责脱节、相互扯皮、效率低下等问题的出现。对于这些问题，我们要持之以恒，拿出足够的毅力，科学规划，搞好顶层设计，加强立法，逐步通过法制化的途径来解决这些难题。第三种情况，对于那些由于改革而产生的新问题，我们需要的就是智力。这些新问题的产生，有可能是我们对新的形势认识估计不足、对一些新领域的规律研究不够、对改革措施的正反两方面的效应评估不科学造成的。要解决这些问题，一方面需要我们提高我们的宏观思维能力，努力学习新知识，大胆钻研新领域，力争掌握更多的新规律，另一方面需要我们充分发挥主观能动性，既要勇于实践，又要慎重决策，科学决策。

全面深化改革要通过试点，由点到面推开。改革开放是没有先例的伟大事业，没有现成经验可以借鉴。从毫无经验起步，大胆闯，勇于试，只能选择摸着石头过河的策略。企望从一开始就对改革开放的全局形成清晰的认知、做出系统的安排，不符合马克思主义的认识论。对必须取得突破，但一时还不那么有把握的改革，可以采取试点探索、投石问路的方法，得摸得很准了再全面推开。

改革开放以来，正是通过一点一点地探索，一步一个脚印地前进，我国的现代化建设才取得了举世瞩目的成就。随着改革开放向纵深推进，需要攻克的难题也就愈多，深化改革的复杂性、艰巨性大大增强。就事论事、零敲碎打、拆东墙补西墙、头痛医头脚痛医脚的方法，已经难以适应全面深化改革的要求。因此，我们需要在继续坚持摸着石头过河的同时，搞好顶层设计和总体规划。

摸着石头过河和加强顶层设计是辩证统一的，推进局部的阶段性改革要在加强顶层设计的前提下进行，加强顶层设计要在推进局部的阶段性改革的基础上来谋划。更加注重改革的系统性、整体性、协同性、贯通性和前瞻性，同时也继续鼓励大胆试验、大胆突破，不断把改革引向深入。抓改革试点，实际上就是在实践中寻找可以普遍运用的改革规律的过程；敢想敢干、敢闯敢试，就是要求解放思想；发现可复制可推广的经验，就是要求实事求是，尊重客观规律。

(三)全面依法治国,提高治理国家的能力

1. 坚持中国共产党的领导

"党的领导是中国特色社会主义最本质的特征,也是中国特色社会主义法治道路最根本的保证。坚持中国特色社会主义法治道路,最根本的是坚持中国共产党的领导"。中国共产党的领导地位,是党在领导新民主主义革命、社会主义革命和建设以及改革开放的伟大历史进程中形成和发展起来的,党的执政地位是历史的选择、人民的选择。我国宪法明确规定了党的领导地位。依法治国必先依宪治国,依宪治国就必须坚持中国共产党的领导。

2. 坚持人民的主体地位

《中华人民共和国宪法》规定,中华人民共和国的一切权力属于人民。人民不仅是国家权力的最终源泉,也是国家权力行使的最终归宿。依靠人民、为了人民、保护人民、服务人民、充分发挥人民的历史主体作用,不仅是中国共产党的政治宣示,也是我国国家制度和国家治理的价值根基。在我国,人民行使权力的机关是全国人民代表大会和地方各级人民代表大会,人民代表大会既是我国的国家权力机关,也是我国的立法机关,人民将自己的意志通过立法程序转变为国家法律,国家行政机关、司法机关又通过各自的职能活动,执行国家法律、监督国家法律的实施。因此,国家机关的各项职能活动从根本上说就是凝聚人民意志、实现人民意志的过程。人民是依法治国的主体和力量源泉,坚持人民的主体地位,要从以下几个方面入手:

第一,就是要坚持法治建设要体现人民意志、为了人民利益、维护人民权益的根本价值导向。要保证人民依法享有各种权利与自由、承担应尽的义务,维护社会公平与正义,确保在法律面前人人平等,保障人权和公民权不受侵犯。

第二，必须改革和完善我国的人民代表大会制度，保证人民意志落到实处。要从人大代表的产生方式、立法程序、重大事项决定、监督职能发挥等环节进一步改革和完善我国的人民代表大会制度，确保人民代表大会更好地履行各项职能，积极推进科学立法、民主立法。

第三，进一步建立健全我国的权力监督制约制度，把权力关进制度的笼子里。要实行和完善权力清单制度，完善对公权力的监督和制约，全面实行政务公开制度，加强对行政权力的立法监督、民主监督、行政监督、司法监督和社会舆论监督，防止公权力的行使背离人民意志。

第四，要进一步完善司法制度，保证司法公正。司法公正是社会公正的最后一道防线，也是保障人民群众合法权益的最后屏障。要不断完善司法权的配置、确保司法机关依法独立办案，确保人民群众参与司法活动，加强人权司法保障，加强对司法活动的监督，确保司法机关真正成为人民权利和利益的捍卫者。只有建立健全各项制度，人民在法治建设中的主体地位才能真正落到实处。

3. 坚持法律面前人人平等

平等是社会主义法治的根本要求。社会主义法治将平等宣布为一项基本的宪法原则，它确认和保障公民和法人法律地位的平等，确认和保障社会财富、资源、机会和社会负担的平等分配，公平地分配法律责任。由此可以看出，“法律面前，人人平等”的原则，实际上意味着所有公民都平等地享有法律规定的各项权利承担各项法律义务，平等地得到宪法和法律的保护，任何公民的违法行为都要受到法律的追究，决不允许任何公民存在超越宪法和法律的特权。坚持“法律面前，人人平等”的原则，就必须坚决维护社会主义法制的统一、尊严、权威，决不允许任何组织和个人有超越法律之外的特权，为此就必须加强对公权力的监督和制约，做到有权必有责、用权受监督、违法必追究，确保公共权力依法行使。

4. 坚持把依法治国和以德治国统一起来

依法治国和以德治国相统一，是中国特色社会主义法治道路的重要特点，它既是对我国传统德治文化的一种扬弃，也是对现代法治价值的一种坚守，是立足于我国国情和现代化建设的需要所得出的一个必然结论。坚持依法治国和以德治国相统一。一是要大力培育和弘扬社会主义法治理念，建设社会主义法治文化，深入开展法治宣传教育，培育公民的法律信仰，不断健全和完善社会主义法律制度，坚定不移地推进依法治国的实践进程，把法治作为规范政府权力、调整社会关系、治理国家与社会的基本方式；二是必须在全面推进依法治国的进程中贯彻以德治国的要求，在法治实践中体现德治精神，这就要求必须在全社会大力培育社会主义核心价值观，加强道德教育和道德养成。要把社会主义核心价值观和社会主义道德原则贯穿于立法、执法、司法、守法的各个环节。在立法环节，要努力实现社会主义核心价值观和社会主义道德原则与法律、法规的同向同行、相互协调，既要体现道德的价值引领作用，又要守住道德的底线要求，避免出现与社会主义核心价值观、社会主义道德原则相违背的恶法；在执法、司法环节，必须在尊重事实依据和法律准绳的前提下，兼顾法律的立法精神和社会主义核心价值观的基本要求，充分考虑执法、司法行为的社会效果，避免出现有违社会公序良俗和道德精神的执法和司法案例，尽量避免出现道德和法律相互冲突甚至相互对立的实践后果，误导人们的道德认知和道德判断，给社会主义精神文明建设造成不利的后果。同时，要大力培育公民的守法意识，积极培育和弘扬社会主义核心价值体系，大力加强全社会的道德教育，将守法教育和道德教育结合起来，实现两者的相互促进、相得益彰。

(四)全面从严治党，巩固党的领导地位和群众基础

把理想信念放在从严治党的首要位置，明确新形势下党员干

部理想信念的“标准手段”。扎实开展理想信念教育。要强化党性教育，通过开展上党课、学党章、知党情，不断增强党员的党员意识和党性观念，对党绝对忠诚，在思想上、政治上、行动上与党中央保持高度一致。要深入开展“两学一做”学习教育，引导党员严格自律。

从严管理干部，培养和选拔党和人民需要的好干部。从严选拔管理监督干部，坚持党管干部原则，认真落实《党政领导干部选拔任用工作条例》等规定，按照中央提出的“信念坚定、为民服务、勤政务实、敢于担当、清正廉洁”的好干部标准要求，着力培养选拔党和人民需要的好干部。严格干部选拔条件、程序和纪律，充分发挥党委领导和把关作用，强化党委书记、分管领导和组织部门考察、识别、选用干部的责任。严格干部选拔任用监督，严肃查处选人、用人不正之风。

狠抓作风建设。从严加强和改进党的作风。坚持党的实事求是思想路线，引导各级领导班子和党员干部从实际出发想问题、做决策、干工作，做到低调务实、少说多干，敢于担当、积极作为。贯彻落实中央八项规定精神，强化正风肃纪，深化“四风”整治，一个节点一个节点地抓，推进作风建设常态化、长效化。

强调全面从严治党要严肃党内政治生活。严格落实领导班子组织生活会制度，督促党员干部用好批评与自我批评武器，坚持党性原则基础上的团结，提高领导班子发现和解决自身问题的能力。严格落实“三会一课”、民主评议党员、领导干部双重组织生活会等制度，确保党内政治生活正常化、经常化、规范化，营造良好政治生态和从政环境。坚持和完善党的代表大会、党代表任期、党内选举、党务公开等制度，切实落实党员知情权、参与权、选举权、监督权。

严厉惩治和预防腐败。落实党风廉政建设党委主体责任，抓好党风廉政建设工作统筹谋划、安排部署、制度建设、检查考核等工作。支持纪委严格落实监督责任，领导和督促执纪执法机关履行职责，对在从严治党工作中出现的领导不重视、人员不到位、措施不得力的责任人进行严格追责、问责；对违纪、违规的党员干部从严、从快查处并进行通报曝光，始终保持正风肃纪的高压态势，以从严治党的实际效果取信于民。

落实管党、治党责任，强化问责追究。从严落实管党、治党责任，明确党组织主要负责人和班子成员管党、治党职责，总支书记要认真履行管党、治党第一责任，坚持“书记抓、抓书记”；班子成员对分管领域管党、治党负有领导责任，做到“具体抓、抓具体”，制定党建责任清单。

第六章　马克思主义中国化对中国现代化问题的探索

由于中国社会主义现代化具有相对较为特殊的国情，因而也就进一步决定了中国现代化的过程中必须要采用中国化的马克思主义理论来加以相关的指导。针对这一现实的问题，通过从马克思主义关于人类社会发展道路一般性和特殊性辩证统一的理论出发，详细地阐述了马克思主义中国化对中国现代化问题的探索的解读。

第一节　马克思主义中国化对社会发展道路理论的创新

始终做到坚持社会主义代替资本主义的必然性和实现共产主义的远大目标，必须要从中国革命和建设的实际出发，坚持和创新马克思主义社会发展道路理论的具体典范。

一、坚持共产主义的社会发展目标

(一)马克思列宁主义实现人类解放的思想

早在《哥达纲领批判》中，马克思对于未来社会的发展阶段进行了相当详细地划分，“在资本主义社会和共产主义社会之间，有一个从前者变为后者的革命转变时期”。[①] 这里提到的所谓的革

① 《马克思恩格斯选集》(第3卷)，人民出版社1995年版，第314页。

命转变时期,其实是一个过渡时期。马克思认为,在这个阶段上,无论是社会生产力的发展水平,还是生产资料的社会占有程度都不是很理想,剥削阶级残余、阶级差别和阶级斗争依旧存在,劳动者难以得到一个全面的发展。所以人类要想进行解放,必须经过社会主义社会这一历史阶段最终走向共产主义的追求目标。

马克思、恩格斯一直以来主张无产阶级通过暴力革命得到解放,并且在无产阶级专政的国家政权建立后,实现人的解放和人的发展,需要大力发展社会生产力。

马克思、恩格斯在深入分析西方发达资本主义国家特别是英国社会矛盾及其发展趋势的基础上,对未来社会做过一些科学预测。

十月革命以后,苏俄在建设社会主义的过程中,由于没有现成的经验借鉴,一切只能在实践中进行探索。在这期间,列宁曾经试图按照马克思、恩格斯的部分论断在俄国建设社会主义,但是遇到了挫折。在进行认真的反思后,认识到实践和理论之间有很大的反差,于是,他把科学社会主义由理论转变为实践做相关的检验。

经过不断地总结经验,对俄国如何进行社会主义建设,做了新的极具理论价值和实践价值的可贵探索。

马克思、恩格斯总是会从世界历史的高度来进一步看待社会主义,他们把社会主义看作是能够解放全人类的伟大事业,通过社会主义最终走向共产主义。社会主义在发展进程中应该要为进一步实现共产主义创造一系列的物质和精神方面的条件。因此,到了共产主义社会,阶级对立才会消失,民族与民族、国家与国家之间的对立才会消失,战争也会不复存在,最终世界大同,人类解放得以最终实现。

共产主义社会的最终实现,不是一朝一夕的事。社会主义社会的建立虽然在一定程度上已经开启了通向共产主义的大门,但是,共产主义的大厦却要人们一砖一瓦地把它耐心建造起来。

(二)毛泽东思想对实现人类解放道路的探索

新中国的成立，在真正意义上实现了广大人民群众当家做主。但是，由于这是一个具有过渡性质的社会，所以仍然存在着社会主义道路和资本主义道路的斗争，对于新民主主义社会而言，仍然存在着两种发展前途。面对这种情况，毛泽东坚持从中国实际出发，创造性地运用马列主义社会主义改造理论，顺利地领导我们国家完成了社会主义改造。

毛泽东思想对实现人类解放道路的探索主要包括两个方面的内容。

一是切实围绕发展生产力，解决社会基本矛盾。在新中国成立初期，我国生产力的基本状况并不是很乐观，这就使得当时社会基本矛盾的焦点，全都集中在落后的生产力上。为了能够进一步改变这种状况，必须把一切积极的因素调动起来，从而进行较为长期、持久的努力。

因此，在生产资料社会主义改造完成以后，毛泽东就明确提出，要用15年左右的时间通过大力发展社会生产力为社会主义的发展奠定一个坚实的物质基础，这是真正解决社会矛盾的一个基本途径。

二是调整、改革不适合发展的部分。毛泽东在《矛盾论》中明确指出，在社会主义制度正式建立后，生产关系和上层建筑可能存在着一些不适应生产力继续发展的具体情况，而这就要对其进行相关的调整和变革。我们虽然建立了社会主义制度，但是人民群众的生活一直处于长期贫困的状态，思想上又长期受到教条主义和个人崇拜的束缚，使得文化教育比较落后。

因此，想要进一步实现社会主义制度下人的全面解放，成为一代代共产党人为之不懈奋斗的艰巨历史使命。

(三)中国特色社会主义理论对实现人类解放道路的奋力开拓

邓小平在领导我们党进行社会主义建设过程中，首先把人们从对马克思主义和社会主义种种错误的理解中解放出来。他明确指出,“要坚持马克思主义,坚持走社会主义道路。但是,马克思主义必须是同中国实际相结合的马克思主义,社会主义必须是切合中国实际的有中国特色的社会主义”。[①] 这个主题一直是邓小平理论反复强调的,这就明确指明了我们建设的社会主义是一个人民能够当家做主的社会主义。

由于长久以来,我们对社会主义的许多问题一直存在许多模糊的认识,因此,需要进行真正的探索,探索一条具有中国特色的社会主义的新道路。

邓小平关于人类解放的新观点,都是与我国社会主义的客观现实紧密地结合在一起,有效培养“四有”新人,创造充满生机与活力的社会主义。

江泽民、胡锦涛、习近平在进一步领导党和人民把中国的改革开放和现代化建设事业奋力向前推进的过程中,促使人类解放的道路变得更加宽广。

二、继承发展了马克思主义社会发展具体道路的思想

(一)马克思主义关于向社会主义过渡的条件、途径

1. 无产阶级夺取政权的策略

马克思、恩格斯在进一步总结历史经验的基础上,有针对性地提出无产阶级夺取政权,需要通过一定的暴力革命进行。之所以进行暴力革命,第一,是因为资产阶级国家本身就是一种有组织的暴力,无产阶级只有用革命的暴力才能摧毁资产阶级的统治;第二,资产阶级为了维护自身的利益势必会利用他们已经掌握的国家机器为此进行反抗。于是,无产阶级只有通过暴力革命,彻底夺取政权。第三,反动统治阶级总是用暴力来镇压被统

① 《邓小平文选》(第3卷),人民出版社1993年版,第63页。

治阶级的反抗斗争。所以,共产主义者只能用革命的暴力来反对反革命的暴力,以更好地捍卫无产者的事业。

虽然,在马克思、恩格斯看来,暴力革命是无产阶级进行革命的一般规律,但是实际上他们并没有把暴力革命视为唯一方式,而是强调,无产阶级是不应该排除用和平的方式来进一步采取夺取政权的可能性。

他们在指出无产阶级采用和平方式夺取政权的客观条件时,还强调了需要一定的主观条件。无产阶级无论是选择暴力革命,还是通过和平方式夺取政权,都不会不存在固定的模式,因为这些都需要随着无产阶级革命条件的变化而进行变化。

2. 从资本主义到社会主义的过渡时期

马克思、恩格斯认为,如果无产阶级夺取政权后,不可能直接就建立起一个共产主义社会。因为在从资本主义社会到共产主义社会之间必须要经历一个过渡时期。因此,对于无产阶级革命而言,只有创造了所必需的大量生产资料之后,才能从真正意义上废除私有制。

在建立无产阶级的阶级统治过程中,必然要遭到被推翻的资产阶级的疯狂反抗,这时候的无产阶级只有同资产阶级进行最后的殊死斗争,最终使社会主义制度牢固建立起来,这是比较关键的时期,也就决定了过渡时期存在的必然性和必要性。

列宁根据马克思《哥达纲领批判》所提出的“过渡时期”理论,在十月革命前夕,在 1915 年所写的《论欧洲联邦口号》一文中首次表达了将社会主义和共产主义区别开来且把社会主义看作是未来社会的低级阶段的思想,并认为社会主义与共产主义的区别就在于:社会主义社会存在着国家,而共产主义的完全胜利则导致任何一种国家形式的彻底消亡。十月革命胜利后,列宁在实践经验的基础上,对过渡时期的认识逐步加深。

(二)毛泽东关于中国建设发展道路的思想

1. 适合中国特点的社会主义改造道路

一是通过和平的方式进行社会主义改造。无产阶级的历史使命就是把资本主义全部消灭,这就需要从本国实际出发进行相关的选择。以毛泽东为代表的中国共产党人,把马列主义关于消灭资本主义的思想和中国实际相结合,深入分析了中国民族资产阶级在新中国成立后既拥护中国共产党的领导,又存在着剥削等消极东西的实际,制定了“利用、限制、改造”的政策,用“和平赎买”的方式,通过国家资本主义的途径,逐步把以剥削工人剩余劳动为基础的资本主义私人所有制改造为社会主义的全民所有制。

通过合作社的相关途径,把个体农业和手工业的生产资料私有制,逐步改造为社会主义的集体所有制。

二是循序渐进,采取从低级到高级的改造措施。通过采取从低级到高级的国家资本主义的形式,来进一步实现对资本主义工商业的相关社会主义改造,逐步把生产资料的资产阶级私有制改造为社会主义公有制。通过合作化的道路,进行农业和手工业的社会主义改造。

三是把对制度的改造同人的改造相结合。在进一步改造涉及几亿人口的社会主义过程中,中国共产党对所有制的改造同对人的改造相结合是十分重视的。通过进行大量的思想工作,使个体农民和手工业者自愿摆脱小私有制,进而成为社会主义集体劳动者,使他们对于社会发展的方向能及时认清,对于工人阶级的领导和社会主义改造能接受,最终成为自食其力的劳动者。

总之,通过进行社会主义改造,在很大程度上实现了所有制的伟大变革,使中国社会的经济基础发生了根本性的变化,建立了一个社会主义的政治、经济和文化制度。

2. 以苏为鉴探索中国自己的社会主义建设道路

在建立了我国的社会主义制度后,中国的经济建设开始效仿苏联模式。此时，毛泽东在学习苏联经验的过程中逐渐觉察到了苏联模式的弊端，陆续发现苏联的一些经验并不完全适合我国的国情。1955年底，他在党内首先提出了如何以苏联经验为鉴戒，探索适合中国情况的社会主义建设道路的重大问题。

他对社会主义建设进行的探索和思考，主要集中体现在《论十大关系》、中共八大报告及《关于正确处理人民内部矛盾的问题》等著述中，并为此提出了调动一切积极因素、正确认识社会主义社会的主要矛盾和基本矛盾，以及建设社会主义的思想；在总结"大跃进"和人民公社化运动的教训时，提出要区分社会主义的两种不同的所有制、正确认识社会主义建设规律的思想，等等。毛泽东始终领导我们党在不断探索社会主义建设道路上取得的积极成果，是进一步开辟中国特色社会主义建设道路的一个良好开端。

（三）中国特色社会主义道路

这条道路的组成路径包括以下内容。

党的领导是前提。我国国体的性质进一步决定了党的领导地位，也正因为是有了党的坚强领导，有了党的正确引领，才使中国人民从根本上把自己的命运进行了改变，中国发展取得了举世瞩目的伟大成就，中华民族迎来了伟大复兴的光明前景。历史和现实都进一步证明，中国共产党的领导是中国特色社会主义最本质的特征，是中国特色社会主义制度拥有的最大优势，同时是走中国特色社会主义道路的前提。

基本路线是保障。中国共产党在领导中国革命和建设的不同时期，都有针对性地制定了领航革命和建设的总路线。也正是拥有具体的总路线，使中国共产党领导的革命和建设事业不断取得了一个又一个的胜利。中共十三大进一步对党在社会主义初级阶段的基本路线进行了明确的确定，以经济建设为中心具体体现了发展生产力的一个本质要求，始终坚持四项基本原则体现了社会主义基本制度的要求，坚持改革开放体现了不断推动生产力解放的本质要求。

总之，党的基本路线其实就是党和国家的生命线，因此就需要做到毫不动摇地坚持党的基本路线，只有这样，才能始终统一全党思想、把全社会的力量凝聚在一起，才能始终坚持一个正确的方向，才能最终实现中华民族伟大复兴的奋斗目标，才能更加坚定中国特色社会主义道路的自信。

基本国情是基石。能够清醒认识社会主义初级阶段的基本国情，是进一步发展中国特色社会主义道路的基石。我国和其他社会主义国家都曾经一度脱离了具体的国情，走过一段急于建成社会主义的弯路，但是，在对此进行深刻反思后，再次确认我国目前仍处于并将长期处于社会主义初级阶段的国情。

虽然，我国处于并将长期处于社会主义初级阶段是我国的一个基本国情，但是在我国经济社会发展处于的不同时期，在看到社会主义初级阶段基本国情没有变的总体特征的同时，也要看到我国经济社会发展每个阶段所呈现出来的一种新特点，从而使主观世界能够在一定程度上更加符合客观实际，按照实际情况决定具体的工作方针。

总体布局是蓝图。中国特色社会主义经济、政治、文化、社会和生态文明建设“五位一体”是中国特色社会主义的总体布局。作为中国特色社会主义这一伟大事业的总体布局而言，它在一定程度上为“两个一百年”的具体奋斗目标和中国梦的实现，使努力的具体领域和方向得到了进一步的明确。

党的十八大上，“五位一体”总布局提出，这也是中国共产党在领导人民建设中国特色社会主义的实践中认识不断深化的一种结果。党的十八大站在新的历史起点上，对建设中国特色社会主义经济、政治、文化、社会和生态文明做了全面部署，从而针对中国特色社会主义事业的“五位一体”总布局进行了明确。只有始终做到坚持“五位一体”建设全面推进、协调发展，才能在整体上形成一种经济富裕、政治民主、文化繁荣、生态良好的社会格局，从而进一步把我国建设成为富强、民主、文明、和谐的社会主义现代化国家。

共同富裕是目的。改革开放以来,我们党形成了邓小平理论、“三个代表”重要思想、科学发展观、构建社会主义和谐社会等重大战略思想。党的十八大以来,在治国理政新的实践中,习近平总书记把握时代大趋势,顺应人民新期待,围绕改革发展稳定,内政、外交、国防,治党、治国、治军发表一系列重要讲话,形成一系列治国理政新理念、新思想、新战略。这些重大战略思想的贯彻和实施,旨在推进“共同富裕”目标的实现。

因此,中国特色社会主义道路,又是以实现共同富裕为价值追求的发展道路。

第二节　马克思主义中国化科学地回答了社会主义的基本问题

以毛泽东为代表的中国共产党人,在合理运用马克思主义解决中国社会主义建设实际问题的过程中,不但对马克思主义的科学社会主义的基本原理予以了坚持,而且又从中国的实际情况出发,创造性地回答了怎样建设社会主义的问题,从而为科学社会主义理论增添了极具时代特色的新内容。

一、毛泽东思想对社会主义基本问题的探索

(一)马克思列宁主义对社会主义基本问题的探索

马克思、恩格斯运用唯物史观,剖析了他们当时生活的资本主义社会,揭露了资本主义社会的各种弊病,围绕“人的全面自由发展”的价值目标,把未来的共产主义社会分为初级阶段和高级阶段两个发展阶段,探讨和研究了未来社会的基本特征。

列宁通过把马克思主义和俄国工人运动相结合,在苏俄社会主义制度正式建立后,又具体探讨了对俄国这种经济社会相对落

后的国家如何建设社会主义的问题，提出了新思想。

首先是社会主义必须建立和发展自己的物质基础。列宁认为蒸汽时代是资产阶级的时代，电气时代是社会主义的时代。为此，列宁组织了近200名俄国第一流科学技术专家，制订出著名的全俄电气化计划，把党和国家工作重心转向“从事国家建设的政治”。

其次是社会主义建设必须利用商业处理好与农民经济的结合问题。列宁认为，在对小农经济进行社会主义改造时，不能实行直接过渡，只能实行间接过渡，要用商品换取农民的粮食，寻求同农民的结合，满足农民的需要。他论述了商业是大工业与小农唯一可能的联系，必须采取合作社这种通过经济手段在流通领域将农民联合起来的组织形式。

最后是加强社会主义的思想文化建设。列宁把加强文化建设视为一场革命，在《论合作制》一文中提出了“文化革命”的概念，并阐述了社会主义思想文化建设的原则、纲领。

（二）毛泽东对社会主义基本问题的初步探索

1. 关于社会主义社会所有制结构的构想

毛泽东在对资本主义工商业进行改造的过程中，就开始认真思考关于社会主义改造完成后的社会主义经济体制问题。针对资本主义工商业的社会主义改造高潮中出现的一些问题，毛泽东站在生产关系要适应生产力发展水平的高度，提出在坚持社会主义公有制的前提下，只要社会需要，就可以使地下工厂合法化地成为地上工厂，这些工厂还可以雇工，毛泽东把这一思想形象地称为“可以消灭了资本主义，又搞资本主义”。[①]

在当时所具有的相关历史条件下，毛泽东明确提出了在坚持社会主义公有制的前提下，对于私营经济可以进行适量的保存，

---

① 《毛泽东文集》(第7卷)，人民出版社1999年版，第170页。

这一提议既有利于国计民生，还能够改善人民的生活，又能够使其与公有制经济互相保持一种竞争、不断促进的关系。

2. 关于改革和完善社会主义经济体制的思想

在本着从中国实际出发的情况下，毛泽东和中共第一代领导集体明确提出对国家计划经济体制和企业管理体制进行改革和完善。

在宏观经济管理上，毛泽东认为，中央的集中统一应建立在地方具有自决权的基础上。

在企业管理体制上，以毛泽东为代表的中共第一代领导集体主张改革集权的、僵化的体制，适当扩大企业的权力。

此外，毛泽东还在党的建设方面，在对外开放方面，在文化建设和知识分子政策方面，在中国与国际关系的战略方面，在完成祖国统一大业方面，提出了许多重要思想。

毛泽东领导我们党不断积极探索社会主义建设道路过程中所提出的一系列科学思想、理论、方针、政策，成为中国特色社会主义理论体系的直接思想渊源。

3. 关于社会主义社会基本矛盾的理论

毛泽东在马克思主义发展史上，首次对社会主义社会的基本矛盾进行了全面的分析阐述。

毛泽东认为，有以下三种解决社会主义社会基本矛盾的形式和途径：一是思想政治工作，通过进行马克思主义的教育，以团结—批评—团结的民主方式，正确处理国家、集体和个人之间的关系。二是社会主义的改革，即通过和平的非暴力的形式将不适应生产力的生产关系部分，不适应经济基础的上层建筑部分，进行调整和改变，使之适应生产力和经济基础。三是社会主义基本矛盾的解决，从根本上说要靠发挥社会主义制度的优越性，大力发展社会生产力。

二、中国特色社会主义理论体系对怎样建设社会主义的探索

(一)以改革为重要动力建设社会主义

社会主义的改革就是在坚持社会主义基本经济制度、根本政治制度的前提下,改革那些不适应生产力和经济基础发展的具体的经济体制、政治体制和文化体制,以更好地促进社会主义建设事业的繁荣发展。

在社会主义制度下,生产关系仍然存在着某些不适应生产力发展的环节,“还要从根本上改变束缚生产力发展的经济体制,建立起充满生机和活力的社会主义经济体制,促进生产力的发展”,就此意义而言,改革是一场革命。

之所以说改革是一场革命,是因为它是在过去革命取得成功的基础上,在中国共产党领导下有秩序、有步骤地进行的一次对原有体制的根本性改变。当然,这里所讲的“改革”是“革命”,是要通过改革使社会主义制度更加完善,更能体现社会主义的优越性。

实现共同富裕是社会主义本质的一个核心,而共同富裕需要通过解放和发展生产力才能实现,从而不断满足人民群众日益增长的物质和文化生活需要。

(二)在对外开放中建设社会主义

邓小平清醒地认识到,“从发达国家取得资金和先进技术不是容易的事情。所以,我们一方面实行开放政策,另一方面仍坚持建国以来毛泽东主席一贯倡导的以自力更生为主的方针”。[①]

另外,由于我国人口较多,没有雄厚的基础,及时得到任何国

① 《邓小平文选》(第 2 卷),人民出版社 1994 年版,第 405－406 页。

家的援助都不能解决根本问题，所以只有对外开放增强我们自力更生的能力，使中国的发展得以实现，就需要从根本上依靠中国人民自己具有的力量。基于以上两点，必须坚持以“独立自主，自力更生”为立足点实行对外开放。

对外开放牵动着改革和现代化建设的全局，在实践中，我们需要做到以下几点：创办经济特区，在经济特区大力推行对外开放。在特区取得显著成效的基础上，又开放沿海 14 个港口城市。在沿海港口城市试点经验的基础上，不断向内陆延伸，最终形成全国范围内全方位开放的格局。为此，对外开放要有计划、有步骤、有目的地进行。

第三节　马克思主义中国化科学地解决了发展问题

中国共产党始终都把实现中国的发展作为自己一个重要的历史使命进行，在新中国成立后，毛泽东领导党和人民迅速恢复和发展了国民经济，把实现国家工业化和现代化作为党和国家工作的重点。在社会主义建设的新时期，以邓小平为代表的中国共产党人，针对社会主义发展的一系列重大理论和实践问题，进行了较为深入地探索和科学解答，在很大程度上初步形成了一个具有中国特色社会主义的发展理论。

一、马克思主义的发展观

（一）人是发展的主体

在资本主义社会，无产阶级占社会人口的大多数，但是他们却处于被压迫、被剥削的地位，他们出卖自己的劳动力给资本家，得到的仅能维持自己生存的需要。

在未来的共产主义社会，人是发展的主体，人在发展中具有主体地位,“人只需了解自己本身,使自己成为衡量一切生活关系的尺度。按照自己的本质去估价这些关系,真正依照人的方式,根据自己的本性的需要来安排世界”。[①]

(二)人的自由发展

在资本主义社会,由于生产资料资本主义私有制产生的异化劳动普遍存在的现象,造成了如下局面:第一,只有资本才拥有独立性和个性;第二,工人是处在全面的异化关系中的,没有任何的自由、独立和个性。马克思、恩格斯指出,只有打破了旧式分工、消灭了阶级和阶级差别,人才可能成为自己本身的主人——自由的人。

人的自由发展还在于人的认识能力,人对必然的进一步认识,“自由不在于幻想中摆脱自然规律而独立,而在于认识这些规律,从而能够有计划地使自然规律为一定的目的服务”。而人对自然界的必然性认识的提高是一个长期的发展过程,它是历史发展的产物,“最初的、从动物界分离出来的人,在一切本质方面是和动物本身一样不自由的;但是文化上的每一个进步,都是迈向自由的第一步”。[②]

(三)人的全面发展

人的全面发展主要是人的本质力量的实现过程。马克思深刻地界定了人的全面发展的内涵,“人以一种全面的方式,也就是说,作为一个完整的人,占有自己的全面的本质”。[③]

(1)在资本主义条件下,凡是一切提高社会劳动生产力的方法都是靠牺牲工人个人来得以实现的;一切发展生产的手段都变成统治和剥削生产者的手段,都使工人成为单向度的人。

(2)在共产主义社会中,生产资料归社会占有,人人在生产劳

① 《马克思恩格斯全集》(第1卷),人民出版社1956年版,第651页。

② 《马克思恩格斯选集》(第3卷),人民出版社1956年版,第455—456页。

③ 《马克思恩格斯全集》(第42卷),人民出版社1979年版,第123页。

动中都是平等的。

(3)在未来的社会主义社会,也为“所有的人提供充足的物质生活和闲暇时间,给所有的人提供真正的充分的自由”。[①] 从而使“个人会在艺术、科学等方面得到发展”。[②]

二、毛泽东思想对发展问题的探索

(一)社会主义社会发展的具体动力

毛泽东认为,以下三种形式和途径能够合理解决社会主义社会基本矛盾。

思想政治工作方面,通过马克思主义的教育,采用团结—批评—团结的民主方式,能够把人民群众的各方面的积极性充分调动起来,正确处理国家、集体和个人之间的关系,使社会主义社会上层建筑和意识形态不断完善和升华。

社会主义的改革方面,通过和平的非暴力的形式将不适应生产力的生产关系部分,不适应经济基础的上层建筑部分,进行调整和改变,使之适应生产力和经济基础。

社会主义基本矛盾的解决方面,关于社会主义基本矛盾的解决,需要靠发挥社会主义制度所具有的优越性,大力发展社会生产力。

(二)“两步走”实现四个现代化的发展战略

党的工作重点在三大改造基本完成后,开始转移到经济建设上来,于是科学文化更加受到了重视。1957 年,毛泽东在《关于正确处理人民内部矛盾的问题》和《在中国共产党全国宣传工作会议上的讲话》中,都提到要把我国建设成为一个具有现代工业、现代农业和现代科学文化的社会主义现代化国家。这表明了中国

① 《马克思恩格斯全集》(第 21 卷),人民出版社 1965 年版,第 570 页。

② 《马克思恩格斯全集》(第 46 卷),人民出版社 1980 年版,第 219 页。

共产党人已经较为充分地认识到现代科学文化在整个国家现代化建设中所占有的地位和具体的作用。

与此同时,他们认为工业主要包括现代运输业在内。1959 年至 1960 年初,毛泽东在读苏联《政治经济学教科书》时指出原来主要要求工业现代化、农业现代化、科学文化现代化,现在国防现代化也应该加进去。这样一来,完整的提出了"四个现代化"的思想。

毛泽东在 1964 年 12 月,对周恩来准备在三届全国人大会议上所做的政府工作报告进行修改时,把原有的"在较短的历史时期内"实现现代化改为"在不太长的历史时期内"实现四个现代化。

根据毛泽东的具体提议,1964 年 12 月 20 日,周恩来在三届全国人大会议上提出了实现社会主义现代化分"两步走"的设想,他宣布,"今后发展的主要任务,总的来说,就是在不太长的历史时期内,把我国建设成为一个具有现代农业、现代工业、现代国防和现代科学技术的社会主义强国,赶上和超过世界先进水平。为了实现这个伟大的历史任务,从第三个五年计划开始,我国的国民经济发展,可以按两步走来考虑:第一步,建立一个独立的比较完整的工业体系和国民经济体系;第二步,全面实现农业、工业、国防和科学技术的现代化,使我国经济走在世界的前列"。[①]

(三)把积极因素调动起来,建设现代化的社会主义强国

1955 年底,我国在进一步的经济建设过程中出现了急躁冒进的倾向,周恩来、陈云等及时发现了这个问题之后,提出既要反对右倾保守,又要反对急躁冒进的正确主张。1956 年 5 月,党中央政治局召开会议,决定实行在综合平衡中稳步前进的经济建设的方针。1960 年秋,中共中央提出了"调整、恢复、充实、提高"的正确措施,进一步恢复和发展了党的八大所坚持的在综合平衡中稳

---

① 《周恩来选集》(下卷),人民出版社 1984 年版,第 439 页。

步前进的经济建设方针。

毛泽东明确提出“两条腿”走路的具体方针，其中，第一，运用了唯物辩证法关于对立统一的学说；第二，对苏联经验的深刻反思。

因此，他在《论十大关系》中，又提出了应该把一切积极因素调动起来，确立为社会主义事业服务的一种基本方针，把有关中国社会主义建设中遇到的种种问题，概括为十大关系，即重工业和轻工业、农业的关系，沿海工业和内地工业的关系，经济建设和国防建设的关系，国家、生产单位和生产个人的关系，中央和地方的关系，汉族和少数民族的关系，党和非党的关系，革命和反革命的关系，是非关系，中国和外国的关系。

所谓的“两条腿”走路，也就是针对十大关系做到清晰地理顺，把一切积极因素进行充分调动，建设一个现代化的社会主义强国。

三、中国特色社会主义理论体系对发展问题的探索

（一）邓小平理论对发展问题的探索

首先，指出发展是当今世界的两大主题之一。在 20 世纪 80 年代的时候，对于世界主题所出现的变化，邓小平从我国现代化建设的发展、对外开放和国际政治经济环境的变化以及两者之间相互关系的角度，对世界形势和各国所面临的问题进行了客观准确地分析和论述，指出，和平与发展是当代世界的两大问题。1985 年 3 月，他对和平与发展问题从理论的高度做了精辟概括，“现在世界上真正大的问题，带全球性的战略问题，一个是和平问题，一个是经济问题或者说发展问题”。[①]

邓小平做的论断，首先，进一步把中国的发展与世界的和平

① 《邓小平文选》（第 3 卷），人民出版社 1993 年版，第 105 页。

发展紧密结合起来,为党和国家把工作重心转移到以经济建设为中心、实行改革开放提供了一个非常重要的依据。

其次,指出发展才是硬道理。邓小平在南方谈话中指出,“发展才是硬道理。这个问题要搞清楚”。[①]“发展才是硬道理”这一论断的提出,是邓小平自改革开放以来所有思想的凝聚和浓缩,是邓小平发展观的精髓和灵魂。正如江泽民所说,“邓小平提出的发展是硬道理的重要思想,是对我国和世界其他国家的正反两方面历史经验的规律性总结”。[②]

总之,“中国解决所有问题的关键是要靠自己的发展”。[③]也正是正因为如此,自党的十一届三中全会以来,我们始终做到坚持大力发展不动摇。

再次,实行“三步走”的发展战略。按照邓小平的思路来看,我国现阶段的发展战略应该主要包括两部分:我们的战略目标是“努力把中国变成一个现代化的社会主义国家”。[④]我们的战略步骤是“第一目标是解决温饱问题,这个目标已经达到了。第二个目标是在本世纪末达到小康水平。第三个目标是在下世纪的50年内达到中等发达国家水平”。[⑤]

最后,社会主义的发展是物质文明和精神文明的协调发展。马克思在对资本主义社会畸形发展批判的基础上,明确指出共产主义社会是能够实现人的自由全面发展的社会。以邓小平为核心的中共第二代领导集体在党的十一届三中全会以后,明确提出了社会主义社会是一个全面发展的社会,并科学揭示了物质文明与精神文明的辩证统一关系。

邓小平曾对社会主义精神文明的内涵、物质文明和精神文明协调发展的关系做了多次的论述,为更好地设计社会主义建设的

① 《邓小平文选》(第3卷),人民出版社1993年版,第377页。
② 江泽民:《论“三个代表”》,中央文献出版社2001年版,第123页。
③ 《邓小平文选》(第3卷),人民出版社1993年版,第265页。
④ 《邓小平文选》(第3卷),人民出版社1993年版,第259页。
⑤ 《邓小平文选》(第3卷),人民出版社1993年版,第256页。

总布局奠定了一个良好的基础。

(二)"三个代表"重要思想对发展问题的探索

1. 发展是我们党执政兴国的第一要务

邓小平曾经明确提出了关于"发展就是硬道理"的观点,于是江泽民在进一步突出强调"发展是硬道理"时,对发展的内涵做了更为深刻的理解,并提出了"发展是党执政兴国的第一要务"的论断,进一步深化了我们党对"为什么要发展"的认识。

所谓的"发展是党执政兴国的第一要务",实际上就是把发展作为党重要的大事、重要的任务进行。中国共产党是否具有一定的先进性,就看中国共产党能否领导中国实现又好又快的科学发展。为此,江泽民指出,"离开发展,坚持党的先进性、发挥社会主义制度的优越性和实现民富国强都无从谈起"。[①] 这进一步表明江泽民把发展的重要性提到了一个前所未有的高度,对于发展在当代中国的突出地位进行了重点的强调。

2. 提出新"三步走"的发展战略

邓小平曾经提出了关于我国现代化的建设主要分"三步走"的战略,在第一步战略目标的任务完成以后,如何有效地实现后两步发展目标,就成为以江泽民为核心的党的领导集体及其后的党的领导集体必须要完成的一项历史任务。以江泽民为核心的党中央,进一步把第三步战略目标进行了具体化,提出了全新的"三步走"战略。

1992年,江泽民在召开的党的十四大报告中明确指出:"在九十年代,我们要初步建立起新的经济体制,实现达到小康水平的第二步发展目标。再经过二十年的努力,到建党一百周年的时候,我们将在各方面形成一整套更加成熟更加定型的制度。在这

---

① 《江泽民文选》(第3卷),人民出版社2006年版,第538页。

样的基础上,到下世纪中叶建国一百周年的时候,就能够达到第三步发展目标,基本实现社会主义现代化。”①在此基础上,江泽民在党的十五大报告中对如何完成第三步发展目标,进行了进一步的细化设计:“展望下世纪,我们的目标是,第一个十年实现国民生产总值比二○○○年翻一番,使人民的小康生活更加宽裕,形成比较完善的社会主义市场经济体制;再经过十年的努力,到建党一百年时,使国民经济更加发展,各项制度更加完善;到世纪中叶建国一百年时,基本实现现代化,建成富强民主文明的社会主义国家。”②在党的十六大报告中,江泽民在重申了党的十五大提出的新“三步走”战略的同时,对于建党一百年全面建设小康社会的目标又进行了明确。

总之,江泽民有针对性地提出的新“三步走”战略,实际上是对邓小平“三步走”战略的继承和深化,从而促使发展的目标任务变得更加明确。

3. 走协调、可持续发展道路

毛泽东在社会主义制度刚刚建立之初,就写了非常著名的《论十大关系》并指出要对十个方面的重要关系进行正确的处理,这对我们今天的社会主义现代化建设仍然具有非常重要的指导意义。

在社会主义现代化建设的新时期,江泽民在怎样发展的问题上,总结我国社会主义建设经验的基础,提出了把握和正确处理好社会主义现代化建设中的重大关系,走协调发展的道路。

可持续发展战略,是江泽民进一步对社会主义发展理论提出的又一大重要贡献。在这其中,他明确地把可持续发展作为我国社会主义现代化建设的一个重大战略,要处理好人口增长、资源利用和环境保护的关系。我国虽然资源丰富,但由于人口众多,人均资源相对不足,对经济发展形成较大约束,因此,控制人口同

① 《江泽民文选》(第1卷),人民出版社2006年版,第253页。

② 《江泽民文选》(第2卷),人民出版社2006年版,第4页。

节约资源需做到一个有机结合；要把经济发展同保护环境相互结合在一起，不能为了谋求发展而以牺牲环境为代价。

(三)科学发展观对发展问题的探索

1. 发展应该是又好又快的发展

实现又好又快的发展，必须提高自主创新能力，坚持走中国特色自主创新道路。我国经济要从资源依赖型转向创新驱动型，必须依赖科技进步和创新，依赖自主创新能力的提升，才能增强我国经济发展的抗风险能力，保持经济平稳、较快和可持续增长。胡锦涛指出："要坚持自主创新、重点跨越、支撑发展、引领未来的指导方针"。[①]

实现又好又快发展，必须加快转变经济发展方式。在伴随着改革开放的过程中，我国经济虽然有快速增长的趋势，但依旧存在着增长方式粗放、经济增长以资源消耗和环境破坏为代价等明显的问题。

党的十七大报告确定了"转变经济发展方式"的经济发展理念，做到"两个坚持"、实现"三个转变"，即"坚持走中国特色新型工业化道路，坚持扩大国内需求特别是消费需求的方针，促进经济增长由主要依靠投资、出口拉动向依靠消费、投资、出口协调拉动转变，由主要依靠第二产业带动向依靠第一、第二、第三产业协同带动转变，由主要依靠增加物质资源消耗向主要依靠科技进步、劳动者素质提高、管理创新转变"[②]。

实现又好又快发展，必须坚持走中国特色道路。这就需要对现代科技发展的最新成果进行充分运用，从而实行信息化与工业化的一个深度融合，以信息化进一步带动工业化；走工业化和城镇化同时发展的道路，实现工业化和城镇化良性互动；城镇化和农业现代化是不可分割的一个整体，实现城镇化和农业现代化相

---

① 《胡锦涛文选》(第2卷)，人民出版社2016年版，第403页。

② 《胡锦涛文选》(第2卷)，人民出版社2016年版，第630页。

互协调。

总之，要做到同时协同推进，同步发展新型工业化、信息化、城镇化、农业现代化。

2. 发展要坚持以人为本

以胡锦涛为核心的党中央，着眼于新的时代和主题，明确提出科学发展观的主要核心是应该坚持以人为本。

这里所说的以人为本的“人”和“本”，是很易于理解的。“以人为本的人，是指最广大人民群众；以人为本的本，就是最广大人民的根本利益。以人为本对于为谁发展、发展依靠谁、发展成果如何分配的问题进行了正确的解决。

在关于为谁发展的问题上，着重强调发展为了人民。因为人民群众是社会的主人和历史的主人，通过不断实现人民群众的经济、政治、文化权益，最终使人的全面发展得以实现。

在关于依靠谁发展的相关问题上，对于人民是发展的主体进行着重的强调。中国革命、建设和改革取得的一切成就，都归功于广大人民群众，如胡锦涛在纪念毛泽东诞辰 110 周年座谈会的讲话中所说，人民不但是社会物质财富和精神财富的创造者，也是社会政治文明发展的推动者。

在具体由谁享有发展成果的相关问题上，着重强调发展成果通通由人民共享。为人民服务是中国共产党的宗旨，各级领导干部都要牢固树立全心全意为人民服务、真心真意对人民负责的精神，不断实现民利。

3. 实现全面、协调、可持续发展

我国社会主义社会作为一个复杂的系统，必须要全面推进经济建设、政治建设、文化建设、社会建设。政治发展和文化发展主要取决于经济发展，表现在社会的经济基础决定了社会的政治和文化的性质；政治和文化发展对经济发展的反作用，主要表现在社会的政治和文化总是服务于社会的经济，当社会的政治和文化能够适应经济发展时，就能够对经济发展产生巨大的推动作用，当一个社会建立了属于自己新的政治制度和文化制度时，就进一步要求建立与之相应的一种经济制度。

“五个统筹”是推进社会协调发展的集中体现。始终做到坚持“五个统筹”，就是要贯彻工业反哺农业，城市支持农村的方针，缩小城乡发展差距，实现城乡协调发展；就是要鼓励东部地区率先发展，重视实施西部大开发战略和振兴东北老工业地区等老工业基地战略，促进中部地区崛起，支持革命老区、少数民族地区、边疆地区和其他欠发达地区加快发展，从而“形成东中、西互动，优势互补，相互促进，共同发展的新格局”；就是要在经济发展的基础上，加强教育、科学、文化、卫生等社会事业的发展，要协调好经济发展和社会发展的关系；就是要通过改变经济增长方式，协调好人与自然的关系；就是要坚持“引进来”和“走出去”相结合，使国内发展和对外开放相协调得以实现。

实施可持续发展，需做到：第一，坚持公平原则，既包括代内公平，也包括代际公平，发展既满足当代人的需要，又不对后代的需要构成危害；第二，坚持协调原则，实现经济发展与人口、资源、环境相协调，实现人和自然的协调与和谐，在经济发展的同时，对环境进行保护，经济发展过程中不能以消耗资源，破坏环境为最终代价。

4. 发展的根本方法是统筹兼顾

统筹兼顾是科学发展观明确指出发展的一种根本方法。在社会主义建设初期，毛泽东就提出了要统筹兼顾社会主义建设中的十大关系；邓小平提出物质文明和精神文明要“两手抓、两手都要硬”；江泽民提出要正确把握社会主义现代化建设中的12个重大关系；胡锦涛针对我国经济社会发展的矛盾和问题，在2007年党的十七大报告中，提出了“八个统筹”的思想。

(四)树立创新、协调、绿色、开放、共享的新发展理念

创新是引领发展的第一动力。发展动力决定发展速度、效

能、可持续性。对我国这么大体量的经济体来讲，必须解决好动力问题，才能实现经济持续健康发展和“两个翻番”。

因此，应该做到坚持创新发展。习近平总书记指出，抓住了创新，就抓住了牵动经济社会发展全局的“牛鼻子”。树立创新发展理念，就必须把创新摆在国家发展全局的核心位置，让创新始终能够贯穿党和国家一切工作。

协调是持续健康发展的内在要求。自从改革开放以来，我国经济社会发展取得了一定成就，但是发展中的不平衡、不协调、不可持续问题依旧突出。新形势下，迫切需要转变发展理念和发展方式，实现协调发展中两点论和重点论的统一。

因此，应积极树立协调发展理念，必须对中国特色社会主义事业总体布局进行牢牢把握，正确处理发展中的重大关系，促进经济社会协调发展，在使国家硬实力不断增强的同时对于提升国家软实力也要有所注重，从而不断增强发展的全局性。

绿色是永续发展的必要条件和人民对美好生活追求的重要体现。

绿色发展，就是要解决人与自然和谐共生的问题。由于我国在近几十年发展资源消耗过度，导致生态系统开始退化，资源环境问题已成为经济社会可持续发展的突出瓶颈制约。

习近平指出，要实现我国经济社会的可持续发展，必须尊重自然、顺应自然、保护自然，树立绿色发展理念，坚持可持续发展，进一步加快建设资源节约型、环境友好型社会，在最大程度上形成人与自然和谐发展的现代化建设新格局。

开放是国家繁荣发展的必由之路。当前，我国已经发展成为名副其实的经济大国，这些发展奇迹得益于对外开放。但是，虽然总体上来说有利因素更多，但是同时也面临更深层次的风险挑战。

因此，树立开放发展理念，就必须顺应我国经济深度融入世界经济的趋势，奉行互利共赢的开放战略，坚持内外需协调、进出口平衡、“引进来”和“走出去”并重、引资、引技、引智并举，发展更高层次的开放型经济,使得我国在全球经济治理中的制度性话语权得到提高,从而构建广泛的利益共同体。

共享是中国特色社会主义的本质要求。共享发展理念的内涵主要包括以下四个方面:一是全民共享,即共享发展是人人享有、各得其所;二是全面共享,即共享发展就要共享国家经济、政治、文化、社会、生态文明各方面建设成果,全面保障人民在各方面的合法权益;三是共建共享,即只有共建才能共享,共建的过程也是共享的过程;四是渐进共享,即共享发展必将有一个从低级到高级、从不均衡到均衡的过程,即使达到很高的水平也会有差别。

始终做到坚持共享发展,就必须坚持发展为了人民、发展依靠人民、发展成果由人民共享,使全体人民在共建共享发展中有更多获得感,促使发展动力不断增强。

第四节 马克思主义中国化对党的建设问题进行了探索

马克思、恩格斯在进一步领导无产阶级革命斗争、创建科学社会主义理论的过程中,形成了马克思主义的建党学说。列宁在全面领导俄国无产阶级革命斗争和建立无产阶级新型政党斗争的过程中,形成了无产阶级政党建设思想。毛泽东在领导中国革命和建设的过程中,提出了从思想、政治、组织、作风等方面加强党的建设的理论。在改革开放新的历史时期,邓小平、江泽民、胡锦涛、习近平等党的领导人,进一步谱写了执政党建设理论的新篇章。

一、毛泽东思想对党的建设基本问题的探索

(一)马克思、恩格斯关于无产阶级政党建设的思想

首先是明确指出了党的性质。在资本主义社会中,无产阶级

是唯一进行彻底革命的阶级，无产阶级要实现自己的政治目标，必须组织自己的政党。他们按照自己的新理论将正义者同盟改组为共产主义者同盟，建立了世界上第一个国际性的无产阶级政党。

马克思、恩格斯认为，共产党是属于无产阶级性质的一个政党，他们在指出共产党具有的无产阶级性质的同时，还着重强调共产党是来自工人阶级的一个先锋队组织，是由无产阶级中的最先进的分子组成。他们关于进一步建立工人阶级独立政党、关于党的性质的思想，为建立马克思主义政党提供了切实有力的指导。

其次是无产阶级政党以科学理论为指导思想。马克思、恩格斯在针对无产阶级政党进行领导建立的斗争中，对于加强党的思想建设是非常重视的，强调以科学的理论来武装党。

在马克思、恩格斯为共产主义者同盟制定的纲领性文件《共产党宣言》中，强调共产党人的新的科学的世界观，是对现实经济关系和阶级斗争的能动反映。共产党正是通过由科学的理论孕育得以催生、用科学理论进行武装锤炼起来的一种马克思主义政党。

(二)列宁关于无产阶级政党建设的思想

列宁首先研究阐述了党的性质问题。列宁坚持了马克思主义关于党的阶级性质的思想。他严正指出，“把作为工人阶级先进部队的党同整个阶级混淆起来，显然是绝对不行的”。[①] 无产阶级要保持自己的先进性，具有强大的战斗力，就必须“使作为阶级的先进部队的党成为尽量有组织的，使党只能吸收至少能接受最低限度组织性的分子”。[②]

列宁在对于党的阶级性进行强调的同时，还着重指出作为工人阶级的先进部队必须是一个有纪律、有组织的整体，因为党所

---

① 《列宁选集》(第1卷)，人民出版社1995年版，第473页。

② 《列宁选集》(第1卷)，人民出版社1995年版，第471页。

具有的战斗力主要就来自党具有的组织性。

在正确阐述党的性质的同时，列宁还强调要加强无产阶级政党执政后的党的建设。在布尔什维克党正式由革命党成为执政党之后，共产党员扮演的角色开始由革命者正式转向管理者后，列宁告诫全党，所进行管理的任务已经进一步上升为苏维埃国家首要的任务。

针对当时俄国党内许多党员干部缺乏领导能力和管理水平，列宁号召全党开展学习，甚至提出要向资产阶级学习他们先进的技术和管理经验，他着重强调只有党善于管理国家的经济事务、政治事务，不断提高领导社会主义建设的水平，只有这样党才能领导整个国家向着社会主义的正确方向前进。

在列宁进行的正确指导与领导下，俄共(布)建立了相应监督网络，这无论是对进一步确保权力有效而正确运行，还是维护党的纯洁性都提供了极为可靠的保证。

(三)毛泽东对如何建设党的探索

1. 制定正确的政治路线，加强党的政治建设

加强党的政治建设，党必须制定正确的路线方针政策。在中国新民主主义革命的进程中，毛泽东领导我们党不断制定和调整党的路线方针政策。新中国成立后，毛泽东领导我们党制定了国民经济恢复时期的路线方针政策，保证我们党完成了恢复国民经济的历史任务。社会主义改造时期，毛泽东领导我们党确定了过渡时期的总路线，制定对农业、手工业进行社会主义改造的方针政策。

由此可以明显看出，制定正确的路线方针政策是我们党领导社会主义革命和建设事业取得胜利的重要政治保证。

加强党的政治建设，必须加强对党员执行党的路线方针政策的教育。中国革命的领导核心就是中国共产党，而中国共产党想要进一步实现自己的领导权，必须通过广大共产党员的先锋模范

作用进行实现。而想要实现党员的先锋模范作用,党员必须牢记党的政治路线。只有做到能够正确地贯彻执行党的路线方针政策,党才能得到坚实的巩固和稳定的发展。

2. 拒腐防变,加强党的作风建设

毛泽东在党的七大所做的《论联合政府》的政治报告中,系统地、全面地概述了党的优良传统作风。党的历史经验告诉我们,凡属正确的任务、政策和工作作风,都是和当时当地的群众要求相适合,都是联系群众的。所以说,人民群众是中国革命胜利的力量源泉。

中国共产党区别于其他任何政党的三个显著标志,就是党的三大作风,是一个整体,是中国共产党的红色基因。正是这些红色基因,得到了亿万人民群众的拥护,领导中国革命取得了伟大的胜利。

二、中国特色社会主义理论体系对怎样建设党的探索

(一)邓小平理论对“怎样建设党”的探索

在改革开放体现出来的新形势下,邓小平对党的建设提出了新要求,1980 年 1 月 16 日,在中央召集的干部会议上,首次提出坚持党的领导,改善党的领导。

为了能够做到坚持和改善党的领导,邓小平提出必须以改革的精神全面推进党的建设。

在思想上,要解放思想,实事求是,坚持正确的思想路线,加强思想政治工作。

在政治上,反对资产阶级自由化,防止“左”,提高坚持党的“一个中心、两个基本点”的基本路线的自觉性和坚定性。

在组织上,要坚持和健全民主集中制,增强党的团结统一,推进干部队伍的“四化”;在作风建设上,要坚持从严治党,反对腐

败，加强党风廉政和党的纪律建设。

在制度上，要改革党和国家的领导制度，要坚持和完善党规党法，处理好法治和人治的关系，处理好党和政府的关系。

（二）“三个代表”重要思想对“怎样建设党”的探索

中国共产党作为一个长期执政党，所面临的历史条件和肩负的历史使命也在不断地变化。坚持与时俱进，对新情况进行研究，探索新规律，创造新理论，才能使执政党的先进性和创造力得以保持，从而更加巩固党的执政地位。

与时俱进，首先在理论上就要不断进行理论创新，用发展着的马克思主义指导新的实践。在关于经济和社会的相关发展上，发展始终都要作为党执政兴国的第一要务进行。

总之，要用辩证发展的观点看待国际、国内形势、各种事物的发展变化、由此产生的新情况、新问题，做到坚持与时俱进。

党的执政能力攸关党的事业的兴衰成败。面对种种复杂多变的国际国内形势，面对着中国共产党自身发展的新要求，江泽民指出，“办好中国的事情，关键取决于我们党”。[①] 进一步加强执政能力建设，需要不断提高科学判断形势的能力、驾驭市场经济的能力、应对复杂局面的能力、依法执政的能力、总揽全局的能力。

江泽民关于提高五种能力所进行的论述，在很大程度上为各级党委和领导干部的能力建设指明了具体的方向，这是加强党的执政能力建设的一个重要指导思想。

（三）科学发展观对“怎样建设党”的探索

以胡锦涛为核心的党中央对加强和改进党的建设形成了“一条主线、五个重点”为主要内容的总体部署。

一条主线：所谓的一条主线，主要是指把党的执政能力建设

① 江泽民：《论党的建设》，中央文献出版社 2001 年版，第 484 页。

和先进性建设作为党的建设的主线。胡锦涛在坚持了毛泽东、邓小平、江泽民关于加强执政党建设、提高党的执政能力思想理论的基础上，进一步提出在党的建设的伟大工程中“必须把党的执政能力建设和先进性建设作为主线”。

五个重点：所谓五个重点，就是指在加强和改进党的建设这一伟大工程时，主要要从以下方面入手，着力做好五方面的工作。

以坚定理想信念为重点加强思想建设。在改革开放处于的关键时期里，胡锦涛提出必须把党的思想建设摆在更加突出的位置，在思想建设中把坚定理想信念为思想建设的重点。

以造就高素质党员、干部队伍为重点加强组织建设。党的组织建设是党进行建设的一项重要内容，因此，在党的组织建设中，胡锦涛把党员、干部队伍的建设作为党的组织建设的重点，加强党员、干部队伍的先进性建设，提高党员、干部队伍的素质。

以保持党同人民群众的血肉联系为重点加强作风建设。党的作风是党员干部在人民群众中树立的党的形象，党的几代领导人一直以来都非常重视党的作风建设。胡锦涛吸收了我们党的几代领导人关于党的作风建设的理论精华，提出把保持党同人民群众的血肉联系作为党的作风建设的重点。

以健全民主集中制为重点加强制度建设。党内制度是党的各级组织和每一个党员都必须共同遵守的行为规范，只有这样，才能保证党的团结统一，才能保证权力不变质。民主集中制是我们党的组织制度，胡锦涛将党的制度建设同领导方式和执政方式相联系，更加强调了以健全民主集中制为重点的制度建设的重要性。

以完善惩治和预防腐败体系为重点加强反腐倡廉建设。加大反腐力度，必须保持党的纯洁性，坚决反对腐败、建设廉洁政治，是党一贯坚持的鲜明政治立场。

（四）习近平总书记重要讲话对“怎样建设党”的探索

党的十八大以来，以习近平总书记为核心的党中央，坚定推进全面从严治党。“时代是思想之母，实践是理论之源”，这是习近平总书记在党的十九报告中提出的论断，也是对马克思主义党建理论和马克思主义发展史的最好诠释。十九大报告首次提出了一个以党的政治建设为统领，包含思想建设、组织建设、作风建设、纪律建设、制度建设在内的党建总体布局，进一步深化了对党的建设的规律性认识。

1．用制度治党、管权、治吏

用制度治党，就是要依法依规治党。坚持依规治党，必须一手抓制定完善，一手抓贯彻执行。坚持制度面前人人平等、执行制度没有例外，坚决维护制度的严肃性和权威性，坚决纠正有令不行、有禁不止的行为。

用制度管权，就是要把权力关进制度的笼子里。权力是具有双重作用的，就像是一把双刃剑，在法制轨道上行使可以造福人民，在法律之外行使则必然祸害国家和人民。

为此，习近平总书记指出，“要加强对权力运行的制约和监督，把权力关进制度的笼子里，形成不敢腐的惩戒机制、不能腐的防范机制、不易腐的保障机制”。[①] 要抓住治权这个关键，编密扎紧制度的笼子，按照决策、执行、监督既相互制约又相互协调的原则区分和配置权力，构建严密的权力运行制约和监督体系。

用制度治吏，就是要用制度从严管理干部。从严管理干部不仅要从思想教育上严起来，更要从制度设计和执行上严起来。根据形势变化引导广大干部牢固树立法治意识、制度意识、纪律意识，形成尊崇制度、遵守制度、捍卫制度的良好氛围。要不断加强对领导干部特别是“一把手”的监督和管理，从而进一步将其作为从严治吏的重中之重。

2．落实全面从严治党主体责任

落实全面从严治党主体责任，首先要强调党委负主要责任。

① 《习近平关于党风廉政建设和反腐败斗争论述摘编》，中央文献出版社 2015 年版，第 121 页。

由于在党的建设过程中，总会出现有的党委没有把党风廉政建设当作分内之事；有的对错误思想和作风放弃了批评和斗争；还有的领导干部只表态、不行动等现象。

因此，党必须要严格管党，在最大程度上牢固树立不管党治党就是严重失职的观念，把抓好党建作为最大的政绩进行。

落实主体责任，关键是要把党的领导落到实处。对于各级党组织而言，要把党的领导体现到日常管理监督中，对党组织的管理和监督、对党员干部特别是领导干部的管理和监督，要注重日常，防微杜渐。

坚持有责必问，问责必严。有权就相当于有责任，权责要做到对等。问责既要针对事、同时也要针对人，要问到具体的人头上。要进一步健全制度、细化责任、以上率下，层层传导压力，级级落实责任。

3. 加强党的执政能力建设、先进性建设

加强党的执政能力建设、先进性和纯洁性建设是构建中国特色社会主义党建理论体系的主线。

继党的十八大报告提出全党要增强紧迫感和责任感，牢牢把握加强党的执政能力建设、先进性及纯洁性建设这条主线的基础上，十九大报告进一步明确新时代党的建设仍然要以加强党的长期执政能力建设、先进性和纯洁性建设为主线。

党的执政能力就是党提出和运用正确的理论、路线、方针、政策和策略，依法管理国家和社会事务，带领人民建设富强、民主、文明、和谐的社会主义现代化强国的能力。党的执政能力建设是一个关系国家富强、政权稳固、社会稳定、人民安居乐业的重大课题。而要加强党的执政能力建设，就必须始终保持党的先进性和纯洁性。先进性是马克思主义政党的根本特征，也是马克思主义政党的生命所系、力量之源。党的先进性指的是党在与其他政党的比较中所具有的优点，是党之所以成为执政党的决定性因素。党的先进性是具体的、历史的、发展的，它一方面来自于党的阶级基础和组织原则，另一方面也与其领导活动紧密相连。由于社会实践总是具体的、历史的，因而党的先进性在不同的历史环境和历史条件下有不同的内容和表现形式。党是否具有先进性最终要看党是否能够推动以及在多大程度上推动社会历史的前进。为此，十九大报告提出了全面增强党的执政本领的具体要求，要增强学习、政治领导、改革创新、科学发展、依法执政、群众工作、狠抓落实、驾驭风险等方面的本领。

第七章　马克思主义中国化与大众化推进

当代中国马克思主义中国化与马克思主义大众化是两个不可分割的问题，马克思主义中国化进程的不断推进，必然迫切要求积极推进当代中国马克思主义大众化的发展。当代中国马克思主义中国化和马克思主义大众化是同马克思主义如影随形的两大基本实践活动，也是必然要长期关注和推进的历史任务。

第一节　马克思主义中国化与大众化的关系

马克思主义是来自实践并指导实践的科学理论，而人民群众是社会实践的主体，因此，马克思主义中国化的过程必然伴随马克思主义大众化的过程。马克思主义中国化成果只有实现马克思主义大众化的理论转换，才能变为人民群众手中的武器，变成改造社会、改造世界的物质力量。因此，马克思主义中国化与马克思主义大众化是辩证统一的，这种辩证统一性体现在以下两个方面。

一、马克思主义中国化是马克思主义大众化的前提和基础

马克思主义中国化所拥有的最基本的内涵是将马克思主义的普遍真理与中国革命建设实际相结合，使马克思主义在中国实现具体化、体现其民族化，进而通过中国所具有的特点去应用它，将马克思主义作为时代发展中的主要成分，进而不断地实践

发展。

我国改革开放的成功，首先在于我们党把坚持马克思主义基本原理同推进马克思主义中国化结合起来。对于马克思主义大众化来说，没有马克思主义中国化，马克思主义基本理论不与中国现实相结合，就不能回答和解决中国的实际问题，就不能有中国的文化表现形式，就不能为中国老百姓所喜闻乐见，就不能实现马克思主义在中国的大众化。因此，马克思主义中国化是大众化的理论前提。

二、马克思主义大众化是马克思主义中国化的目的和结果

历史的主体就是人民，历史的活动就是人民的事业。在将马克思主义与中国化理论结合起来，为人民所用、所接受，才能真正地服务于实践、服务于社会，实现马克思主义大众化理论。也就是说，理论只有与作为实践主体的大众相结合，才能为大众所理解、所掌握，才能变为改造世界的强大物质力量，在实践中发挥其应有的作用。

当代中国化的马克思主义，只有在被广大人民群众所理解和掌握，并转化为投身改革开放的内在动力时，才能真正转化为建设中国特色社会主义的强大物质力量。历史证明，我们党以中国化的马克思主义为指导所提出的各项任务，没有一项不是依靠人民群众的艰苦努力来完成的。

当前我国各项任务的顺利完成，离不开人民群众对党的理论和路线方针的引导，同时也关系到中国特色社会主义事业的长久发展。自改革开放以来，我们党坚持运用科学的理论来武装党员和群众，指导人们工作、实践，坚持开展马克思主义理论宣传普及活动，大力推动当代中国马克思主义大众化，取得了举世瞩目的伟大成就。

总的来说，当代中国马克思主义中国化与大众化的相互统

一，客观上是将两者结合起来，采用通俗易懂的方式传播当代中国马克思主义，坚持和发展马克思主义，能够使群众自觉地运用当代中国马克思主义来指导中国特色社会主义建设的伟大发展。

第二节　马克思主义大众化的价值认同

马克思主义大众化面临的价值认同问题，是马克思主义哲学价值及其价值观在市场经济中受到物质生活的遮蔽、挤压而一定程度被边缘化的问题。这个问题的现实存在，对于推进大众化是一个重大障碍，对于大众生活的进一步提升超越和全面和谐亦是一个重大障碍，是研究和推进大众化务必要重视和努力解决的一个问题。

一、马克思主义价值观的大众认同问题

马克思主义价值观对中国大众化具有很重大的价值意义，其中的价值观，是无产阶级在自己政党的领导下所自觉形成的阶级意识和阶级价值观，是伴随着无产阶级解放运动形成的与人类解放价值目标追求所一致的大众共同的价值观。作为先进阶级共同的价值观，对于现实生活中的普通大众来说，不是一个自发形成的过程，而是需要社会意识形态的自觉构建和推广普及，进而达成共识，形成凝聚力、向心力。

（一）马克思主义哲学大众化的相关概念

关于马克思主义哲学大众化的概念，在经过多方面的讨论，学术界形成了以下几种界定。

一是对大众化做两种意义上的解释：一是大众化是一种过程和机制；二是大众化是一种结果。

二是比较常见的界定，认为大众化是马克思主义哲学普遍原

理由抽象到具体、由深奥到通俗、由被少数人理解与掌握到被广大民众所理解和掌握的过程。

三是从马克思主义哲学中国化、时代化、大众化三者关系的角度，诠释马克思主义哲学的大众化含义。

四是从相互关系的角度来理解，认为大众化有两个层面的含义：其一是“马克思主义哲学”化“大众”，即用理论武装大众；其二是“大众”化“马克思主义哲学”，即实践推动和丰富理论发展。

五是认为大众化包括了“大众掌握哲学”和“哲学掌握大众”两个过程，并且在实质上来讲这两个过程是理论被大众理解、认同以及在这个基础上成为大众的思想武器、指导大众实践的有机统一，认为马克思主义哲学大众化的真正含义在于让哲学成为群众手中的思想武器，指导大众实践。

针对马克思主义哲学大众化的认识，可以作为认识论意义，目的是为了使更多人所接受、理解，进而可以转化为自己精神世界中的重要部分，同时也可以作为价值观意义，促进大众主体能够使人们将马克思主义价值观作为自己的价值目标，以引领、超越各自价值目标的有限性、狭隘性，使每个人正确实现自我价值最大化和最和谐化。

此外，还可作为实践意义，大众主体能够以马克思主义哲学立场的观点、方法，对已有行为方式形成反思、批判、超越的思想能力，以践行马克思主义哲学理想、追求人类最终解放为社会历史活动的根本方向。

其实就是使马克思主义哲学在成为大众“解放的头脑”、服务引领实践的过程中不断丰富发展，并且不断为大众所了解、理解、掌握并自觉运用的理论与实践交互推动的历史过程。

关于价值认同的概念，是指在一定的主体范围内，对特定的事物所具有的价值意义达成的共识，价值认同可以分为价值实在认同和价值观念的认同，价值实在认同是实用价值的认同，价值观念的认同是指理念认同。

价值观念的认同是指一定范围内的主体通过相互交往而在

观念上对某一或某类价值的认可和共享，或以某种共同的理想、信念、尺度、原则为追求目标，实现自身在社会生活中的价值定位和定向，并形成共同的价值观，它是社会成员对社会价值规范所采取的自觉接受、自愿遵循的态度，是对涉及共同利益关系的事物的价值意义所达成的共识。

价值实在的认同是指价值主体通过能动的实践性活动，而达成的对特定事物具有满足主体需求属性的认可和肯定。从某种意义上讲，它是一种利益的认可和肯定。达成正确的价值认同，能被社会成员所遵循，是形成社会向心力和凝聚力的关键，是关系到社会稳定、发展的一个重要的因素。

关于马克思主义大众化的过程，是指马克思主义哲学能够为大众所理解、所认识、所掌握并达到自觉运用的过程，要想能够使马克思主义深入到大众心中，就要接受大众所给出的评价。

而大众对马克思主义哲学的评价不仅有事实评价还包括价值评价，这就要求在推进马克思主义哲学大众化过程中，不仅要充分向大众彰显马克思主义哲学所具有的真理性，更要彰显其所具有的价值性，即如何能满足大众共同的、长远的、根本的价值需求，进而彰显其立足和肯定大众各自的现实价值追求，又超越和引领大众相互差别甚至相互矛盾的价值取向的目标、途径所在，通过理论彻底的，尤其是对现实人的价值世界辩证结构及其有效运行机理的透彻揭示，以真理的力量穿透大众内心的迷雾，从而取得大众的价值认同。

只有当大众发自内心地认为马克思主义哲学不仅是真理，而且有价值，能够满足自身的价值需求时，才能发自内心地喜欢，才能心服口服，才能自觉地学习并运用马克思主义哲学，马克思主义哲学才能真正实现大众化。

因此，要想使大众对马克思主义哲学达成价值认同，就要及时解决大众所面临的各种价值矛盾与冲突，彻底说明其价值矛盾和冲突所在，要找到解决矛盾和冲突的办法与途径，进而在思想上、在实践过程中为大众解疑释惑，才能达成价值认同，才能真正实现马克思主义哲学的大众化。

(二)马克思主义价值观

马克思主义价值观是马克思主义者基于无产阶级和人类主体的实践创造和解放需求,同时基于特定时空中大众在生存、发展和享受过程的需求,进而形成客观对象价值的总的观念和看法,这是一种关于人们价值信息、价值理想、评价标准和价值取向的综合体系。

马克思主义价值观作为中国特色社会主义制度的国家的精神、规范、原则和标准,构成我国社会意识系统的有机组成部分,构成我国文化系统的深层结构。社会主义核心价值观就是马克思主义价值观中国化、时代化、具体化的发展,由社会主义的经济价值观念、政治价值观念、法律价值观念、道德价值观念、宗教价值观念、艺术价值观念等构成。

从马克思主义的哲学角度来看,价值是具有十分复杂的主体性结构。马克思主义价值观不仅是马克思主义个体的主体思想观念,同时也是特定历史条件下马克思主义政党组织及其领导下的相关社会群体的思想观念,经过与各种非马克思主义价值的反复较量后,经过多次的实践、反馈所积淀与内化的选择和提炼,通过对无产阶级解放的需要和阶级意识成长发展的、自觉的基础上形成的。

其主要通过中国共产党在领导中国社会主义革命和建设的实际历史实践中,所形成和倡导的马克思主义及其中国化的社会主义、共产主义的价值信念、信仰、理想,标准、态度、取向,旨趣、情感、意志等表现出来。其中马克思主义中国化的价值信念、信仰和理想,是其最基本的表现形式。

在中国共产党的领导下,社会主义、共产主义价值信念才能充分地融入人民大众的革命和实践中去,改变中国贫穷落后的殖民地、半殖民地状况,建设工农大众当家做主的社会主义社会,是基于革命斗争和建设实践中的艰苦奋斗、不怕牺牲、敢于和善于取得胜利的生活经历而形成的思想和行动模式。

这样的价值信念所表征的内容，经常同人们对社会生活所“应当”持有的态度和“应当”采取的行动相关。马克思主义者坚信人民群众的实践活动创造历史，人民群众是历史的主体，“是真正的英雄”；坚信实践是真理的源泉，是检验真理的唯一标准，是一切美好未来的可靠根基和保证。从而把人民大众的力量、利益放在重要地位，一切为了人民，一切依靠人民，全心全意为人民谋利益，坚定不移地坚持中国特色社会主义。

社会主义、共产主义价值信仰，是中国共产党领导下最广大人民的信仰，是通过不断地实践与探索得到的，是对马克思主义关于社会主义、共产主义普遍原则上的最高价值。马克思主义信仰会使人的全部精神活动以社会主义、共产主义原则为核心，进而形成一种合理处理人与人、人与集体、人与社会之间的辩证关系的精神导向，充分调动起各种思想、心理因素，进而实现和维护人们的行为和信仰，避免固执于个人、局部价值追求的一隅，使人具有大局意识与胸怀。从而使信仰成为人所有思想行为的“主心骨”，成为居于人精神活动最高统摄地位的“灵魂”，成为人的价值意识活动的调节中枢。

人如果没有信仰，就如同没有灵魂的机械装置和动物般的自然存在物；而信仰的偏差和冲突，则会造成人们生活方式、生活内容、生活追求的偏差和冲突，导致社会关系的紧张冲突以至社会发展的方向性错误。马克思主义的最高价值信仰，是通过人民群众的革命实践，使人摆脱各种自然盲目必然性和社会盲目必然性的统治，克服人生存的种种异化状态，达致“自由人联合体”的共产主义社会，以完整的主体自由自觉地创造历史。

对于具体的个人而言，崇高人生理想的追求和实现，是人生最高自我价值的实现；崇高社会理想的追求和实现，则是人生最高社会价值的实现。对于特定的社会组织和机构而言，倡导和鼓励崇高的人生理想，构筑共同的社会理想，是社会组织机构蓬勃向上、兴旺发达、凝聚正能量的重要之举。

马克思主义的社会主义、共产主义价值理想，是在坚信人民群众是创造历史的主体的基础上，围绕无产阶级人民大众和人类的共同解放、每个人的自由而全面发展而形成和追求的价值目标体系。在当今中国，具体以“中国梦”“每个人的梦”为阶段性共同理想，以“每个人的自由而全面发展是一切人自由而全面发展的条件”的共产主义实现为最高价值理想。

从总体上来看，马克思主义指导下无论是社会主义还是共产主义的价值观，都会得到广大无产阶级与人民的拥护，旨在为全人类建立“以每个人的全面而自由地发展为基本原则的社会形式”[①]为目标的人类最先进的价值观，是代表着人类光明前途、最富有生命力的价值观。

马克思主义价值观要求人们树立共产主义价值信念、信仰、理想，即在最大可能消除自然界盲目必然性对人的统治的基础上，消灭人剥削人、人压迫人，实现所有人的彻底解放；社会生活由人民大众当家做主，大众成为平等、自由和人格独立的社会主人；每个人都能够获得自由而全面的发展，并且“每个人的自由发展是一切人自由发展的条件”。

对于个体来说，其本身所坚持的价值观就是其人生的核心内容，是人在活动中的指示器，影响和制约着个体活动的方方面面，同时社会价值观又是社会文化体系的核心与灵魂，构成社会意识形态下的主导因素，是特定社会群体或组织结构之间的黏合剂。

同时还要看到，价值观是人精神世界中最为深层、最为隐蔽的复杂构成，其形成、获得和发挥作用相比于生活经验、科技知识等的传授获得，往往并不直接同步，更不能简单等同。从其接触、认知到接受和发挥作用，往往需要更为复杂的积淀和内化。

此外，价值观的形成和作用还会出现在已有科学知识的范围以外，并非科学知识所能包含和代替的，甚至存在着越是在科学知识未达到的地方，信念、信仰和理想就越具有不可替代的作用。

① 《马克思恩格斯全集》(第23卷)，人民出版社1972年版，第649页。

这是我们对于马克思主义价值观认同的复杂性应有的一个基本前提。

二、马克思主义价值观的大众认同

马克思主义价值观作为特定的社会价值观，是需要得到社会大众个体的认同，进而成为主导社会实践活动的指示器和航向标。关于马克思主义价值观的大众认同问题，指的是大众对马克思主义的价值信念、信仰以及理想，能够具有认同和接受的态度。但是，认同马克思主义价值观不是一个简单发生的过程，而是涉及多个层面的辩证关系问题，需要从理论和实践上不断地进行协调，主要体现在以下几个方面。

（一）价值观的社会主体性与个人主体性

任何价值观都是特定主体的价值观。价值观既有个体主体性，也有社会主体性。两者既不能简单等同、相互取代，又不能相互割裂、相互对抗，是既相互对立又相互统一的辩证关系。

所谓价值观，并不是显示在主体外部，可以随意被人们所看到的抽象之物，而是经过长久的生活环境、文化传承和自身实践体验所产生的，具有较强的主体性和紧密性。无论是对社会主体，还是个体主体都是如此。如果以为像穿衣戴帽那般把现成的价值观可以任意赋予某个或某些主体，就能够使大众获得马克思主义价值观，那就把问题简单化，且完全无视价值观本身的主体性和复杂性。

同时，个体主体价值观的形成与变化，也不是同社会主体价值观及其价值导向完全隔离的，而是在其引导、规制和激励等反复交互作用中，逐渐形成和变化发展的。

无论是哪种主体，所具有的价值观都会受到内在的选择和外部的历史文化和物质实践的影响、冲击以及制约。一方面，其特定主体拥有的价值观，就有内在性和差异性，指的是主体和个体之间、个体与社会主体之间的价值观都存在差异性。每个人的价值观都是特定时空中主体社会性的文化积淀和生活实践的产物，是主体的利益、需要等在心理、思想和行为取向上的反映。

特定社会主体之间关系的复杂性、相互的差异性，即不同主体文化传统、所处的生存发展条件、存在与活动方式等的不同，造成其立场、利益、需要及满足需要的能力等的不同，因而形成了不同的宗教、民族、阶级、阶层和群体的划分；不同群体之间及其内部各个个体，又会形成和具有不同的价值观；不同社会所形成的主流价值观也不相同。这使得不同主体在不同层面形成不同的价值信念、价值理想、价值标准和价值取向，不可能彼此等同或相互替代。

另一方面，不同主体的价值观又会在社会性的交流、交往、实践，思想、文化、传承，交流交往中相互影响、相互借鉴和发生变化。个体、主体价值观会在社会主流价值观的引导影响下，在同各种价值观的相互影响作用中生成和变化；社会主流价值观也会在吸收个人合理的价值观以及在同其他价值观的相互作用，甚至相互斗争中形成和变化。

换言之，价值观不是固定的、外在于主体的、抽象的、现成的东西，而是在特定主体社会性活动中长期积淀、选择而内化形成的，也是在特定社会环境影响下具体的、变化发展的和十分复杂的。

对于个体主体来说，其自身所拥有的价值观一方面会因为自己坚定的意志力锲而不舍的终身守护，另一方面，也会因为一些主、客观的因素发生变化。在社会主义市场经济条件下和多元文化影响下，大众个人主体形成多样化的生存条件、多样化的角色分工和多样化的利益差别等现状，其价值取向的差异与多样化是不可避免的，各个主体价值观形成的内在机制和外部影响的不同也是客观存在的。

不可能期待通过某些集中宣传教育活动就一次性地塑造出所期待的大众个人价值观，而是需要集中教育和长期润物无声的环境营造、熏陶、潜移默化共同作用的复杂过程。即使是一个人在一个时期形成了某种价值观，也不可能一劳永逸地长期固守，而是会在各种主客观条件下发生某种或明显、或隐蔽的变化。

如许多人沿着社会文明进步的方向不断成长进步，或在曲折困顿中浴火重生，成为社会生活中的优秀杰出分子和社会进步的中流砥柱；还有一些共产党人包括当代各级领导干部，在特定环境中发生变节堕落，误国误民，为历史和人民所唾弃。

这些发生的事例都体现了个人在社会生活过程中所持有的态度以及所做出的行动，如果在社会历史进步的过程中，人的行为与历史发展所一致，就会得到肯定，如果相背离，则会被淘汰。历史的进步是曲折复杂的，对社会和个人价值观的选择也不是简单唯一的。

由于社会生活过程中，分工协作之间的关系变得日益复杂，文化多元化所呈现的差异越来越显著，承认和尊重一切合理的个体价值观和其价值取向，包括主体间的多样化价值观是很有必要的。要构建社会主义核心价值观，来引领各种多样化价值观及其可能存在的矛盾冲突，形成大众共同的精神家园，更加必要和重要。

实际存在的价值取向多样化，并不意味着一切多样化，甚至互相对立的价值取向都是合理的、正确的。要甄别那些违背历史发展规律、反社会、不文明的价值信仰、价值标准和价值取向，揭示其愚昧、落后、腐朽性。

倡导大众确立马克思主义价值理想、信仰、信念，使大众真切认识到，把自己的价值目标和追求自觉纳入社会共同的目标追求之中，才能够得到更好的、最大化的、最长远的利益。提升大众的鉴别力、选择力，既是一个理论问题，更是一个实践问题。

理论工作者的责任是从理论上将个体所具有的价值取向和社会的价值导向间的关系做出具体的分析和阐述。两者是相互统一的关系，并不是对立、割裂的。一方面，社会价值观以个体价值观为表现形式和基础，不存在脱离个体价值观的抽象的社会价值观。另一方面，社会价值导向制约和决定着个体价值取向。

个体所具有的价值观从内容、性质和形式上来看，大多来源于生活，尤其是来自于其他的因素，如社会环境、文化传统、风俗习惯、社会舆论等因素。社会可以通过家庭和学校教育、社会舆论、经济制裁、道德与法律规范等，要求人们对社会价值导向有所认同，并不断地在社会活动中加以调整和校正。此外，个体价值的实现也必须在一定社会环境中，通过与他人、集体的合作，以一定的社会方式付诸实施。

执政者在社会实践过程中扮演着社会价值导向和个体价值取向两者间的协调作用。"核心价值观是文化软实力的灵魂、文化软实力建设的重点"。坚持和运用好舆论的正确导向，营造浓厚的社会主义核心价值观；运用好利益调整机制，鼓励、激励诚实劳动者、创造者和创新者获得合理的物质利益及相应的社会荣誉。

建立健全合理的社会约束机制和法律法规机制，遏制非法所得的机会空间，打击投机钻营、损人利己、危害社会的人和事；筑牢规制权力的法治"笼子"，严惩以权谋私、侵害公共利益、出卖国家民族利益等贪污腐败分子，使公共领域切实成为践行和弘扬社会主义核心价值观、马克思主义价值观的场所，实际地对多样化的个体价值取向加以引导和调节，有效保证社会系统得以正常运转、社会秩序得以有效维护。

（二）价值观的超越性与现实性

作为社会发展的主体，马克思主义价值观具有超越性和现实性，两者间相互统一。马克思主义价值观作为当代主流价值观，具有对个体、主体价值观的个别性、具体性，同个体主体价值观更注重现实的具体物质利益满足的价值取向，形成超越性与现实性之间的矛盾。

该矛盾主要出现在马克思主义价值观的终极取向与人民大众当前的价值观和价值取向之间，并不是简单同一的，而是存在着时间和空间上差异的。马克思主义价值观所要追求和实现的，是我国社会生活所面临的共同的根本性、长远性发展问题的解决和中华民族伟大复兴的全体人民共同性价值目标的实现。

既是以我国现实的大众生存发展现状为出发点，以“五大发展理念”为指导，不断改革我国社会发展现实的不合理状态为手段，实现中国人民的全面小康、共同富裕，国家的富强、民主、文明、和谐，社会的自由平等、公正法治，个人的爱国敬业、诚信友善，也是以实现“每个人的自由发展是一切人的自由发展的条件”的共产主义理想为马克思主义价值观终极的价值追求与取向。

从根本上来说，这种共同的、终极的价值取向与追求，同大众个人对美好生活的期盼、追求，对未来长远的人生理想、抱负的价值取向是辩证统一的，是符合大众意愿的。但是社会共同的长远理想又是超越于大众具体有限、丰富多彩的个人价值目标与追求的，同个人眼前现实条件与状况、期待与追求总是有差距和差别的。个体的差异性与社会的共同性的矛盾是客观存在的。从眼前现实到未来理想也是有很长路要走，有许多困难要克服的。

当前，对于个体和社会来说，如果不能将两者所具有的价值取向与现实之间的关系揭示清楚，尤其是在个体价值取向在实现的过程中，社会共同的价值取向对其具有的作用，以及当个体正当价值追求对于社会共同价值目标实现的支持作用两者之间的辩证关系不能揭示清楚，就容易使大众误以为社会共同价值观与个体价值观是没有关系的，是外在于个体的。

实现社会共同长远理想和追求个体当下利益和幸福是不相容的，从而容易导致社会主流价值观同大众个体价值观的分裂，使商品经济关系中的个体倾向于只顾各自眼前利益而不顾社会长远利益，会使马克思主义价值观有失去现实大众基础，陷入自私自利追求的冰水之中，而成为水中花、镜中月的危险。

（三）价值观的抽象性与具体性

与其他的社会主流价值观一样，马克思主义价值观对社会主体的价值需要、价值目标以及价值信念、信仰与理想，同个体多样具体的价值观相比，具有高度的抽象性。其价值取向是对现实中个体合理价值需要的高度抽象与概括，是从社会成员共同的普遍的需要意义上，说明如何改变现存世界，如何为实现“每个人的自由发展是一切人的自由发展的条件”这一价值理想及其阶段性理想去创设社会性条件。而具体个人则为了各自生活的改善需要面对和改变具体的生活条件和生存处境，会采取具体灵活的态度和做法。两者之间的矛盾关系也是显而易见的。

这就是要将个人融入社会关系中去，将个体生活条件、生活环境的改善与社会条件、社会环境的改善辩证统一起来进行考察；把社会理想的追求与实现同个人的建设性活动和正当的追求辩证统一起来加以考察；把社会主体价值观同个体主体价值观辩证统一起来加以考察。以科学揭示其间的客观本质与辩证关系，鲜活呈现社会主义核心价值观同每个人追求美好幸福生活之间的有机联系，使抽象理论表达的马克思主义价值观不会脱离具体的大众实践活动，不脱离大众具体多样的丰富需求，而是与人的具体需要密切相关。

在当代中国化下，不断将马克思主义价值观所具有的一般性和抽象性进行中国化发展，主要是从方方面面为大众谋幸福、谋发展，将马克思主义价值观的抽象理论与大众追求幸福生活的实际相结合，不断解决实际问题，使马克思主义的价值诉求不断走近大众生活，为人民大众所接受，转化为中华民族共同的精神支撑与追求。

（四）价值观的长远性与阶段性

马克思主义价值观具有长远性和阶段性的特点，对于中国社会主义价值观来说，马克思主义价值观具有长远的眼光，其中的大众个体人生价值观同人类社会历史长河相比，往往只是白驹过隙，显得短暂而微小；然而对于特定个体，却几乎又是全部。社会主体价值观与大众有限个体的人生价值观的价值取向追求，形成长远性与阶段性之间的矛盾。

在社会历史的实践活动中,马克思主义价值观具有解放意识的作用,遵循人类社会发展的一般规律,遵循社会主义社会的建设规律与共产党执政规律,进而沿着人类社会文明进步的发展方向,探索和追求人的彻底解放所必须具备的社会历史条件,其价值目标取向必然具有一定的超前性和长远性。

虽然由于人类历史发展具有曲折性和复杂性特征,有时候还可能出现一定程度的迂回甚至是倒退,导致马克思主义的价值目标实现不可能一步到位,其必然要经过一个个阶段性的实现过程,而这样的社会历史阶段性同个人价值目标的阶段性相比,依然不在同一个尺度上。

由于个人在社会历史中的有限性和暂时性,使其价值目标的有限性和阶段性更加突出,其有限的、阶段性的价值取向不可能承载社会历史的哪怕是阶段性价值目标,从而是需要世代相承、同心戮力、合力追求的。这就可能造成个体有限、短暂的价值追求同社会共同长远的、最终的价值取向相矛盾。只有在两者的辩证统一中,个人的价值同社会的价值才能够有效地、最大化地实现。

人们在理论和实践的过程中,如果不能理解这一点,就不能使大众具有充分的意识将有限的个人价值融入无限的社会长远价值中去,不能够自觉地将自己与现实性、阶段性的目标同社会的阶段性、终极性目标追求辩证统一起来,形成社会历史的“合力”。理论工作者要努力在理论构建中阐明这种辩证统一关系,党和政府的执政实践更要努力协同好这种辩证关系。

第三节　马克思主义大众化的新媒体推进

随着时代的发展,出现了以互联网及其终端设备为代表的新媒体,产生了一系列新兴的互联互动的信息生成和传播方式,对当代中国马克思主义哲学的大众化传播产生了极为深远的影响。将新媒体纳入马克思主义哲学大众化传播渠道，运用新媒体推进马克思主义哲学大众化是历史发展的必然选择，是马克思主义哲学大众化传播保持先进性、焕发生命力的内在要求。

一、新媒体在当代的运用越来越广泛

新媒体之所以能够被人们所普遍接受和认可，主要是因为其具有强大的智能化功能、广泛快捷的互动性以及便捷性，能够帮助人们获取所需的信息，是人们进行交往的工具与手段。由于其运用越来越普遍，已经成为当代人运用最为广泛的大众传播媒介。在日常生活中，新媒体无时无刻不在影响着人们的思想、行为和价值观。了解新媒体的概念和一般特征，是开展新媒体推进马克思主义哲学大众化传播的重要组成部分。

（一）新媒体的含义

新媒体是长期处于新的进展和开发创新之后，是相对于旧媒体来说的，但是新旧之间并没有一个绝对化的界限。虽然针对新媒体的出现，人们的意识观点中并没有统一的定义，但是，却也有一些有见地的观点。美国的《连线》杂志认为，新媒体是“所有人对所有人的传播”。联合国教科文组织下的定义是，新媒体是“以数字技术为基础，以网络为载体进行信息传播的媒介”。新传媒产业联盟秘书长王斌认为，“新媒体是以数字信息技术为基础，以互动传播为特点、具有创新形态的媒体”。

因此，与传统媒体相比，新媒体是指继传统的实体纸质报纸、书籍、有线广播、电视、胶片电影等媒体所发展的新的媒体形态，其主要运用数字技术、网络技术、移动技术、卫星技术，通过互联网、无线通信网、有线网络等渠道，以及电脑、手机、数字电视机等终端设备，向用户提供信息和用户间相互提供信息的传播形态和超文本的多媒体形态。

新媒体与传统媒体的单向传播、有限实体和有限含量的特征相比，具有交互性与即时性、海量性与共享性、多媒体与超文本、个性化与社群化等特征。

（二）新媒体对大众的影响无所不在

随着时代的不断进步发展，人们在日常的生活和工作中越来越离不开新媒体，更加依赖于新媒体。传统媒体已经被人们远远地抛在脑后，人们已经忘了有多长时间没有阅读书刊、报纸。选择新媒体尤其是智能手机，做个“低头族”已经成为普遍现象，电子阅读代替纸质阅读、手机取代“口袋书”已经成为很多读书人特别是年轻人更加乐意的阅读方式。

通过网络曝光不法行为更是早已取代写“揭发检举材料”的方式，表达个人诉求也不再主要通过实体信箱向领导机构写信，已经被“电子信箱”所取代。同远方的亲人、朋友的联系也几乎不再书写纸质书信，实时或者延时的QQ、微信、音频、视频互动成为常态。新媒体成为整个信息化社会的主流传媒模式。

李克强总理曾在政府工作报告中首次提出“互联网＋”行动计划，“制订‘互联网＋’行动计划，推动移动互联网、云计算、大数据、物联网等与现代制造业结合，促进电子商务、工业互联网和互联网金融（ITFIN）健康发展，引导互联网企业拓展国际市场”。[①]新媒体更成为全民创业、万众创新的新平台，成为我国经济社会生活的新形态。

新媒体的出现与发展改变了大众的生活方式与习惯，同时大众生活方式和生活习惯的改变，也是新媒体发展壮大的原动力。伴随着现代数字技术、网络和通信技术的日新月异，新媒体行业也不断地从功能和形式上面进行改变，更新速度也不断加快。正确认识、合理运用新媒体促进马克思主义哲学大众化传播，科学有效地利用新媒体这一现代传播工具来推进马克思主义哲学大

① 《“互联网＋”激活更多信息能源》，中国物联网，2015年7月1日。

众化的实现，是时代的要求。

二、新媒体推进马克思主义大众化传播

在社会发展中，新媒体的产生对民众的影响力日益深远，合理有效地利用新媒体的发展促进马克思主义大众化的传播与发展，进而不断创新哲学理论的传播方式，成为当代马克思主义哲学大众化的必要途径。依据传播学相关理论，从以下几个方面来分析运用新媒体推进马克思主义哲学大众化传播的必要性。

（一）马克思主义传播方式必须与时俱进

最早在中国传播马克思主义，主要采用的是书籍和报刊等纸质媒体，同时通过人对人的教育传授方式进行传播。自新中国成立以来，马克思主义哲学已经成为中国社会意识形态的核心和指导思想。党和国家有组织的系统传播和教育覆盖了社会的方方面面，宣传和普及马克思主义理论的媒体种类、数量和途径都有大幅度增加，动用了几乎所有的社会传播途径，投入了大量的人力物力，马克思主义、社会主义主旋律无所不在，深入人心。

随着社会主义市场经济的发展，数字技术、互联网等传播技术的进步，新媒体迅速兴起。在新媒体的影响下，信息传播打破了由党和国家统一组织推进的单向传播格局和信息资源由特定机构和人员享有、发布的状态。

交互地传递分享信息，商业化的运作，多媒体、超文本、超时空的连接，海量的信息内容，快捷地搜索浏览，个性化地创造上传，使得传播一度失去控制。传播什么，谁在传播，似乎难以控制；大众选择什么，接受什么，相信和追求什么，似乎也失去控制。

马克思主义大众化传播的传统优势受到严重挑战，社会主义、马克思主义主旋律受到严重干扰。是固守一隅，还是主动出击，成为执政党和思想理论工作者必须面对和选择的重要问题。

马克思主义哲学大众化传播必须解放思想，改变思路，增强本领，跟进时代步伐，适应发展需求。

首先是在理论传播层面，转变理论单向传播模式下的独占权威观念和居高临下的思想作风。

由于大众的信息资源有限，所接受信息的途径有限，因此在传播和教育普及马克思主义哲学过程中，通常采用的是自上而下的单向传播模式。长期的单向传播使传播者同受众处于信息不对等、位置不对等状态，容易导致传播者的权威性、优越感和高高在上的思想作风和工作作风。单向传播往往缺乏与受众平等的互动交流，容易忽视受众的主体性、能动性及接受中的感受，容易形成同受众的距离感和主客体之间的疏离感。

同时，单向的传播灌输，受众处于被动状态，缺乏参与感、需要感，不易调动其学习的主动性、积极性。马克思主义哲学似乎成为外在于大众思想需要的形而上学的东西，会被冠上抽象、说教等头衔而失去其服务大众、提升大众的思想智慧功能。缺乏双向互动和民意反馈，最终导致单向的马克思主义哲学大众化传播、普及与教育难以与大众形成良性互动，难以及时深入了解和反映大众的智慧与心声。由于受众不能及时发声来表达自己的看法和需求，也难以引发共鸣，不可避免地影响传播和普及教育的效果。

如此，理论既无法通过“大众化”以得到广泛的普及运用，也难以汲取人民大众最精致、最美好的实践智慧以丰富发展哲学理论。马克思主义哲学同人民大众的实践活动也容易相互脱节而失去其同大众的生活世界相互作用、相互促进、共同发展的条件。

现代新媒体的兴起，为打破单向传播、增强广泛互动提供了便利。理论工作者需要转变观念，放下身段，虚心学习，正如毛泽东曾经指出的，要做群众的先生，得先做群众的学生。大众及大众传媒中蕴藏着无数值得学习吸收的信息和方法，需要认真学习研究，提高理论宣传工作者自身在新媒体中善于发现、善于总结、善于创造、善于引导的新本领。

其次是在社会治理实践层面，转变相关机构和人员权威发布的滞后、遮掩等观念和作风，增强官方信息传播、沟通、引领的时效性。

在传统的单向传播模式下，由于受到传统媒体的限制和组织管理程序的限制，导致信息在发布和传播上受到了限制，进而影响了信息的时效性。特别是涉及大众利益、安全等的突发事件，官员的渎职、贪腐事件等负面信息的发布、调查报道和反馈的时效性非常受限，无法满足大众的知情权，会影响大众的判断和行为，以至错过解决问题、应对危机的最佳时机。

自新媒体兴起后，任何地方、任何层面所发生的各种事情，都有可能不需要经过审核或当事人的同意公布于天下。由于发布者有限的视角和特定的立场、倾向，使得所发布的信息难以做到客观公正和完整，尤其是涉及敏感问题、大众安全等事件，各自的自发发布很容易引起误解甚至混乱，这就需要相关主管机构和部门，改变以往相对缓慢、遮遮掩掩，甚至试图蒙蔽大众等观念和作风，及时做出快速准确反应，采取有效措施，发布权威信息，正确引导大众，防止负面发酵引发更大混乱和恐慌。

实践反复证明，在新媒体时代，只有真正站在人民大众的立场上，直面问题，直面真相，采取有效的、客观公正的措施，才能取信于民，服务于民，赢得大众的理解支持。企图蒙蔽大众只能适得其反，甚至走向大众的反面。

无论是从理论层面上，还是从实践层面上，新媒体都能够推进马克思主义大众化的传播，充分彰显出马克思主义哲学在中国的理论发展中的运用，为中国大众谋求根本利益与长远利益。同时需要通过理论工作者和执政实践的公职人员的实际努力，通过运用现代传媒的强大传播能力，以实现大众及时快速全面地学习和了解，赢得大众的衷心拥戴。

（二）新媒体在理论普及过程中的独特优势

随着新媒体的发展，马克思主义哲学大众化传播也不断取得突破性进展。主要表现在以下方面。

第一,新媒体的传播速度快,传播范围广,有助于大大拓展马克思主义哲学大众化传播教育的前沿阵地。

当前中国社会新媒体不仅覆盖范围广,而且应用需求强,多样化程度高。加之新媒体信息容量大,信息传播即时高效、资源开放共享等特征,借助新媒体传播马克思主义哲学理论及其在我国思想文化、社会实践活动中的广泛应用,传播普及的范围势必将得到大规模的扩充,传播普及的速度也会实现大幅度的提高,从而极大地拓展马克思主义哲学大众化传播的表达方式、载体空间和受众范围。

第二,新媒体有强大的互动功能,捕捉社会现实热点问题触角灵敏,有助于哲学观念与社会现实的及时接触与互动。

近年来,通过互联网等新媒体传播和学习理论,了解民情民意,吸取大众智慧,已经成为党和政府执政为民、改进工作的新渠道。大众通过主动接触学习哲学理论,便可以及时发现、反馈社会热点问题,参与对问题的评论,提出意见建议,成为人们学习运用马克思主义哲学分析问题、解决问题的重要途径。

马克思主义大众化在传播的过程中要充分运用新媒体所具有的特点,新媒体具有全球化的传播环境、双向互动的传播模式以及快捷的传播速度等特点,有助于帮助马克思主义在传播的过程中打破单向传递、相对封闭以及被动的局面,为网民营造积极主动参与的环境氛围,在人人既可以接受信息,又可以反馈信息中提高哲学素养、创造意识和创新能力。在不违反国家法律和社会道德的基础上,有创意地学习和传播,以满足人民大众丰富自己精神生活、创造精神世界的切实需要。

由于民众的积极参与,新媒体呈现出草根性和原创性的特点,充分展示着群众的个人智慧和集体力量。在新媒体时代下,通过互联网技术将各种信息发布到网上,人们可以自由地选择浏览各种信息,无限复制、扩散感兴趣的信息,其中也包括马克思主义哲学的内容及其运用的信息。

通过人们对党和政府方针政策的关注、评论，对社会热点问题的热议、争论，可以体察到大众对公共事务的关心和对社会公平的关注，还可以对官员腐败、违法乱纪等进行监督、展开跟踪调查，有利于社会治理同大众的密切互动，增强执政为民、依法行政的自觉意识和服务大众、引导大众建设好中国特色社会主义的实际效果。

由此可以看出，新媒体的出现可以帮助人民群众有效地认识和了解党的理论、路线、方针以及政策发展，不仅有利于马克思主义被更多的人所理解掌握，同时有利于推动解决中国改革和建设中的实际问题，坚持和发展中国特色社会主义。

第三，新媒体环境极大地丰富了理论传播普及方式的选择性。

在新媒体的环境下，就要运用各种有利的途径来传播马克思主义大众化，将马克思主义基本理论与最新成果传播给民众。在传播的过程中，可以使用文字、图像、画面、声音、动画以及视频的形式传播给人们，发挥出传播的效应。人们可以通过利用检索的途径来获取所需的信息，让获取的信息更加有针对性，同时可以提高效率，节省时间。

总之，多样化的现代新媒体传播平台极大地丰富了马克思主义哲学大众化传播的内容和形式，发挥出了极大优势。

(三)新媒体符合马克思主义大众化传播的内在要求

对于新媒体时代下马克思主义的传播，并不是简单地将一些固定的知识发布给基层的、毫无知识文化的穷苦百姓，而是要面向大众、即将全面建成小康社会以及高等教育人群，能够在信息化时代在网络世界漫游的、有着丰富专业知识和一定哲学基础的新时代中国大众，其对马克思主义哲学的思想理论需要也有着重大差别。因而，大众化传播需要面向各层次、各类别的大众人群，全面呈现马克思主义哲学及其世界化、中国化的发展面貌。这本身就是一个庞大的工程。

要向大众较为全面地呈现马克思主义哲学的全貌，大致需要展现以下几方面的内容：

一是马克思主义哲学的中国化、时代化发展的理论成果与实践成果也随着我国社会主义建设实践的深入发展而不断推进、层出不穷。

二是马克思主义哲学世界化的发展也呈现出多彩纷呈、交相辉映的状态。世界各国的马克思主义者在各自国家的社会变革中，继承、发展、衍生出诸多流派，形成庞大的研究队伍，发表了丰富的思想成果。

三是马克思主义哲学本身就是一个内容丰富的需要不断开掘的思想理论宝库，包括经典作家大量的文本内容及其所蕴含的丰富哲学原理和后人在新的社会历史条件下的新解读、新发现。

因此，马克思主义哲学大众化传播，其实就不是一个封闭的、固定的知识信息的反复滚动播出，而是针对不同受众的、不同层次的思想理论需要、精神文化需要和生活实践需要，形成覆盖以上内容、适应中国各领域、各专业、各行业不同人群的多层次的需要，多方面、多风格、多形态的思想理论表达、价值观念培育、文化形象塑造和生活方式引导的传播内容和表达形态。

这往往不是任何一种传统媒介可能容纳的，而新媒体则能够符合马克思主义哲学大众化传播的这些内在要求，能够融合、联通这些多方面、多层次、多形态的内容和形式。

近年来，由于我国官方机构已经在马克思主义方面做了大量的工作，初步建立了立体化的互联互通的网络系统，各种官方网站、论坛、各大高校、科研院所、党政机关网站，各级、各类数字图书馆、资源库等，都成为涵盖大众化传播所需要的方方面面内容。

同时，为了党员干部和人民群众学习马克思主义和掌握马克思主义哲学，一些大型网站建立了包括马克思主义经典著作在内的大型数据库，这些大型数据库的开通使用，对马克思主义的学习和研究提供了极大的方便。

新媒体的主流网站建设速度快、理论水平高，为人们获取正面理论信息构建了强大的公共平台。另外，各种微博、微信平台也越来越受到大众追捧，不仅能获取各类信息，而且正逐渐成为大众对社会热点问题开展舆论热议和表达的重要场所。

在传播和实践马克思主义大众化思想方面，政府所建立的门户网站对推动社会治理起到了重要的作用，大大增强了大众对党和政府的信任和信心，同时也是增强了对其指导思想的理论基础——马克思主义哲学的信念与信心。

由于政府门户网站能很好地广泛收集民意，为制定政策提供参考资料，得到了更多民众的积极参与，人们充分利用这个反馈平台，参与到马克思主义大众化的实践过程中去。党和政府无时无刻不在加倍重视新媒体的运用，重视巩固马克思主义在意识形态中的地位，重视培育和弘扬社会主义核心价值观，重视强化共产党人马克思主义理想信念。

(四)新媒体是马克思主义传播经验的历史传承

回顾马克思主义的传播历史，无论是在任何的条件下，都能够充分地利用当前最新的传媒手段。从早期的报纸、杂志、书籍，同时还有舞台、课堂，到后来的广播、电视、电影等，对当时的大众来说，就是获取思想文化信息的新媒体。充分运用并创办、创新大众传媒，开展党的宣传教育工作，是中国共产党人开展理论宣传、武装大众头脑、推进马克思主义哲学大众化必不可少的途径。

在马克思主义刚刚传入中国社会时，由于当时的社会传播媒介有限，其新兴的媒体就是书籍报刊。不仅如此，还有大量的书籍和杂志开始翻译马克思主义等相关著作，《新青年》等成为马克思主义宣传的前沿阵地。当时我国的传播手段依然种类偏少，报刊仍然发挥着马克思主义哲学宣传领头羊和主力军的作用。

中国共产党成立以后，马克思主义哲学宣传方式变得丰富且针对性强。各种党报、党刊陆续创建起来，成为马克思主义哲学和党的思想主张传播的重要前沿。新中国成立后，随着政权的掌握和巩固，思想理论教育和马克思主义哲学大众化学习普及掀起一轮轮新高潮，创新运用各个时期新出现的传播媒介，马克思主义哲学基本观念、基本价值几乎家喻户晓，党的思想和主张深入人心。

通过上述关于马克思主义哲学的传播经验，有以下几点启示。

必须始终坚定马克思主义的理想信念，坚持马克思主义哲学的世界观和方法论，武装全党，教育人民，努力推进中国社会主义革命和建设事业向前发展。

应当充分运用社会最前沿、最主要的大众传播媒介来宣传马克思主义哲学，力求马克思主义哲学的传播方式与时俱进。

要围绕不同时期中国社会历史的主题任务，针对大众实际的思想文化需要，创新思想理论的内容和表达方式，积极拓展多种传播渠道来开展宣传教育活动，从而提高大众的向心力、凝聚力，提高理论宣传普及的传播效果。

在新的历史环境和新媒体时代下，围绕建设、发展中国特色社会主义社会，在国家富强、民族振兴、人民幸福的中国梦的实现追求中，充分运用新媒体来推进马克思主义大众化，这也是马克思主义哲学传播历史经验的传承与创新。继承发扬我党在马克思主义哲学传播史上的成功经验，充分利用新媒体这一传播途径，开创出具有马克思主义哲学大众化的新局面，是当代思想理论工作者的重大历史职责。

第四节　马克思主义大众化的路径选择

当前我国还处于社会主义初级阶段，因此就要求我们党必须不断推进生产力的发展，继续推进马克思主义哲学大众化，坚持马克思主义指导思想不动摇，坚持走中国特色社会主义道路不动摇，切实解决人民群众遇到的问题，提高人民群众的生活水平，提高人民群众的精神境界。在新的历史条件和社会形势下，需要我们继续探索大众化的途径与方法，进一步推进马克思主义大众化进程，才能为中国特色社会主义建设事业提供精神动力与支撑，保障社会主义现代化建设事业的顺利进行。

一、全面深化改革：为人的全面解放创造条件

目前我国社会在经济发展的过程中面临着一系列的问题，如不平衡、不协调、发展的不可持续性等，地区与产业结构发展的不合理性，发展中所产生的各种生态环境问题，社会快速发展过程中人民群众在道德、精神领域出现信仰的缺失，这都需要进行全面深化改革，进而使社会得到健康持续的发展，促进社会全面发展，提高人民的生活水平。

（一）保持社会经济公平

人们在追求理想社会的同时，就需要社会公平正义，这也是衡量社会文明的重要尺度，是社会发展进步的一种价值取向。自改革开放以来，我国在经济社会的发展方面取得了极大的成就、人民的生活水平也得到了极大地改善。伴随着改革的深入和市场经济的发展，由于社会经济公平缺失而导致影响社会和谐的矛盾和问题也凸现出来，城乡、区域间的发展不平衡，贫富差距较大，教育不公平，社会保障不公平以及公民政治参与的不公平等情况的出现。这些正在成为影响我国发展全局，影响和谐社会构建的主要因素。

在社会转型过程中，这样的冲突似乎不可避免：中央出台的相关政策，到了地方都会出现各种各样的应对措施以保障本地区自身利益。在改革中必须重视这个问题，如果中央政策无法落实，经济体制改革的目标也无法如期完成。

和谐社会的首要目标是要保持社会公平正义，何为和谐社会，是指社会的基本结构、法律制度能够被社会成员所普遍相信和接受，并相信公平正义可以真正实现才是和谐社会。在经济发展过程

中，由于分配具有的差异性，导致收入的差距被逐步扩大。

尽管市场经济在经济发展过程中能够使市场充满活力，带动经济繁荣，但市场经济的固有缺陷也可能增加社会中的不稳定因素，对和谐社会建设造成不好的影响。在解决这个问题时，不能一味追求平均主义，还是要发挥市场的作用，发挥政府的调节作用，通过建立完善的社会保障体系，弥补市场经济留下的缺陷，从而调动各个群体的积极性，将公平正义的理念植入每一个人的脑海中，让他们都能够融入社会主义建设中来。

当然也要发挥法律的作用，让每个公民都能在每个个案中，感受到法律的光辉，将公平正义融入每一个案件中，保障案件的正确审理，避免冤假错案的发生，让民众体会到法律是公平正义的，在解决争端时能够通过法律的途径解决，从而推动社会发展与进步。

（二）加快社会主义法治建设，促进国家治理能力现代化

目前，我国正处于巨大的转型期，无论是从农业社会到工业社会、从传统社会到现代社会、从计划经济体制到市场经济的变革，都使人们的生活方式和思维方式发生了改变，产生了极大的影响。随着改革不断深入，40 年高速发展而集聚下来的矛盾和问题也正在逐渐显现。

在强调经济建设的年代，部分人的活动大都以其经济利益最大化为出发点，他们在经济活动过程中无法无天，胡作非为，所造成的损失也是无法估量的。这就需要加强现代国家体系的建设，推进国家治理的现代化。

作为社会主义国家，坚持中国共产党的领导是中国社会主义最显著的特征，是进行社会主义法治建设的重要保证。党的十八届三中全会审议通过的《关于全面深化改革若干重大问题的决定》指出，“全面深化改革的总目标是完善和发展中国特色社会主义制度，推进国家治理体系和治理能力现代化”。“国家治理体系和治理能力的现代化”，对于我们国家建设而言，还是一个全新的

政治理念。

坚持党对政法工作的领导，也要改善党对政法工作的领导。政法机关作为人民民主专政的执法机关，必须坚持党的绝对领导。各级政法机关都要保持坚定的政治立场、提高政治自觉性，自觉同党中央保持一致，严守政治纪律，严保政治方向，跟随中央的脚步，推进社会主义法治国家的建设。

习近平指出，必须坚持公平正义原则，公平正义是政法工作的生命线，是实现中国特色社会主义的内在要求，我党一直致力于追求实现社会的公平正义，这也是政法工作的价值追求。因此，政法机关在工作中，必须将公平正义贯穿于政法工作的始终，严格遵循法律，切实保障当事人的合法权益，严格执法、公正司法是政法机关工作的关键，是肩负维护社会公平正义的神圣使命的重要依据，也是为了让人民群众能够切实感受到公平正义。所以，加强政法工作，明确社会主义核心价值十分关键。

二、坚持群众路线：为人的全面解放打牢根基

群众路线是我们党的生命线和根本工作路线。开展党的群众路线教育实践活动，是我们党在新形势下的重大决策。但是在社会主义市场经济发展中，部分党员干部热衷于个人经济利益的追求，他们被金钱、权力等腐蚀，逐渐脱离了人民群众，直至走上了犯罪的不归路，也引起了群众极大的不满。因此，在新时期还是必须坚持党的群众路线，为人的全面解放打下坚实的根基。

（一）坚持党的群众路线，必须加强党自身的建设

在新的发展形势下，我党面临的问题比以往任何时候都更加严峻和复杂。在加强党的建设方面，要做到从严治党，党要管党，是比任何时候都要关键与紧迫。为此，必须加强建设党的执政能力、先进性和纯洁性方面，同时还要坚持党的解放思想实事求是

的思想路线，加强作风和组织方面的建设。

1. 加强党的建设，必须做到党要管党、从严治党

党在建设的过程中必须严格地遵照党章的规定去办事，严格遵守党的各项规章制度，尤其对领导干部要更加严格，并加强对其进行教育、管理，并做好监督工作。在党内生活中，要发扬党内民主，积极开展批评和自我批评，发现和解决党内存在的各种问题，并坚决整治党内存在的不良风气，严惩党内腐败分子；在执行党的纪律方面，要坚持党纪面前人人平等，不允许党内特权的存在。

党也要在日常加强对干部的管理，及时发现潜在的风险，拯救可能出现问题的干部，对已经违反党纪国法的党员干部也绝不姑息，严厉惩治。必须让党员领导干部真正起到先锋模范带头作用，成为人民群众的表率和楷模。

2. 抓好理论武装工作，是加强党的自身建设的根本

对于中国共产党人来说，要想安身立命就要有坚定的理想信念，能够坚守共产党人的精神追求。理想信念是共产党人的政治灵魂，也是共产党人经受考验的支柱支撑。在现实的生活中，部分党员干部出现的种种问题，实质上就是理想信念发生的动摇。

通过学习马克思主义哲学知识，运用理论武装自我，将理想信念建立在对科学的理性认同上，建立在对历史规律的正确认识上，增强对党和人民事业不懈奋斗的自觉上，真正做到坚定不移，矢志不渝。坚定理想信念也离不开党性教育和道德教育这两个基础，以树立正确的世界观、权力观、事业观，彰显共产党人的模范带头作用。

3. 坚持反对腐败、建设廉洁政治的立场

当前广大人民群众十分关切的问题就是解决党内存在的腐败问题。自十八大以来，党强力惩治腐败工作中，大大打击了一

大批的腐败分子，在党内清除了一批违背党纪国法的腐败分子，并给予其严厉的法律制裁，通过大力实施反腐政策，人民群众对党的支持度大大提升。

因此，必须要旗帜鲜明地反对腐败，不仅坚持反腐不放松，更要推进制度反腐。要继续保持高压的反腐态势，做到有腐必反、有贪必肃。坚持"老虎""苍蝇"一起打，在严厉打击领导干部腐败的同时，也要注重人民群众身边的腐败，做好对腐败的预防工作，加强对权力的监督与制约，通过法律去控制权力，惩治腐败，让腐败分子不敢腐、不能腐，最终达到不想腐的境界。还要加强反腐倡廉教育和廉政文化建设，引导广大党员干部树立坚定的理想信念，将拒腐防变的信念深入人心。

(二)要关注和改善民生

党在发展群众路线的过程中要注重解决民生问题，这也是马克思主义哲学大众化的社会基础。马克思认为，"共产主义从一开始就是现实的和直接追求实效的"，他强调，"问题在于改变世界"。[①] 马克思认为，要想改变世界，其关键就是要对人民群众所生存的环境以及生活中出现的实际问题提供相应的解决方法，切实为人民群众解决问题。

在当下，要想做好群众工作，最有效的途径就是为人们着想，将人民群众的疾苦作为自己的疾苦，常怀大善之心，常行大爱之举。群众路线是一个理论问题，更是一个实践问题。在党的群众路线教育实践活动中，在解决党员、干部的思想认识问题的同时，更应把解决群众的实际问题作为一项重点工作，通过各项措施的强力推进，以解决民生问题的切实成效，树立党和政府的良好形象。

从解决民生问题入手，才能更好地推进马克思主义大众化在人民群众中起到更好的作用。从马克思主义哲学中国化的内在

① 《马克思恩格斯选集》(第1卷)，人民出版社1995年版，第19页。

逻辑和历史逻辑可以看出，马克思主义哲学大众化的实现与人民群众的现实生活和利益紧密相连——通过切实解决人民群众关心的问题，让人民群众认同马克思主义。

改善民生，不仅是群众路线的必然要求，也是推进中国特色社会主义理论被人民所理解和接受，实现马克思主义哲学大众化的有效途径。也只有解决民生问题，党才能得到更多人的支持，才能将中国特色社会主义理论体系更加深入人心，得到更多人的认同。

从以上的分析可以看出，人的解放既是一个理论问题，同时也是一个需要进行不断实践的问题，是马克思主义大众化的价值目标。目前我国的生产力还不太发达，经济文化也比较落后，要想建设社会主义社会，实现人的解放，是马克思主义发展史上的一个新课题。

推进马克思主义大众化的价值目标追求，对当代中国特色社会主义的发展具有重大的科学价值和实践价值。

第一，马克思主义哲学通过揭示人类历史发展的规律，指导社会的不断解放和发展，充分改善人民的生存状况和生活水平，使人民切实感受马克思主义哲学理论所带来的强大力量。同时，在传播、运用和发展的过程中，马克思主义能够激发大众的自身实践力量，为人民群众提供更好的支持与服务。

中国共产党成立以来，重视马克思主义哲学的学习运用和大众化，坚持为中国人民解放事业而带领人民共同奋斗，成为中国人民的主心骨和社会主义事业的领导核心。加强马克思主义哲学学习和研究，加强同人民群众的血肉联系，在探索和发现新的规律并将之运用于实践，从而坚定信念、明确方向、鼓舞斗志，不断巩固全党全国人民奋斗的共同思想基础。

第二，马克思主义哲学之所以能够不断创造出新的突破，不断做出新的成果，主要是因为我党始终将为人民服务作为一切工作的出发点和落脚点，作为对马克思主义大众化实践价值的评判标准。

面对市场经济条件下出现的新情况、新问题，推进马克思主义哲学大众化，需要我们及时总结经验教训，准确把握人的解放的主、客观条件的新变化，引领人民群众坚定沿着马克思主义哲学指导下的社会理想努力实践，让人民群众成为改造世界实践活动的积极参与者，成为改造客观世界的真正受益者。

对人类的解放既是一种理想的境界，同时也是一种现实发展的历史。理想引领现实，现实创造出历史，接近理想。要坚持理想与现实的辩证统一，坚持过程与结构的相互统一，在当代中国，就是要从社会主义初级阶段这一实际出发，努力实现中华民族伟大复兴的中国梦，带领中国大众沿着马克思主义指明社会主义、共产主义理想，在建设中国特色社会主义伟大事业中大力推进人的自由全面发展，为人的解放不断创造现实的主、客观条件。

坚持和发展马克思主义就必须看到，马克思主义的中国化和大众化是密切联系、不可分割的两个方面，马克思主义中国化是马克思主义大众化的前提和基础，马克思主义大众化是马克思主义中国化的目的和结果。在新媒体时代下，在马克思主义的发展运用上越来越广泛，新媒体推进马克思主义大众化传播，同时，要全面深化改革，为人的全面解放创造条件，坚持群众路线，为人的全面解放打牢根基。只有这样，才能充分将马克思主义融入我国的发展建设中，实现马克思主义的价值。

参考文献

[1]习近平.决胜全面建成小康社会夺取新时代中国特色社会主义伟大胜利[R].2017－10－18.

[2]习近平.在第十八届中央纪律检查委员会第六次全体会议上的讲话[M].北京:人民出版社,2016.

[3]曹红艳.努力建设天蓝地绿水清的美丽家园[N].青海日报,2017－03－30.

[4]张乐,潘加军.建设天蓝地绿水清的美丽中国[N].中国社会科学报,2017－01－01.

[5]关于新形势下党内政治生活的若干准则[N].人民日报,2016－11－3.

[6]习近平.切实把思想统一到党的十八届三中全会精神上来[N].人民日报,2014－01－01.

[7]习近平.在党的群众路线教育实践活动总结大会的讲话[N].人民日报,2014－10－09.

[8]习近平.紧紧围绕坚持和发展中国特色社会主义学习宣传贯彻党的十八大精神[N].人民日报,2012－11－19.

[9]习近平.在省部级主要领导干部学习贯彻党的十八届五中全会精神专题研讨班上的讲话[M].北京:人民出版社,2016.

[10]习近平.习近平谈治国理政[M].北京:外文出版社,2014.

[11]习近平.之江新语[M].杭州:浙江人民出版社,2013.

[12]万生更.马克思主义中国化的发展逻辑研究:从毛泽东思想到习近平总书记重要讲话[M].北京:中国社会科学出版社,2017.

[13]范鹏.统筹推进“五位一体”总体布局[M].北京:人民出版社,2017.

[14]杨凤城,赵海梅,张世飞.全面从严治党新阶段[M].北京:中国人民大学出版社,2017.

[15]王昕朋.历史性成就全面从严治党这五年[M].北京:中国言实出版社,2017.

[16]王维平.四个全面战略布局之全面深化改革[M].北京:人民出版社,2017.

[17]王宗礼.四个全面战略布局之全面推进依法治国[M].北京:人民出版社,2017.

[18]刘先春.四个全面战略布局之全面从严治党[M].北京:人民出版社,2017.

[19]艾四林.新发展理念与全面建成小康社会[M].北京:中国文史出版社,2017.

[20]蒙慧.中华民族伟大复兴的“中国梦”[M].北京:人民出版社,2017.

[21]瞿铁鹏.马克思主义社会理论[M].上海:上海人民出版社,2017.

[22]秦龙.走向时代深处的马克思主义[M].北京:科学出版社,2017.

[23]沈传亮.全面深化改革十八大以来中国改革新篇章[M].北京:人民出版社,2017.

[24]秦宣.“治国理政新理念新思想新战略”研究丛书——中国特色社会主义新论[M].北京:中国人民大学出版社,2017.

[25]本书编写组.治国理政方略:协调推进“四个全面”战略布局[M].北京:党建读物出版社,2017.

[26]王学俭.十八大以来党的治国理政思想研究[M].北京:人民出版社,2017.

[27]郝永平.天下为公中国共产党与中国特色社会主义新发展阶段的开创[M].北京:人民出版社,2017.

[28]《党的十九大报告辅导读本》编写组.党的十九大报告辅导读本[M].北京:人民出版社,2017.

[29]马忠.四个全面战略布局之全面建成小康社会[M].北京:人民出版社,2017.

[30]中国社会科学院马克思主义研究院中国特色社会主义发展史课题组.伟大的复兴——新时代中国特色社会主义的总任务[M].北京:人民日报出版社,2017.

[31]江苏省中国特色社会主义理论体系研究中心.中国特色社会主义发展的新境界——十八大以来党中央治国理政新理念新思想新战略研究[M].南京:江苏人民出版社,2017.

[32]聂月岩.马克思主义中国化问题研究[M].北京:首都师范大学出版社,2017.

[33]张晓明.论中国特色社会主义现代化理论的形成与发展[M].北京:中国社会科学出版社,2017.

[34]何毅亭.以习近平同志为核心的党中央治国理政新理念新思想新战略[M].北京:人民出版社,2017.

[35]金民卿.执政党建设理论与实践的新发展[M].北京:社会科学文献出版社,2017.

[36]马云志.坚定中国特色社会主义的"四个自信"[M].北京:人民出版社,2017.

[37]中共中央文献研究室.十八大以来重要文献选编(中)[C].北京:中央文献出版社,2016.

[38]胡鞍钢,鄢一龙.中国新理念:五大发展[M].杭州:浙江人民出版社,2016.

[39]颜晓峰.五大发展理念干部读本[M].北京:人民日报出版社,2016.

[40]唐踔.攻坚全面深化改革总体战略研究[M].北京:人民日报出版社,2016.

[41]中央党校哲学教研部.五大发展理念[M].北京:中共中央党校出版社,2016.

[42]张国臣.党的纯洁性建设论:群众路线视阈下党的纯洁性建设研究[M].北京:人民出版社,2016.

[43]吉登星,郭起华,彭铁.生态文明教育[M].北京:中国林业出版社,2016.

[44]燕芳敏.现代化视域下的生态文明建设研究[M].济南:山东人民出版社,2016.

[45]任阿娟,张仲华.马克思主义大众化的历史与逻辑[M].昆明:云南大学出版社,2016.

[46]林建华.马克思主义中国化、时代化、大众化论纲[M].北京:知识产权出版社,2016.

[47]林小波.坚定"四个自信"六讲[M].北京:人民出版社,2016.

[48]赵士发.现代化进程中的马克思主义中国化[M].北京:人民出版社,2016.

[49]郑德荣,王占仁.马克思主义中国化纵横观[M].北京:人民出版社,2015.

[50]王向明.雄关漫道:马克思主义中国化的历史进程及其理论成果[M].北京:中国人民大学出版社,2015.

[51]曹泳鑫.马克思主义中国化:基本认识和实践[M].上海:学林出版社,2015.

[52]张敏.论生态文明及其当代价值[M].长春:吉林出版集团股份有限公司,2015.

[53]宋俭.中国梦之中国道路[M].武汉:武汉大学出版社,2015.

[54]中共中央关于制定国民经济和社会发展第十三个五年规划的建议[M].北京:人民出版社,2015.

[55]习近平关于全面依法治国论述摘编[C].北京:中央文献出版社,2015.

[56]孙来斌.中国梦之中国复兴[M].武汉:武汉大学出版社,2015.

[57]洪银兴.全面深化改革[M].南京:江苏人民出版社,2015.

[58]黄蓉生.中国梦大学生读本[M].重庆:西南师范大学出版社,2015.

[59]方爱东.社会主义核心价值观研究[M].合肥:中国科学技术大学出版社,2014.

[60]齐卫平.政党治理与执政能力建设研究[M].上海:上海人民出版社,2014.

[61]郭兆晖.生态文明体制改革初论[M].北京:新华出版社,2014.

[62]中共中央文献研究室.十八大以来重要文献选编(上)[C].北京:中央文献出版社,2014.

[63]中央文献研究室.习近平关于全面深化改革论述摘编[C].北京:中央文献出版社,2014.

[64]王舒.生态文明建设概论[M].北京:清华大学出版社,2014.

[65]陶良虎,刘光远,肖卫康.美丽中国:生态文明建设的理论与实践[M].北京:人民出版社,2014.

[66]张涛甫."中国梦"的文化解析[M].重庆:重庆出版社,2014.

[67]聂月岩.马克思主义中国化问题研究[M].北京:首都师范大学出版社,2014.

[68]李娟.中国特色社会主义生态文明建设研究[M].北京:经济科学出版社,2013.

[69]王佳菲.中国特色社会主义经济建设:确保民富国强的中国经济发展之路[M].北京:中共中央党校出版社,2013.

[70]赵建军.如何实现美丽中国梦:生态文明开启新时代[M].北京:知识产权出版社,2013.

[71]党建一本通编写组.党建一本通[M].北京:红旗出版社,2013.

[72]王英梅,王晋京.中国梦学习读本[M].北京:国家行政学院出版社,2013.

[73]本书课题组.中国梦与中国道路[M].北京:中央文献出版社,2013.

[74]何玲玲.当代中国马克思主义大众化的挑战与路径研究[M].北京:人民出版社,2013.

[75]洪向华.新时期党的建设与党建理论[M].北京:红旗出版社,2012.

[76]余品华.马克思主义中国化启示录:两次历史性飞跃的途径、经验及其他[M].北京:中国社会科学出版社,2012.

[77]周光迅,李芳.马克思主义中国化历程、经验与启示[M].北京:中国社会科学出版社,2012.

[78]许崇正,杨鲜兰.生态文明与人的发展[M].北京:中国财政经济出版社,2011.

[79]雷清.马克思主义中国化简明读本[M].北京:中共中央党校出版社,2011.

[80]黎康.马克思主义中国化的多维审思[M].南昌:江西人民出版社,2011.

[81]谭培文.马克思主义人学中国化研究[M].北京:人民出版社,2011.

[82]王健.马克思主义中国化历史进程论[M].北京:北京理工大学出版社,2011.

[83]刘增惠.马克思主义生态思想及实践研究[M].北京:北京师范大学出版社,2010.

[84]于景森.学习型政党研究——关于中国共产党建设学习型政党的历史、理论与实践[M].北京:人民出版社,2009.

[85]"马克思主义中国化的历史进程和基本经验"课题组.马克思主义中国化研究:历史进程和基本经验[M].北京:人民出版社,2009.

[86]中共中央文献研究室.十六大以来重要文献选编[C].北京:中央文献出版社,2008.

[87]侯惠勤.马克思主义中国化理论创新30年[M].北京:

中国社会科学出版社,2008.

[88]中国共产党第十七次全国代表大会文件汇编[C].北京:人民出版社,2007.

[89]肖贵清,白云翔.中国特色社会主义是科学社会主义与中国特色的有机统一[J].思想理论教育,2018(2).

[90]李大伟.习近平网络强国建设重要思想与"中国梦"内在统一关系的契合[J].行政科学论坛,2018(1).

[91]习近平新时代中国特色社会主义社会建设思想[J].理论探讨,2018(1).

[92]党的十八大以来作风建设的主要成效和经验[J].党建研究,2017(9).

[93]邓伯军.马克思主义话语体系中国化的基本经验和基本规律研究[J].南京航空航天大学学报(社会科学版),2017(2).

[94]王先俊.马克思主义中国化研究基础理论问题论纲[J].安徽师范大学学报(人文社会科学版),2017(1).

[95]杨峥嵘.习近平新时代中国特色社会主义思想的科学内涵、指导意义和理论体系[J].江南社会学院学报,2017(4).

[96]习近平:在党的十八届五中全会第二次全体会议上的讲话(节选)[J].求是,2016(1).

[97]杨书薇,邓可一.党的思想路线与马克思主义中国化研究述评[J].佳木斯职业学院学报,2016(8).

[98]姜喜咏.马克思主义之中国接受的起点问题[J].观察与思考,2016(9).

[99]王伟光.马克思主义中国化的当代理论成果——学习习近平总书记系列重要讲话精神[J].中国社会科学,2015(10).